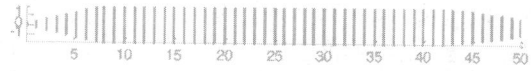

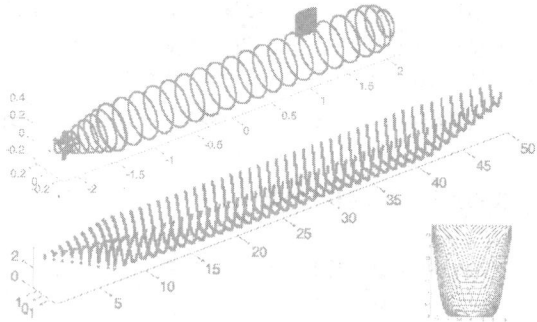

数学船型构建及
优化设计

唐晓　齐翔　齐欢　著

清华大学出版社
北京

内 容 简 介

船舶设计方法通常是借鉴现有的船型库,获得船型的型值点,然后采用非均匀有理 B 样条获得船体曲面。这样,新船型只能在现有船型的基础上进行修改,严重限制了船型的创新。本书探讨了数学船型的构建方法,通过含有形状因子的曲线族,利用船型设计约束构建超越方程组,从而获取满足静水性条件的基本船型。然后通过多学科优化设计,获取满足阻力要求的船型。本方法适用于母型船舶资料缺乏时的船型设计,是实现"从零到一"的设计新方法。本书提供的船型曲面的数学构造方法可应用于具有特点的复杂曲面的表示。

本书可供船舶工程、应用数学、计算机图形学、系统科学和运筹学等专业的师生使用,也可供船舶设计、飞行器设计、汽车设计和复杂外形数控加工等领域的工程人员参考。

图书在版编目(CIP)数据

数学船型构建及优化设计/唐晓,齐翔,齐欢著.—北京:清华大学出版社,2021.8
ISBN 978-7-302-58751-4

Ⅰ.①数… Ⅱ.①唐… ②齐… ③齐… Ⅲ.①船型设计－数学方法 Ⅳ.①U662.2

中国版本图书馆 CIP 数据核字(2021)第 143143 号

责任编辑:刘 颖
封面设计:傅瑞学
责任校对:王淑云
责任印制:朱雨萌

出版发行:清华大学出版社
   网 址:http://www.tup.com.cn, http://www.wqbook.com
   地 址:北京清华大学学研大厦 A 座 邮 编:100084
   社 总 机:010-62770175   邮 购:010-62786544
   投稿与读者服务:010-62776969,c-service@tup.tsinghua.edu.cn
   质量反馈:010-62772015,zhiliang@tup.tsinghua.edu.cn
印 装 者:三河市吉祥印务有限公司
经 销:全国新华书店
开 本:170mm×240mm 印 张:14   字 数:265 千字
版 次:2021 年 8 月第 1 版   印 次:2021 年 8 月第 1 次印刷
定 价:59.00 元

产品编号:091989-01

前　　言 ▶▶▶

　　复杂曲面的表示,是计算机辅助设计(Computer Aided Design,
CAD)、计算机辅助工程(Computer Aided Engineering,CAE)和计算机辅
助制造(Computer Aided Manufacturing,CAM)中的基础。复杂曲面归
为不可展曲面,其表示非常困难与复杂。目前,国际上的主流是采用非均
匀有理 B 样条(Non-Uniform Rational B-Spline,NURBS),将整体曲面分
片表示。但是在设计一种新型曲面时,很难提供 NURBS 需要的很多信
息,给曲面的创新造成一定的困难。本书以船型这类特殊复杂曲面为背
景,探索利用纵向(或横向或垂向)函数族对一些特殊复杂曲面的数学表
示,获得满足船舶静水性条件的初始船型。另外,可以进一步利用水动力
特性等目标进行优化、改进船型,有利于在总体设计阶段对选型的论证。

　　目前在船型设计上主要依据已有的船型库,根据母型船的型值点,构
建新的船型,这种方法也称为"母型改造法"。随着计算机辅助几何设计
(Computer Aided Geometric Design,CAGD)、数字船池(Numerical
Tank,NT)、多学科设计优化(Multidisciplinary Design Optimization,
MDO)技术的快速发展,对船体的数学描述提出了越来越紧迫的要求,数
学船型问题也再次被重视起来。在虚拟采办下,为了尽快提出满足船东
需求的船体设计方案,必须尽快提出概念设计,这也对数学船型构建提出
很高的要求。

　　船体曲面的计算机表达是对船体曲面进行设计、相关性能分析与计
算以及后续 CAM 实现的必要基础。船体曲面是具有双曲度的相当复杂
的空间曲面,不能用规则的解析曲面进行描述。如何更加合理地运用数
学方法来表达船体曲面形状,一直是造船界追求的关键目标之一。这个
目标的实现依赖于两方面技术的发展:一方面是曲面造型数学工具的发
展,另一方面是计算机技术的发展。二者相辅相成,缺一不可。早在 19

世纪后期,就不断有人摸索用函数描绘船体形状,因局限于手工推导及计算,仅能用简单的初等函数描写船舶的水线面或横剖面。目前用数学方法描述船体曲面,由于要求和角度不同,因此有不同的途径。按已定主尺度和船型系数,利用数学方法构成光顺船体曲面,常被称为"数学线型设计法"。

所谓数学船型,就是用数学函数表达和设计船体型线。它要求寻求并采用适当的数学表达式,找到某种有效的方法,在满足设计要求的前提下求出具有实用价值且光顺的船体型线,为水动力计算以及建造施工提供其所需要的前期数据。

本书采用纵向函数法、横向函数法和垂向函数法,即采用数学函数表达各剖线族,同时将生成各剖线的参数用一些连续函数表示,从而生成船型,由此也可以方便地生成横剖面面积曲线、设计水线、纵中剖面轮廓线、龙骨半宽线等,然后生成各横剖线。而横剖面面积曲线和设计水线,可以根据船舶长度、宽度、吃水、方形系数、水线面系数、舯截面系数、浮心纵向位置等参数,利用数学函数表达。这种方法与以往传统船舶设计的方法比较接近,从而方便地用于造船工程。

本书对水下潜航器(回转体及其类似的船型)和水面船舶(水线以下部分)分别采用具有形状参数的函数形式描述,通过求解超越方程组,获得基本船型。这种方法还可以被用来描述潜艇指挥塔围壳、舵(十字型舵的方向舵—垂直舵、升降舵—水平舵以及 X 型舵)等附件。本书在数学船型的构建基础上,探讨了通过近似计算和计算流体力学(Computational Fluid Dynamics,CFD)估计船舶阻力,进而通过多学科设计优化获得最优船型。

数学船型的数字化设计从复杂曲面的数学表示开始,直接与计算分析软件相接,在分析改进优化后,加工实物模型,利用实验手段完善改进设计,这将大大简化实验,降低费用,加快设计制造的进度,提高质量。

数学船型设计方法特别适用于船舶总体论证阶段的设计。数学船型设计方法已经用于潜航器裸艇及其附件(指挥塔围壳和舵)的数学设计,利用计算分析软件(数字水池),配合水池实验、水洞实验和风洞实验,正在进入工程化。

数学船型的研究涉及多种学科:工程设计、计算机图形学、应用数学、运筹学、结构力学、流体力学等。这是一项新的探索,为一类复杂曲面的数学表示与优化提供了简单易行的方法,为诸多复杂曲面的创新设计提供了新的工具。

数字化设计,如果能够在开始就使用数学变达,那么后期的计算机辅助设计、计算机辅助工程、计算机辅助制造就方便很多。本书正是对在设计初期采用数学方法设计复杂曲面的探索。

目前在产品设计中,"从一到十"有多种设计方法,本书探讨的是"从零到一"的设计方法。

本书分为四部分。在第一部分(包含第 1、2、3、4 章)介绍不可展曲面的近似表示、流体力学中流线的形状及其表示,船型设计及多学科优化,这是船体设计的基本问题,是后续工作的理论基础。第二部分(包含第 5、6、7 章)具体讨论在数学船型下的潜艇设计,其中有潜艇裸艇(回转体与异型体)、指挥台围壳和舵(水平尾舵和垂直尾舵)。第三部分(包含第 8、9、10、11 章)研究水面船舶的船型设计与优化。第四部分(包括附录)研究飞机外形数字化设计和船舶型线的调整。

书中第一部分由唐晓撰写,第二部分由齐翔撰写,第三部分和第四部分由齐欢撰写,书中的计算和图形由唐晓负责。全书由齐欢负责统稿。

本书得到了华中科技大学人工智能与自动化学院、船舶与海洋工程学院、海军工程大学舰船工程系、中船舰船设计研究中心、湖北省自然科学基金、武昌首义学院的大力支持,也得到了李德群院士、李天匀教授、赵耀教授、王威教授、陆君安教授、李亚萍教授、唐金颖副教授以及湖北省经济学会副会长齐民博士等人的大力支持和帮助。在此一并表示感谢。

作 者
2021 年 2 月

目　　录 ▶▶▶

第 1 章 ▶▶▶

不可展曲面及其近似表示

曲面的表示是计算机图形学的重要内容。它是描述物体外形、建立物体数学模型的有力工具。计算机辅助几何设计是随着航空、造船、机械设计和制造等现代工业的蓬勃发展与计算机的出现而发生与发展起来的一门新兴的交叉学科,曲面的表示和逼近是计算机辅助几何设计的重要研究内容。

1.1 微分几何学与可展曲面

1. 微分几何学

微分几何学(differential geometry)是数学的一个分支学科,主要是以分析方法来研究空间(微分流形)的几何性质,应用微分学来研究三维欧几里得空间中的曲线、曲面等图形性质的数学分支,微分几何学起源于 17 世纪,差不多与微积分学同时。单变量函数的几何形象是一条曲线,函数的导数就是曲线切线的斜率。函数的积分在几何上则可理解为一曲线下的面积,等等。这种把微积分应用于曲线、曲面的研究,实质上就是微分几何的开端。欧拉(L. Euler)、蒙日(G. Monge)、拉格朗日(Joseph Louis Lagrange)以及柯西(Cauchy, Augustin Louis)等数学家都曾为微分几何的发展做出过重要贡献。与此同时,曲面内蕴几何等崭新的思想也在不断地产生并积累着。在此基础上,高斯(Johann Carl Friedrich Gauss)奠定了曲面论基础,并使微分几何成为一门新的数学分支。根据克莱因(Felix Christian Klein)变换群几何的分类方法来看,微分几何应属于运动群,所以也称为运动几何或初等微分几何。

微分几何的研究对数学其他分支以及力学、物理学、工程学等的影响是不可估量的。如:伪球面上的几何与非欧几何有密切关系;测地线和力学、变分学、拓扑学等有着深刻的联系,是内容丰富的研究课题。这方面有以阿达马(Hadamard, Jacques-Salomon)和庞加莱(Jules Henri Poincaré)等人为首的开创性研究,其中极小曲面是和复变函数论、变分学、拓扑学关系极为深刻的研究领域,魏尔斯特拉斯(Karl W. T. Weierstrass)和道格拉斯(Jesse Douglas)等人做出过卓越贡献。

微分几何的研究工具大部分是微积分学,其发展的动力源于力学、物理学、天文学以及技术和工业的日益增长的要求。尽管微分几何主要研究三维欧几里得空间中的曲线、曲面的局部性质,但它形成了现代微分几何的基础则是毋庸置疑的。因为依赖于图形的直观性及由它进行类推的方法,即使在今天也未失其重要性。

微分几何的产生和发展是和数学分析密切相连的。在这方面第一个做出贡献的是瑞士数学家欧拉。1736年他首先引进了平面曲线的内在坐标这一概念,即以曲线弧长这一几何量作为曲线上点的坐标,从而开始了曲线的内在几何的研究。

18世纪初,法国数学家蒙日首先把微积分应用到曲线和曲面的研究中,并于1807年出版了《分析在几何学上的应用》一书,这是微分几何最早的一本著作。在这些研究中,可以看到力学、物理学与工业的日益增长的要求是促进微分几何发展的因素。

1827年,高斯发表了著作《关于曲面的一般研究》,这在微分几何的历史上具有重大的意义,奠定了现代形式曲面论的基础。微分几何的发展经历了150年之后,高斯抓住了微分几何中最重要的概念和带根本性的内容,建立了曲面的内在几何学。其主要思想是强调了曲面上只依赖于第一基本形式的一些性质,例如曲面上曲线的长度、两条曲线的夹角、曲面上的一区域的面积、测地线、测地线曲率和总曲率,等等。他的理论奠定了近代形式曲面论的基础。

1872年,克莱因在德国埃尔朗根大学作就职演讲时,阐述了《埃尔朗根纲领》,用变换群对已有的几何学进行分类。在《埃尔朗根纲领》发表后的半个世纪内,它成了几何学的指导原理,推动了几何学的发展,导致了射影微分几何、仿射微分几何、共形微分几何的建立。特别是射影微分几何起始于1878年阿尔方(A. Alfand)的学位论文,后来1906年起经以威尔辛斯基(Wilczynski, Ernest Julius)为代表的美国学派所发展,1916年起又经以富比尼(Fubini, Guido)为首的意大利学派所发展。

随后,由于黎曼几何的发展和爱因斯坦广义相对论的建立,微分几何在黎曼几何学和广义相对论中得到了广泛的应用,逐渐在数学中成为独具特色、应用广泛的独立学科。

2. 可展曲面

在工业制造过程中,各类曲面大多由平面材料加工而成。曲面分为可展曲面(developable surface)和不可展曲面。直纹面是三维空间中一类特殊的曲面,可以看成直线段在空间中沿某一定曲线运动所形成的轨迹,称这条定曲线为直纹面的准线,直线段为直纹面的母线。若记准线的参数表达式为 $\boldsymbol{h}(u)$,母线的方向向量为 $\boldsymbol{l}(u)$,那么直纹面的方程形式可表示为

$$\boldsymbol{P}(u,v) = \boldsymbol{h}(u) + v\boldsymbol{l}(u) \tag{1-1}$$

在微分几何中根据不同的准线和母线表达式定义了几类特殊的直纹面。如果式(1-1)中的 $\boldsymbol{h}(u)$ 为常值 $\boldsymbol{h}$,那么直纹面

$$\boldsymbol{P}(u,v) = \boldsymbol{h} + v\boldsymbol{l}(u) \tag{1-2}$$

表示的曲面称为锥面。如果式(1-1)中的 $\boldsymbol{l}(u)$ 为常值 $\boldsymbol{l}$,那么直纹面

$$\boldsymbol{P}(u,v) = \boldsymbol{h}(u) + v\boldsymbol{l} \tag{1-3}$$

表示的曲面称为柱面。如果式(1-1)中的 $\boldsymbol{l}(u) = \boldsymbol{h}'(u)$,那么直纹面

$$\boldsymbol{P}(u,v) = \boldsymbol{h}(u) + v\boldsymbol{h}'(u) \tag{1-4}$$

表示的曲面称为切线面。

这三类曲面有一个共同的性质就是可以完全地展开到一个平面上而不会产生任何的伸缩或者破裂,我们也称具有这样性质的曲面为可展曲面。

定义 1-1 如果沿着一个直纹面的母线与切平面都相同,就把这种直纹面称为可展曲面。

定理 1-1 直纹面 $\boldsymbol{P}(u,v) = \boldsymbol{h}(u) + v\boldsymbol{l}(u)$ 为可展曲面的充要条件是 $(\boldsymbol{h}', \boldsymbol{l}, \boldsymbol{l}') = (\boldsymbol{h} \times \boldsymbol{l}) \cdot \boldsymbol{l}' = 0$。

数学中,采用高斯曲率来衡量曲面的可展程度。

高斯曲率的定义:设曲面在某点处的两个主曲率为 k_1, k_2,它们的乘积 $K = k_1 \times k_2$ 称为曲面该点处的总曲率或高斯曲率。

高斯曲率反映了曲面的一种弯曲程度。曲面上任意一点,根据高斯曲率值,可以分为双曲点($K < 0$)、抛物点($K = 0$)和椭圆点($K > 0$)。

定理 1-2 可展曲面的高斯曲率处处为 0。

可展曲面或是柱面、或是锥面或是某一曲线的切线所构成的曲面(称为切线面)。

实际上,可展曲面也就只有这三种类型,即可展曲面在局部可以归属于柱面、锥面、切线面中的一种。图 1-1 为可展几种可展曲面示意图。

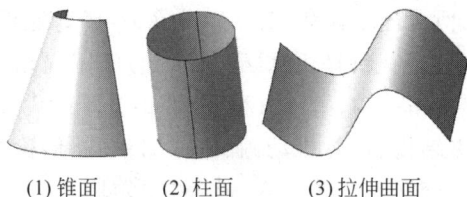

(1) 锥面　　　(2) 柱面　　　(3) 拉伸曲面

图 1-1　可展曲面示意图

　　衡量曲面可展程度的方法有多种。一种是通过相对面积平均误差、相对角度最大值平均误差和相对角度值平均误差三项数据来衡量曲面的可展程度。曲面片的可展性能与曲面片的展开范围、弯曲程度和边界形状有关。展开范围和弯曲程度越小，边界形状越接近拓扑矩形，展开误差越小。曲面片的可展度可用曲面片面积、曲面片的平均高斯曲率和边界形状系数的乘积来衡量。

1.2　不可展曲面的近似展开

　　可展曲面可以展开到平面上，而不可展曲面却难以近似展开到平面上。因此不可展曲面的近似展开是计算机辅助几何设计（CAGD）中的一个重要研究课题。

　　从定理 1-1 可以进一步推导出，可展曲面只有柱面、锥面和切线面这 3 种类型。它仅仅是三维空间曲面中极小的一部分，就连许多常见的曲面也都不是可展曲面，例如球面、马鞍面。我们将所有不是可展曲面的曲面统称为不可展曲面。不可展工程曲面的近似展开是航空、造船、化工、机械工业生产中的一项重要技术，国内外学者对此做了大量研究，提出了各种展开方法，如有限元法、流体模拟法、几何逼近法等。

　　由于在汽车制造、飞机、船舶的数学放样和外形设计等方面的需要，计算机辅助几何设计得到迅速发展，它主要研究几何外形信息的计算机表示以及用计算机控制、分析有关形状信息等问题。随着计算机技术的飞速发展，计算机辅助几何设计在近几十年来也得到了长足的发展，它已经与计算机辅助设计/加工（CAD/CAM）、几何造型、数字信号处理、机械加工等学科交叉和渗透，广泛地应用于工业造型、建筑设计、医学图像处理、游戏动画制作、计算机视觉等技术领域。

　　CAGD 这一术语由巴恩希尔（Barnhill Dana）和里森费尔德（J. M. Riesenfeld）于 1974 年在美国犹他大学所召开的一次国际会议上所创造，它是用来描述计算机辅助设计中更多有关几何外形的数学。在当时，其含义包括曲线、曲面和实体的表示及其在实时显示条件下的设计。这种方法也扩展到其他方面，例如四维曲面的表示与显示。自此以后，计算机辅助几何设计开始以一门独立的学科出现。苏步青指出，计算机辅助几何设计是代数几何、微分几何、函数逼近论、计算几何和数控技术的边缘学科。目前，这一新兴边缘学科已经与应用逼近论、微分几何、代数几何、线性代数、数值分析、拓扑学、微分方程、分形小波等近代数学分支，以及计算机图形学、几何造型、数据结构、计算机动画、机械加工、外形检测、三维医学图像学、人体解剖学等学科进行交叉和渗透。在地球科学领域，可用于模拟地下地层三维精确波场反演、油藏模拟的精确计算、大地构造运动精确模拟、应力分析、裂缝预测、储存预测等。在气象科学领域,可用于气压、温度、湿度精确模型的建立、趋势分析、动力系统分析等。在航空航天领域,可用于风洞模拟、应力分析等。

在机械加工中,很多有用金属板材制成的各种形状的制件。为了方便加工制造,往往要画出它们的放样图。由于影响板材成型的因素太多,至今不可展曲面的近似展开还没有满意的结果,尤其是在参数网格的自动划分和曲面任意边界的处理方面,研究不够充分。

画放样图的关键问题就是把制件(立体)的表面展开,所谓立体表面展开,就是指将立体表面的真实形状和大小顺次连续地在一个平面内展开,展开得到的图形叫做展开图。画展开图时,必须明确立体表面是否可展。

曲面可以看作是一动线在空间运动的轨迹。该动线称为母线,母线处于曲面上任一位置时,称为素线。平面立体的表面和直纹曲面中相邻两素线共平面(相交或者平行)的曲面是可展的;其他直纹曲面(如锥状面等)和曲纹面都是不可展的。如图 1-2 所示的几种形体都是不可展曲面。

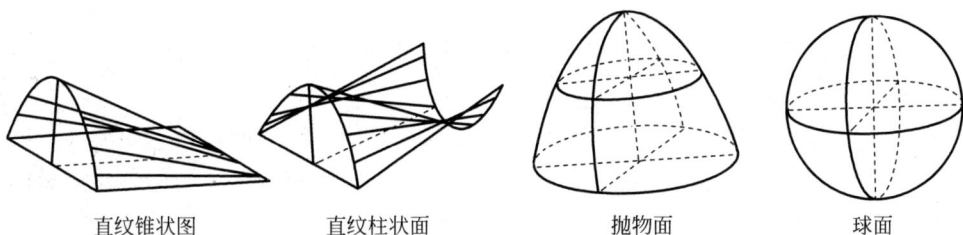

直纹锥状图   直纹柱状面   抛物面   球面

图 1-2 不可展曲面的示意图

不可展的曲面只能用近似方法展开。我们所说的不可展,就像把一个乒乓球表面在不改变其面积大小的情况下,不可能展成平面那样。但是,我们可以把乒乓球撕成很多小块,把每一小块近似看成一个小平面,再把这些小平面铺到同一平面上去,从而得到展开图。这就引导我们用微小平面面积的总和去逼近不可展曲面。它是解决不可展曲面近似展开问题的基本原理。

在工业生产过程中,许多情形下曲面都通过对平面材料的加工而来。因此剪裁出什么形状的平面材料能最节约材料和提高生产效率是一个重要的实际问题。不可展曲面的近似展开成为 CAGD 与工业制造中的重要问题。尽管早在公元2 世纪,希腊天文学家托勒密(Ptolemaeus,Claudius)就提出了利用球面上的经线与纬线将球面展开平面的方法,然而对于复杂曲面的展开问题一直没能很好地解决。直到近几十年来,随着计算机技术的不断进步,许多新的方法被学者们提出来。总的说来,这些方法可以分为物理方法与几何方法。

(1) 物理方法——滑移线法

利用物理方法求解曲面的展开,经历了几十年的发展。20 世纪 50 年代,苏联物理学家楚达列夫提出了滑移线法。滑移线是曲面上每点的两个最大剪应力方向的包络线。滑移线理论表明,处于屈服状态的物体,塑性形变就沿着滑移线方向进行滑移。由于适用于滑移线方法的材料是要满足一系列较为理想的假设条件的,因此其应用范围受到了这些较为严格的假设条件的限制。

(2) 物理方法——比拟法

比拟法在 20 世纪得到广泛的应用。这一方法的主要思路是通过模拟材料内部介质在受到外力时的流动模型来探寻在实际加工中产生的形变,根据材料的不同特性衍生出了不同的模拟物理模型,常见的方法有电模拟法、热传导法以及流体法、电模拟法。对于不可压缩的各向同性刚体,其塑性流动方程如下:

$$\frac{\partial^2 \varphi}{\partial x^2} + \frac{\partial^2 \varphi}{\partial y^2} = 0$$

式中,φ 表示流场速度的势函数,这完全和电压场中电压 U 所应满足的方程一样:

$$\frac{\partial^2 U}{\partial x^2} + \frac{\partial^2 U}{\partial y^2} = 0$$

于是可以通过实验的方式用金属丝模型来测量出电流的流动,进而模拟出变形后材料的外形。

与之类似的热传导法针对在变形过程中满足热传导方程的材料。而流体法则用来模拟易于流动的一类材料。从这里可以看出不仅材料的性质制约着比拟法的应用范围,而且需要采用实验的方法模拟材料的变形过程也不易于操作。

(3) 几何方法——有限元法

有限元算法是在 20 世纪 60 年代出现的,被广泛地应用到各个领域中。用有限元来展开曲面,要先研究每一小块物质单元的变形性质来获得一个合理的目标函数,求解出最优值,进而得到所求的展开结果。C. H. Lee 和 H. Hu 在 1998 年提出了一种简单有效的目标函数:

$$\min J = \left[\sum_{i=1}^{m} (h^i - h^0)^p \right]^{\frac{1}{p}}$$

式中,m 表示节点数,h^i 为单元的厚度,h^0 为初始的厚度,p 为罚因子。

有限元算法是一种结果较为精确,并且可以反复连续地优化多次的方法,但是计算量十分巨大,花费时间较长。

(4) 几何方法——曲面展开法

从几何的角度讲,曲面展开就是去寻求如下的一一映射:

$$\varphi: S \to \Omega$$

这里 S 是一个三维曲面,Ω 是平面上的一个区域。评判某种展开算法效果的优劣主要是计算曲面与其近似展开的平面区域之间的一些几何量的变化程度,通常作为判断标准的几何量有边长（弧长）、角度、面积等。由于算法对象是不可展曲面，因此上述几何量势必会发生变化，以哪种几何量作为判断标准，需要根据实际需要来决定。近年来通过几何方法研究曲面展开有两种主要的算法：参数映射法与网格细分算法。参数映射法就是从某一类映射中去找合适的映射。在这类方法中，线性参数映射是形式最简洁、研究最深入、应用最广泛的一类方法，具体的实现步骤可以归纳成以下几步：

第一步，将三角化曲面的边界网格顶点，映射到平面的一个凸多边形；

第二步，在展开平面上，其内部网格点可以写成其相邻网格点的凸组合：

$$\varphi(v) = \sum_{w \in N_v} \mu_{vw} \varphi(w)$$

这里 N_v 是所有与 v 相邻的网格点的集合。记 V_1 表示所有曲面内部网格点的集合，V_b 表示所有曲面边界网格点的集合，将式中的内部网格点与边界网格点进行分离，上式可以写成如下形式：

$$\varphi(v) - \sum_{w \in N_v \cap V_1} \mu_{vw} \varphi(w) = \sum_{w \in N_v \cap V_b} \mu_{vw} \varphi(w)$$

改写为矩阵形式 $\boldsymbol{AX} = \boldsymbol{B}$，这里 $\boldsymbol{X} = (\varphi(v))_{v \in V_1}$ 为列向量，$\boldsymbol{B}$ 是列向量，由公式右端项给出。$\boldsymbol{A} = (a_{wv})_{w,v \in V_1}$，且满足：

$$a_{wv} = \begin{cases} 1, & w = v \\ -\mu_{vw}, & w \in N_v \\ 0, & \text{其他} \end{cases}$$

求解这个线性方程组就可以得到 φ 的形式。

不同的 μ_{vw} 的取值方式，会形成不同的展开结果。Pinkall 等人和 Eck 等人给出了保角特性的 μ_{vw} 取值算法，而 Floater 给出了一种保形的取值算法。

上述方法的缺点也是十分明显的，在第一步中人为地将曲面的边界固定成平面上的一个凸多边形后，会使得曲面的最终展开结果在边界处存在较大的形变。为了弥补这一不足，Hormann 等人提出了非线性的参数映射方法，通过求解一个有约束的非线性方程组，使得边界的展开效果更加自然。

（5）几何方法——网格细分法

网格细分算法的发展时间不长，但是这种方法对曲面本身的形状要求很低，因此被广泛地应用到工业设计领域。利用几何方法将不可展曲面近似展开的主要思路是将曲面细分成小的三角片或四边形片区域，然后将这些小的三角片和四边形片拼到同一个平面上。目前主要有以下两种拼接方式：

第一种方法是以曲面上某个网格点为中心，按照某种方式先拼接中心附近的三角片或四边形片，再依次按算法规律向外拓展；

第二种方法是保面积的拼接方法，通过在拼接时边长的伸缩保证映射前后的每个四边形片的面积不发生变化。但这种方法也会遇到离中心越远的片的形状偏差会很大的问题。

网格细分算法的研究大多是将细分后的曲面在一个平面上以某种方式拼接在一起。这类算法的特点在于简洁方便易于计算,其主要不可克服的缺陷就是过度地保证第一块或前几块被映射到平面的曲面片的性质,同时这些方法也缺乏对近似展开后的图形与原曲面的差别比较。

(6) 几何方法——分片逼近

近年来,根据样条,包括三次样条、有理样条的研究得到迅速的发展,成为复杂曲面设计的主要工具。

1.3　曲面的分片表示

1.3.1　样条曲线

样条(spline)是指通过一组给定点集来生成平滑曲线的柔性带。此概念源于生产实践。"样条"是绘制曲线的一种富有弹性的细长条形的绘图工具。绘图时用压铁使样条通过指定的型值点(样点),样条做自然弯曲,调整样条使它具有满意的形状,然后沿样条画出曲线,称为样条曲线(spline curves)。样条曲线一般可分为插值样条和逼近样条两种,插值样条通常用于数字化绘图或动画的设计,逼近样条一般用来构造物体的表面。

定义 1-2　对于区间 $[a,b]$ 的一个分划 $\pi: a=x_0<x_1<\cdots<x_{n-1}<x_n=b$,如果函数 $S(x)$ 满足:(1) $S(x)$ 的每一个子区间 $(x_i,x_{i+1})(i=0,1,\cdots,n-1)$ 是 k 次多项式;(2) $S(x)$ 及其 $1,2,\cdots,k-1$ 阶导数在 $[a,b]$ 上连续,则称 $S(x)$ 是对应于分划 π 的 k 次多项式样条函数(spline function), $x_0,x_1,\cdots,x_n$ 称为样条节点, $x_1,x_2,\cdots,x_{n-1}$ 称为内节点, x_0,x_n 称为边界节点。

在现代样条函数的理论和应用中,样条函数的概念得到进一步推广。在多项式样条范围内,不同的 k 次多项式之间的连接方式,不一定要求具有 $k-1$ 阶连续导数,可以降低节点处光滑度的要求,而且不同节点处的光滑度也可以不同。这类样条称为重节点(或广义节点)多项式样条函数。

由于很多物理问题的变化过程常常在局部呈现出指数函数、三角函数或者有理函数的特征,为了适应这类问题,就出现了指数样条、三角样条、有理样条函数,甚至更广义的抽象样条函数等。也就是说,除了多项式样条函数,还有非多项式样条函数。

样条函数的根本特点是:它是由分片光滑函数,通过一些关键点(样条节点)

适当连接而成,即在样条节点上满足一定的连接性条件。

通常可以在区间 $[a,b]$ 端点 $a=x_0,b=x_n$ 上各增加一个条件,称为边界条件。边界条件可以根据实际问题的要求给定。对于函数 $f(x)$,样条函数的边界条件常见的有以下 3 种:

① 已知两端的一阶导数值, $S'(x_0)=f'(x_0),S'(x_n)=f'(x_n)$;

② 已知两端的二阶导数值, $S''(x_0)=f''(x_0),S''(x_n)=f''(x_n)$,其特殊情况为 $S''(x_0)=S''(x_n)=0$,称为自然边界条件;

③ 当 $f(x)$ 是以 x_n-x_0 为周期的周期函数时,要求 $S(x)$ 也是周期函数,这时边界条件应该满足:

$$S(x_0+0)=S(x_n-0), \quad S'(x_0+0)=S'(x_n-0), \quad S''(x_0+0)=S''(x_n-0)$$

此时显然应该有 $f(x_0)=f(x_n)$。这样确定的样条函数称为周期样条函数。

样条函数是一类分段(片)光滑、并且在各段交接处也有一定光滑性的函数。这类分段函数常常采用分段低次的多项式,它克服了高次多项式插值可能出现的振荡现象,具有较好的数值稳定性和收敛性,由这种插值过程产生的函数就是多项式样条函数。

定义 1-3 函数 $S(x)\in C^2[a,b]$,且在每个小区间 $[x_j,x_{j+1}]$ 上是三次多项式,其中, $a=x_0<x_1<\cdots<x_n=b$ 是给定节点,则称 $S(x)$ 是节点 $x_0,x_1,\cdots,x_n$ 上的三次样条函数。若在节点 x_j 上给定函数值 $y_j=f(x_j)(j=0,1,\cdots,n)$,并成立 $S(x_j)=y_j(j=0,1,\cdots,n)$,则称 $S(x)$ 为三次样条插值函数。

由于插值节点有 $n+1$ 个,故得到 n 个小区间,而在每个小区间上要求一个三次多项式,每个区间需要 4 个条件,所以要确定样条函数 $S(x)$,共需要 $4n$ 个条件。

在插值节点上, $S(x_j)=f(x_j)(j=0,1,\cdots,n)$,得到 $n+1$ 个条件,在 $x_j(j=1,2,\cdots,n-1)$ 处,由 $S(x),S(x)$ 的一阶导数, $S(x)$ 的二阶导数连续可以得到 $3(n-1)$ 个条件,所以总共得到了 $4n-2$ 个条件,要确定 $S(x)$ 还需要两个条件,就是通常所说的边界条件。

边界通常有自然边界(边界点的导数为 0)、夹持边界(边界点导数给定)、非扭结边界(使两端点的三阶导数值与这两端点的邻近点的三阶导数值相等)。在数值计算软件,如 MATLAB,都把非扭结边界条件作为默认的边界条件。

三次样条插值(简称 Spline 插值)是通过一系列形值点的一条光滑曲线,数学上通过求解三弯矩方程组得出曲线函数组的过程。

在计算机科学的计算机辅助设计和计算机图形学中,样条通常是指分段定义的多项式参数曲线。由于样条构造简单、使用方便、拟合准确,并能近似于曲线拟合和交互式曲线设计中复杂的形状,样条是这些领域中曲线的常用表示方法。

1.3.2　反求工程与曲面重构

反求工程是近年来发展极为迅速的一个研究领域,其很多技术问题并未得到彻底解决。曲面重构是反求工程中最重要的环节,构造的曲面模型直接影响到机械加工后的零件与样件的符合程度。复杂曲面的模型的构造是一项极具挑战的工作。

从实物样件获取产品模型的技术就是反求技术,称为反求工程(reverse engineering)。反求工程一般涉及实物样件的表面数字化、曲面重构、误差分析、CAD/CAM 系统、数字制造等方面。

反求工程主要应用于对轮廓面要求较高的零件的设计,如车身设计。反求工程在模具行业中也有广泛的应用。零件完成反求之后,可进行设计、加工、创建实体、有限元分析、快速成型和实体分析等工作。反求工程系统普遍采用非均匀有理 B 样条曲面(NURBS)模型进行曲面反求。

曲面反求的一般步骤为点云处理;曲线/面拟合、重构;曲线/面拼接、缝合;曲线/面分析与修改。

1. 点云处理

一般采用三坐标测量机(Coordinate Measuring Machine,CMM)采集实物样件的表面点云数据。轮廓面形状越复杂,所需的数据点就越多,反求时对数据点的分析处理的要求就越高。国内外的学者对此作了深入的研究,主要是为了解决以下几个方面的问题:点云对齐、点云分割、点云提取。

实物样件的点云数据一般是多次测量的结果,因此需要对齐一系列点云以形成一个完整的点云模型。

很多情况下无法用一张曲面来表达实物的轮廓面,需将点云分割成若干个子集,使得每个子集可以用一张简单曲面来表达,这个过程称为点云分割。为了更好地显示点云,一般将点云多边形化并加以渲染,帮助判断如何分割点云。点云分割的方法可以分为两类:①基于边的方法,其原理是找出点云上位置、斜率或曲率变化较大的点,将其连成特征线,进行点云分割。②基于面的方法,其原理是找出具有相似性质如法矢或曲率改变较小的点连成的区域。常常用"种子增长法"计算得到其边界,即以初始的种子点构造一个包含该种子点的初始区域,使得可以用一个简单的曲面对其拟合,然后将该区域附近具有相同曲面属性的点法矢方向或曲率变化很小的点加入该区域,直到没有满足条件的点为止,此区域就是要分割的点云。

点云的提取在点云数据处理中的地位相当重要。点云的提取就是从原始点云通过一定的规律提取出符合要求的点云,用来构造零件的特征。与点云分割不同的是点云提取只是从原始点云获取一个区域的点云,并不把原始点云分成两个部分。交互式剖切截面点云的提取,当平面剖切点云时,点云上靠近截面的点在平面上的投影点所形成的点的集合就是剖切截面点云,而截面线通常是通过剖切截面点云拟合构造的。

2. 曲面拟合、重构

拟合是插值和逼近的统称。虽然用标准定义的直线、圆锥曲线、二次曲面、回转面等和自由曲面曲线/面需要耗费大量的存储空间,如用 NURBS 表示一个整圆至少需要 7 个控制点和 10 个节点,但是 NURBS 对它们提供了统一的数学表示,极大地方便了工程数据库的调用,并且对几何形状的控制效果相当自由。因此一般来讲反求工程中的一切几何形状均采用 NURBS 方法表达。

曲面重构在反求工程中最为关键,曲面重构是指根据测量得到的离散数据点集或将被测物体的表面用一些分片光滑、整体连续的曲面在一定的误差范围内表达出来。根据数据点的组织形式和曲面拟合的方法,曲面重构可分为 4 种类型:具有规律拓扑结构点云的曲面反求、散乱数据点云的曲面反求、由已知曲线反求曲面、由边界曲线以及点云反求曲面。

3. 曲线面拼接、缝合

对单张曲面分别进行拟合后,由于存在误差,相邻曲面间可能会重叠或形成裂缝。如何保证相邻曲面间的连接性及光滑过渡,是曲面重构中一个非常关键的问题。

4. 曲线面分析与修改

模型的验证主要包括误差分析、光顺性分析、曲面间连续性的分析。如果曲面模型不符合要求,如何方便地修改曲面使其满足要求也非常重要。在曲面修改时,可以采用传统曲面造型中的一些方法,如求交、延伸、裁剪、光滑过渡等,也可以重新进行数据分割、重新参数化、重新进行曲面拟合等。

1.3.3 B 样条

用 B 样条表示的参数曲线称为 B 样条曲线。$n+1$ 阶 B 样条曲线可表示为

$$r(u) = \sum_{i=0}^{k} d_i N_{i,n+1}(u)$$

其中,u 为参数,系数 d_i 是空间点矢量,也称为 B 样条曲线的控制点,控制点个数为 $k+1$。$N_{i,n+1}(u)$ 是 $n+1$ 阶 B 样条基函数,其定义是:在实轴上取节点序列…$< x_{-n} < \cdots < x_0 < x_1 < \cdots < x_n < \cdots < x_{n+k} < \cdots$,在幂函数 $(t-x)^n$ 中将 x 看作参数,关于 $t = x_i, x_{i+1}, \cdots, x_{i+n+1}$ 作 $(t-x)^n$ 的 $n+1$ 阶差商 $[x_i, x_{i+1}, \cdots, x_{i+n+1}](t-x)^n$,称此差商是以 x 为变量的样条函数。并称 $N_{i,n+1}(x) =$

$[x_i, x_{i+1}, \cdots, x_{i+n+1}](t-x)^n$ 为第 i 个 $n+1$ 阶规范样条基。可由以下的递推公式计算其值：

$$N_{i,1}(x) = \begin{cases} 1, x \in [x_i, x_{i+1}) \\ 0, x \notin [x_i, x_{i+1}) \end{cases},$$

$$N_{i,n+1}(x) = \frac{x-x_i}{x_{i+n}-x_i}N_{i,n}(x) + \frac{x_{i+n+1}-x}{x_{i+n+1}-x_{i+1}}N_{i+1,n}(x)$$

Deboor 于 1978 年给出 B 样条的导数公式：

$$\frac{\mathrm{d}}{\mathrm{d}u}N_{i,n+1}(u) = n\left[\frac{N_{i,n}(u)}{u_{i+n}-u_i} + \frac{N_{i+1,n}(u)}{u_{i+n+1}-u_{i+1}}\right]$$

其中，规定 0/0＝0。由此公式，可以计算出 B 样条的高阶导数。

1. 曲线插值问题

给定 $m+1$ 个型值点 $\boldsymbol{P}_i(i=0,1,\cdots,m)$，求经过这些型值点的一条曲线。

采用 B 样条曲线插值，在起点与终点一般采用重节点技术来保证曲线的端点就是首末两个控制点。

节点矢量 $[u_0=u_1=\cdots=u_n,u_{n+1},\cdots,u_k,u_{k+1}=u_{k+2}=\cdots=u_{k+m+1}]$，$k=m+n-1$。构造基函数族 $\{N_{i,n+1}(u)\}$，使 $r(u_{i+n})=\sum_{j=0}^{k}\boldsymbol{d}_jN_{j,n+1}(u_{i+n})=\boldsymbol{P}_i$，$i=0,1,\cdots,m$，要求达到 $n-1$ 阶连续，共需要 $m+n$ 个控制点，即未知控制顶点 $\boldsymbol{d}_i(i=0,1,\cdots,m+n-1)$ 共 $m+n$ 个控制点，仅有 $m+1$ 个方程，需要增加 $n-1$ 个边界条件。

例如，给定空间点 $\boldsymbol{P}_i(i=0,1,\cdots,7)$，即 $m=7$。取选取参数 $u_0=u_1=u_2=u_3=0,u_4=|P_0P_1|,u_{10}=|P_0P_7|+u_1+u_2+\cdots+u_9$，即 $n=3$，所以 $k=m+n-1=9$。对应的四阶插值 B 样条函数为

$$r(u_{i+3})=\sum_{j=0}^{9}\boldsymbol{d}_jN_{j,4}(u_{i+3})=\boldsymbol{P}_i, \quad i=0,1,\cdots,7$$

常用的边界条件如下。

(1) 切矢条件

切矢条件在力学上相当于梁的端部固支的情况，具有固定的切线方向。模长与所取的参数有关，并非常量。在弧长参数化情况下，切矢具有单位模长。因此，作为弧长参数化一种近似的积累弦长参数化法，通常给出单位切矢，有利于实现样条曲线在端部的光顺性。

切矢边界条件：

$$\dot{\boldsymbol{r}}(u_3)=\frac{3}{u_{3+1}-u_3}(\boldsymbol{d}_1-\boldsymbol{d}_0), \quad \dot{\boldsymbol{r}}(u_{10})=\frac{3}{u_{10+1}-u_{10}}(\boldsymbol{d}_{10}-\boldsymbol{d}_9),$$

其中，$\dot{r} = \sum\limits_{i=0}^{7} d_i \dfrac{\mathrm{d}}{\mathrm{d}u} N_{i,n+1}(u)$，即可求出唯一的 $d_i(i=0,1,\cdots,7)$。

（2）自由端点条件

相当于力学上的铰支梁，在端点不受力矩作用，具有零曲率，物理样条就属此种情况。这一条件由端点二阶导矢取零矢量保证，即 $\ddot{r}(u_0) = \ddot{r}(u_{n+k}) = \mathbf{0}$。

2. 曲线逼近问题

给定 $m+1$ 个参数化后的有序型值点 $\mathbf{P}_i(i=0,1,\cdots,m)$ 和节点矢量 $\mathbf{u}$，求定义在节点矢量 $\mathbf{u}$ 上的 B 样条曲线 $r(u)$。

$\mathbf{u} = [u_0 = u_1 = \cdots = u_n = 0, u_{n+1}, \cdots, = u_k, u_{k+1} = u_{k+2} = \cdots = u_{k+n+1} = 1]$，控制点个数为 $k+1$，B 样条函数的次数为 n。假设 $m > n$（$m \leqslant n$ 时可用插值样条函数的方法），$\mathbf{P}_i(i=0,1,\cdots,m)$ 对应在 $r(u)$ 的参数为 $\tilde{u}_i(i=1,2,\cdots,m)$，$\tilde{u}_0 = 0$，$\tilde{u}_{m-1} = 1$。若当做插值问题处理，将有如下线性方程组

$$r(\tilde{u}_{i+n}) = \sum_{j=0}^{k} d_j N_{j,n+1}(\tilde{u}_{i+n}) = \mathbf{P}_i, \quad i=0,1,\cdots,m$$

写成矩阵形式为 $\mathbf{ND} = \mathbf{P}$，其中

$$\mathbf{N} = \begin{bmatrix} N_{0,n+1}(\tilde{u}_n) & N_{1,n+1}(\tilde{u}_n) & \cdots & N_{k,n+1}(\tilde{u}_n) \\ N_{0,n+1}(\tilde{u}_{n+1}) & N_{1,n+1}(\tilde{u}_{n+1}) & \cdots & N_{k,n+1}(\tilde{u}_{n+1}) \\ \vdots & \vdots & & \vdots \\ N_{0,n+1}(\tilde{u}_{n+m}) & N_{1,n+1}(\tilde{u}_{n+m}) & \cdots & N_{k,n+1}(\tilde{u}_{n+m}) \end{bmatrix}$$

$$\mathbf{D} = [d_0 \quad d_1 \quad \cdots \quad d_k]^{\mathrm{T}}, \quad \mathbf{P} = [\mathbf{P}_0 \quad \mathbf{P}_1 \quad \cdots \quad \mathbf{P}_m]^{\mathrm{T}}$$

此矢量方程的个数 m 超过未知矢量个数 k，采用最小二乘法逼近型值点，使得

$$\min J = \sum_{i=0}^{m} \| \mathbf{P}_i - r(\tilde{u}_i) \|^2 = J_x + J_y + J_z$$

$$J_x = \sum_{i=0}^{m} \left[x_i - \sum_{j=0}^{k} d_x N_{j,n+1}(\tilde{u}_x) \right]^2, \quad J_y = \sum_{i=0}^{m} \left[y_i - \sum_{j=0}^{k} d_y N_{j,n+1}(\tilde{u}_y) \right]^2,$$

$$J_z = \sum_{i=0}^{m} \left[z_i - \sum_{j=0}^{k} d_z N_{j,n+1}(\tilde{u}_z) \right]^2$$

必须满足条件

$$\begin{bmatrix} \dfrac{\partial J_x}{\partial \tilde{u}_x} & \dfrac{\partial J_y}{\partial \tilde{u}_y} & \dfrac{\partial J_z}{\partial \tilde{u}_z} \end{bmatrix} = \mathbf{0}$$

由上式可以推出高斯线性方程组 $\mathbf{N}^{\mathrm{T}}\mathbf{ND} = \mathbf{N}^{\mathrm{T}}\mathbf{P}$，$\mathbf{N}^{\mathrm{T}}\mathbf{N}$ 是 K 阶满秩对称可逆矩阵，存在唯一解。有多种实用的求解法方程的方法，如正交化方法、改进的正交化方法，可解出未知控制点矢量矩阵 $\mathbf{D}$。

1.3.4　非均匀有理 B 样条曲线

各种方法尤其是 B 样条方法,尽管能成功地解决自由型曲线曲面形状的描述问题,但随着生产的发展,B 样条方法显示出明显不足,不能精确地表示圆锥截线及初等解析曲面。然而,机械零件、塑料制品中圆柱面、圆锥面、圆环面等二次曲面及平面构成的形状却比比皆是,这就造成了产品几何定义的不唯一,使曲线曲面没有统一的数学描述形式,容易造成生产管理混乱。

首先将有理参数曲线曲面引入形状设计的是美国波音公司的 Rowin 和麻省理工学院的 Coons,接着,Forrest 给出了表达为有理贝塞尔形式的圆锥截线。1983 年 Farin 将 de Casteljau 算法推广到了有理形式。Hoschek 发现了有理贝塞尔曲线的投影公式。英国飞机公司的 Ball 在他的 CONSURF 系统中构造了两类特殊的有理参数三次曲线,在英国飞机公司得到了广泛的应用。然而,由于有理曲线曲面的表示形式复杂,在以前并未像多项式曲线曲面那样得到广泛的接受,人们希望找到一种统一的数学方法。为了满足工业界进一步的要求,1975 年美国 Syracuse 大学的 Versprille 在他的博士论文中首次将 B 样条理论推广到有理情形。Piegl 和 Tiller 又将有理 B 样条发展成为非均匀有理 B 样条(NURBS),并作了大量研究,至此 NURBS 才日益受到设计人员的重视,其特点是可用统一的数学形式精确表示解析曲线(如直线、圆锥曲线等)和自由曲线(如均匀样条曲线等),因而便于统一的数据管理、存储,程序量大量减少。定义中的权因子使外形设计更加灵活,设计人员通过调整具有几何意义的点、线、面元素即可达到预期的效果。鉴于 NURBS 的强大功能,1971 年国际标准化组织(International Standardization Organization,ISO)颁布了关于工业产品数据交换的国际标准,把 NURBS 作为定义工业产品几何形状的唯一数学方法。

非均匀 B 样条曲线是指节点参数沿参数轴不等距分布,在此基础上引入齐次坐标的概念,即产生非均匀有理样条曲线。一般的 B 样条方法不能精确描述二次曲线以及球面等曲面,而使用有理 B 样条则可以解决这一问题。

有理 B 样条发展的先驱包括:皮埃尔·贝塞尔(Pierre Bézier)和保罗·德·卡斯特拉乌(Paul de Casteljau)。贝塞尔基本上是和卡斯特拉乌独立发展的,两人互相不知道对方的工作。但是因为贝塞尔发表了他的工作的结果,今天一般的计算机图形学用户认为样条(通过在曲线上的控制点表示的那类)为贝塞尔样条,而卡斯特拉乌的名字仅作为他为计算参数化曲面所设计的算法而为人所知。在 20 世纪 60 年代,人们认识到非均匀有理基本样条是贝塞尔曲线的一个推广,而贝赛尔曲线可以视为非均匀有理 B 样条。

最初 NURBS 仅用于汽车公司私有的计算机辅助设计包。后来它们成为标准计算机图形包的一部分,包括 Open GL 图形库。NURBS 曲线和曲面的实时交互绘制,最初由 Silicon Graphics 工作站于 1989 年提供。在 1993 年,CAS Berlin(一个和柏林工大合作的小创业公司)开发了第一个个人机上的交互式 NURBS 建模器,称为 NöRBS。今天多数个人机上的专业计算机图形应用程序提供 NURBS 技术,一般通过集成一个从专用公司来的 NURBS 引擎。

如果基函数 N_i 的节点是均匀分布的,则有理 B 样条称为均匀有理 B 样条曲线(URBS)。如果是非均匀的,则称为非均匀有理 B 样条(NURBS)。基函数节点的均匀分布,即节点矢量在参数轴上的均匀选择,使生成曲线有一些局限性(比如节点区间对应的曲线长不等),基函数参数的非均匀分布可改变这一情况。非均匀有理 B 样条曲线有以下 4 个特点:

① B 样条曲线的所有优点都在非均匀有理 B 样条曲线中保留。

② 透视不变性。控制点经过透视变换后所生成的曲线或曲面与原先生成的曲线或曲面的再变换是等价的。

③ 球面等二次曲面的精确表示。其他 B 样条方法只能近似地表示球面等形状,而 NURBS 不仅可表示自由曲线和曲面,还可以精确地表示球面等形状。

④ 更多的形状控制自由度。NURBS 给出更多的控制形状的自由度可用来生成各种形状。

NURBS 对于计算机辅助设计、制造和工程(CAD,CAM,CAE)是几乎无法回避的,并且是很多业界广泛采用的标准的一部分,例如 IGES,STEP 和 PHIGS。但在交互式建模中还是有很多错误观念。通常,编辑 NURBS 曲线和曲面是高度直观和可预测的。控制点总是直接连接到曲线或曲面上,就像是通过一根橡皮筋连接。根据用户界面的类型,编辑可以通过它们各自的控制点实现,这对于贝塞尔曲线是最显然的。或者也可以通过高层的工具,例如样条建模或者层次结构的编辑来实现。高层工具可以设计得很强大,并得益于 NURBS 创建的不同层次的连续性的能力:C^0 连续性表示连通性,C^1 连续性可以视为没有尖角,而 C^2 连续性通常称为几何连续性,视觉上也就是"光滑"的东西,用 NURBS 还可以达到更高阶的连续性,它们可以导致"亮度连续性"。这被设计新车的摄影师所看重,他们热衷于展示霓虹灯在车身上的镜像。灯光可以展示出完美的光滑度,这在没有 NURBS 的情况下实际上是不可能的。

一条 NURBS 曲线用一个带权重控制点和曲线的次序以及一个节点矢量的集合来定义。NURBS 是 B 样条和贝塞尔曲线/面两者的推广,其主要差别在于控制点的比重,这使它们成为有理的(非有理 B 样条是有理 B 样条的特殊情形)。NURBS 曲线在一个参数方向上演变,通常内部用 s 参数代表,而 NURBS 曲面在两个参数方向上演变。所以,通过计算 NURBS 曲面的 s 和 t,它也可以在三维空间中表示。从广义的角度看,一条贝塞尔曲线总是一条 NURBS 曲线,一条 NURBS 曲线可以是一条贝塞尔曲线。

NURBS 有用的原因有很多:主要是:

① 在仿射变换下不变,也在投影变换下不变;

② 提供了标准解析形体(例如圆锥曲面)和自由曲面两者的共同数学形式;

③ 提供了设计一大类形体的灵活性;

④ 减少了存储形体的存储器消耗(和更简单的方法相比);

⑤ 可以用数值上稳定和精确的算法较快地计算;

⑥ 是非有理 B−样条和非有理和有理贝塞尔曲线/面的推广。

NURBS 曲线可表示为

$$r(u) = \sum_{i=0}^{k} \omega_i d_i N_{i,n+1}(u) / \sum_{i=0}^{k} \omega_i N_{i,n+1}(u) = \sum_{i=0}^{k} d_i R_{i,n+1}(u)$$

其中,$d_i(i=0,1,2,\cdots,k)$是特征多边形顶点位置矢量,$N_{i,n+1}(u)$是 $n+1$ 阶 n 次 B 样条基函数。$\omega_i(i=0,1,2,\cdots,k)$是相应的控制点的权因子,节点的个数为 $m = k+n+2$,控制点个数为 $k+1$,B 样条基函数的次数为 n,节点矢量$[u_0=u_1=\cdots=u_n,u_{n+1},\cdots,u_k,u_{k+1}=u_{k+2}=\cdots=u_{k+n+1}]$,在实际应用时常取 $u_0=u_1=\cdots=u_n=0,u_{k+1}=u_{k+2}=\cdots=u_{k+n+1}=1$。

在齐次坐标 $OXYZW$ 坐标系中的每个点(x,y,x,w)在 $w\neq0$ 时映射到坐标系 $OXYZ$ 坐标系下为$(x/w,y/w,z/w)$,在 $w=0$ 时映射到 $OXYZ$ 坐标系下为(x,y,z)方向的无穷远处。

构造 NURBS 曲线方法为:设一具有权因子的控制点集 $d_i^w=(w_ix,w_iy,w_iz,w_i)$,在 $OXYZW$ 坐标系下构造一条非有理 B 样条曲线

$$r^w(u) = \sum_{i=0}^{k} d_i^w N_{i,n+1}(u)$$

然后把曲线映射到 $OXYZ$ 坐标系下

$$r(u) = \mathbf{\Psi}(r^w(u)) = \sum_{i=0}^{k} d_i \omega_i N_{i,n+1}(u) / \sum_{i=0}^{k} \omega_i N_{i,n+1}(u)$$

即可得到三维 NURBS 曲线,二维平面上的 NURBS 曲线用此种方法也可获得。

我们也可以反求曲线的控制点。已知型值点 P_i 及其相应的权因子 $\omega_i(i=0,1,\cdots,m)$,求相应的 NURBS 曲线的控制点 d_j 和其权因子 $\omega_j^*(j=0,1,\cdots,m+2)$。以 4 阶(3 次)NURBS 为例。

(1) 求权因子 ω_j^*

对权因子 $\omega_i(i=0,1,\cdots,m)$插值一维样条曲线 $W(u)$,使

$$\omega_i = W(u_{i+3}) = \sum_{j=0}^{m} \omega_j^* N_{j,4}(u_{i+3})$$

有 $m+1$ 个方程,但要求 $m+3$ 个未知量 ω_j^*,并使 $\omega_j^*>0$。为此构造以下二次规划问题:

$$\min f(\bar{w})=\bar{w}^{\mathrm{T}}\bar{w}, \quad 其中\bar{w}=[(\omega_0^*-\omega_a),(\omega_1^*-\omega_a),\cdots,(\omega_{m+2}^*-\omega_a)]^{\mathrm{T}},$$

$$\omega_a=\sum_{i=0}^m \omega_i/(m+1),$$

用 Wolfe 算法可得到 ω_j^* 的最优解。

(2) 求控制点 $\boldsymbol{d}_j$

求出控制点的权因子 ω_j^* 之后,NURBS 曲线对型值点插值可表示为

$$\boldsymbol{r}(u_{i+3})=\sum_{j=0}^k \omega_j^* \boldsymbol{d}_j N_{j,n+1}(u_{i+3})/\sum_{j=0}^k \omega_j^* N_{j,n+1}(u_{i+3})=\boldsymbol{P}_i, \quad i=0,1,\cdots,m$$

其中控制点个数为 $k+1,u_i$ 为节点矢量的分量。再加上切矢边界条件即可解出唯一的 $\boldsymbol{d}_j$。

1.3.5 曲面的分片表示

非均匀有理 B 样条曲面可以用于曲面拟合。

非均匀有理 B 样条曲面

$$\boldsymbol{S}(u,v)=\sum_{i=0}^m\sum_{j=0}^n \omega_{ij}\boldsymbol{d}_{ij}N_{i,p+1}(u)N_{j,q+1}(v)/\sum_{i=0}^m\sum_{j=0}^n \omega_{ij}N_{i,p+1}(u)N_{j,q+1}(v)$$

式中,$\boldsymbol{d}_{ij}$ 是矩形域上特征网格控制点列,ω_{ij} 是相应控制点的权因子,$N_{i,p+1}(u)$ 和 $N_{j,q+1}(v)$ 均为 B 样条基函数。它们是在节点矢量 $\boldsymbol{U}=(u_0,u_1,\cdots,u_{m+p+1})$ 和 $\boldsymbol{V}=(v_0,v_1,\cdots,v_{n+q+1})$ 上定义的。

在 VAGD 中 NURBS 曲面上的一点 $S(u,v)$ 的求解过程:

① 在齐次坐标系下,可先沿 u 方向取控制点阵 $\boldsymbol{d}_{ij}$ 中 $\boldsymbol{d}_j=(d_{0j},d_{1j},\cdots,d_{mj}),j=0,1,\cdots,n$。分别对 $\boldsymbol{d}_j$ 的控制多边形和相应的节点矢量 $(u_0,u_1,\cdots,u_{m+p+1})$ 用 Deboor 算法计算出中间控制点 $\boldsymbol{d}_j^1$;

② 由求出的 $n+1$ 个中间控制多边形 $\{\boldsymbol{d}_0^1,\boldsymbol{d}_1^1,\cdots,\boldsymbol{d}_n^1\}$,此时节点矢量 $\boldsymbol{V}=(v_0,v_1,\cdots,v_{n+q+1})$,用 Deboor 算法计算出目标点。也可先沿 v 方向计算,其结果相同。获得的曲面上的一点形式为 $S(x(u,v),y(u,v),z(u,v),w(u,v))$。可映射到 $OXYZ$ 坐标系下。

NURBS 曲面的反求。在具有规律拓扑结构点云的曲面反求中,反求系统中一般把曲面的反求问题化解成两个阶段的曲线反求问题。B 样条曲面可表示为

$$\boldsymbol{S}(u,v)=\sum_{i=0}^m\sum_{j=0}^n \boldsymbol{d}_{ij}N_{i,p+1}(u)N_{j,q+1}(v)$$

$$=\sum_{j=0}^n N_{j,q+1}(v)\left[\sum_{i=0}^m \boldsymbol{d}_{ij}N_{i,p+1}(u)\right]=\sum_{j=0}^n \boldsymbol{c}_j(u)N_{j,q+1}(v)$$

给定型值点 $P_{uv}(u=0,1,\cdots,e,v=0,1,\cdots,f)$，构造曲面过程如下：

① 沿 u 方向取 $f+1$ 行型值点 $P_v=\{P_{0v},P_{1v},\cdots,P_{ev}\}$。

② 取好节点矢量 U 后，对每一行型值点进行 B 样条曲线插值反求，获得 $f+1$ 条 B 样条曲线及相应的控制点 P_{iv}^1。

③ 把 P_{iv}^1 看成中间型值点，再沿 v 方向取 $m+1$ 列中间型值点，

$$P_i^1=\{P_{i0}^1,P_{i1}^1,\cdots,P_{if}^1\},\quad i=0,1,\cdots,m。$$

④ 取好节点矢量 V 后，对每一列中间型值点进行 B 样条曲线插值反求，获得 B 样条曲面的控制顶点 d_{ij}。

一般情况下给定的型值点并不具有规律的拓扑结构，而是一堆散乱的点云数据。面对这种情况，需要对点云进行必要的处理，一般在满足公差的条件下，可做近似处理。在点云上选取一些点作为型值点，这些型值点的相对位置应满足拓扑矩形结构，点选得越多精度就越高。但过多的点可能造成曲面拐点过多，影响曲面的质量。

1.4 曲面的曲线族表示

复杂曲面中有些曲面具有其特点，可有其特殊表示，例如船体就是一类特殊的复杂曲面。用函数表示船体形状的船型设计属于理论设计，基本原理是应用切片理论将船体分成若干截面片体，每一片体的截面形状用二维平面曲线表达，然后，应用型曲线建模原理得出截面形状函数。

船体的坐标系一般选取船舶前向为纵轴正方向，采用右手法则，建立坐标系。如果沿船体纵向（x 轴方向）切片，称为纵向函数；沿高度方向（z 轴方向）切片，称为垂向函数；沿横轴方向（y 轴方向）切片，称为横向函数。

在纵向函数中，$y_i=y(x_i,z)(i=0,1,2,\cdots,n)$，其中 x_i 表示切片体坐标，i 表示切片号数。当 n 趋于无穷大时，离散函数 $y_i=y(x_i,z)(i=0,1,2,\cdots,n)$ 就趋于连续函数 $y=y(x,z)$。这样就将二维型曲线函数 $y_i=y(x_i,z)(i=0,1,2,\cdots,n)$ 转化为三维船体曲面函数 $f=f(x,y,z)$。

利用曲线族来表示复杂曲面，是一种降维表示，这样大大地降低了曲面的表示难度，但是同时提出了曲线关联的新问题。

第 2 章 ▶▶▶

流体力学中的曲线

设计流体中的物体外形,是希望获得阻力最小的物体。这类物体的外部形状通常表现为平滑而规则的表面,没有大的起伏和尖锐的棱角,称其为流线型物体。流体在流线型物体表面主要表现为层流,没有或很少有湍流,这保证了物体受到较小的阻力。流线型物体大多为前圆后尖,表面光滑,略像水滴的形状。具有这种形状的物体在流体中运动时所受到的阻力最小,所以汽车、火车、飞机机身、潜水艇、轮船等外形常做成流线型。

2.1 流线体的形状设计

流线型设计源于对高速滑行的鸟、鱼的形体的欣赏,以及对自然生命科学的研究,广泛应用于飞机、汽车等交通工具的造型设计中,"流线型"也作为一个视觉样式名词在工业设计中被广泛使用。

1. 流场与流线

流线型设计起源于形式审美的要求,以及人们对产品功能的认识和理解。在自然界中流线型的形态普遍存在,如鸟的体形结构,是为了减少空气摩擦阻力,提高飞行速度;鱼的体形,是为了减少水的阻力;船底的形状,是为了提高行驶速度,设计师们利用物理原理,把流线型引入工业设计。从审美来看,流线型设计使汽车似乎充满动感,速度更快。由此,为体现汽车的动感和速度感,许多早期的轿车都运用流线型车身造型,这正是设计中由单一功能到功能和审美融合的转化。

在工业设计中,流线型是一种象征速度和时代精神的造型语言,并渗入到家用产品的领域中。20 世纪 30—40 年代,流线型设计成为最流行的产品风格,影响了烤面包机、电熨斗、电冰箱等的外观设计。

（1）定常流动

流体流经的空间称为流体空间或流场。流体可看作由大量流体质点组成的连续体,流体流动时,流体质点不断地流经空间各点。一般情况下,流体在空间各点的流动速度不同,且随时间变化。如果流体流经空间各点的速度不随时间变化,这样的流动叫做定常流动或稳定流动。在定常流动中,流体质点在不同地点的速度可以各不相同。

（2）流线和迹线

流线的空气动力学的定义如下：流线是某一时刻在流场中画出的一条空间曲线,在该时刻,曲线上的所有质点的速度矢量均与这条曲线相切。这是欧拉方法描述流动的一种方法。在流场中,可绘制出一系列的流线,称为流线簇。流线簇构成的流线图称为流谱。

流线是同一时刻不同质点组成的曲线。流线是流场中的一条曲线,线上各点的切向和该点的速度方向相同,法线方向的速度分量为零,所以流线是流体所不能穿越的线。如果流动是非定常的,由于速度矢量的大小和方向随时间的变化而变化,所以不同时刻的流线形式也不相同。

设有一个三维定常流场,其空间坐标为(x,y,z),相应的速度为$\boldsymbol{v}=(v_x,v_y,v_z)$,流线上的微元矢量 $\mathrm{d}s=(\mathrm{d}x,\mathrm{d}y,\mathrm{d}z)$,根据流线的定义,$\boldsymbol{v}$ 与 $\mathrm{d}s$ 的方向一致,所以流线的方程为

$$\frac{\mathrm{d}x}{v_x}=\frac{\mathrm{d}y}{v_y}=\frac{\mathrm{d}z}{v_z}$$

上式是两个方程,从数学上,积分可得两个曲面。两个曲面的交线即为流线。

迹线是流体质点的运动轨迹,即质点在不同时刻所在位置的连线。它是由拉格朗日法描述的流场的几何表示,对整个流场来说,是一系列的迹线族。

流线和迹线的性质可作如下的比较：

① 流线和迹线的共同特点是,它们都是与速度相切的曲线,但流线是同一瞬时、不同质点所形成的曲线；迹线是同一质点在不同瞬时所经过的位置的轨迹。

② 流线是不能相交、相切和折转的,初速度为零或无穷大的特殊情况除外。因为,若流线相交或折转,意味着在相交或折转处的速度,将有两个方向,这是不可能的。但流场中的迹线一般是相交的。

③ 一般情况下,过同一点的流线和迹线是不重合的。只有在定常流动中,两者相重合。此时,流线和迹线是没有任何区别的,它们是相同的空间曲线。

④ 在一条流线或一条迹线上只能得到各质点的速度方向,无法表示其速度大小。但在一族流线中,可判断流线上的速度大小。一般在不可压缩流场中,流线密集的地方流速大,反之流速小,这是因为流线的疏密意味着流体流动通道的大小,通道宽的速度小,通道窄则速度大。迹线族没有这个特性。

⑤ 流场中的流线是不可能中断的,因为流体的连续性质,速度分布是遍布全流场的,各点处的速度只有大小、方向的差别,不可能出现相邻点或区域间的速度中断,但流场中的迹线则不然。它可以是有头有尾的。

注意上述流线特点:当流场为定常时,过任一点的流线和迹线重合,形状保持不变。在流场中,流线簇的疏密程度反映了该时刻流场中各点速度的变化。对于恒定流,流线的形状和位置不随时间而变化。恒定流的流线和迹线重合。一般情况下,流线不能相交,不能折转,只能是一条光滑曲线。

(3) 流管和流面

在三维空间,在流场中取一条不是流线的封闭曲线。经过曲线上每一点作流线。所有这些流线的集合构成的管状曲面被称为流管。因流管由流线组成,因此流体不能穿出或者穿入流管表面。在任意瞬时,流场中的流管类似真实的固体管壁。

一系列相邻的流线组成流面。因为流线任意点的切线方向与该点的速度矢量方向一致,因此流体不可穿越流面,即在流面上法向速度为零,与飞行器表面的边界条件一样,所以在存在速度势的不可压流场内,飞行器表面形状可以用流面代替。

(4) 流函数

连续的平面流动存在流函数,连续方程总是成立的。所以只要是平面流就有流函数存在,不论是否考虑黏性都存在。对于二维不可压缩流体,连续方程为

$$\frac{\partial v_x}{\partial x} + \frac{\partial v_y}{\partial y} = 0$$

所以 $-v_y \mathrm{d}x + v_x \mathrm{d}y$ 是某个函数 $\Psi(x,y)$ 的全微分,即

$$\mathrm{d}\Psi = -v_y \mathrm{d}x + v_x \mathrm{d}y$$

又

$$\mathrm{d}\Psi = \frac{\partial \Psi}{\partial x}\mathrm{d}x + \frac{\partial \Psi}{\partial y}\mathrm{d}y$$

故有

$$v_y = -\frac{\partial \Psi}{\partial x}, \quad v_x = \frac{\partial \Psi}{\partial y}$$

函数 $\Psi(x,y)$ 称为二维连续流动的流函数。

沿一条流线的流函数是常数。设流线上一点的速度为 $\boldsymbol{v} = v_x \boldsymbol{i} + v_y \boldsymbol{j}$,则 $\frac{\mathrm{d}x}{v_x} = \frac{\mathrm{d}y}{v_y}$,或

$$-v_y \mathrm{d}x + v_x \mathrm{d}y = 0$$

所以 $\dfrac{\partial \Psi}{\partial x}\mathrm{d}x + \dfrac{\partial \Psi}{\partial y}\mathrm{d}y = 0$，或者 $\mathrm{d}\Psi = 0$，即 $\Psi = c$。

这说明，沿一条流线各点的流函数值相等。$\Psi(x,y)$ 沿流线是一常数，如果令流函数 $\Psi(x,y)$ 等于一系列的常数值，所得各方程代表了平面上一系列流线，不同常数为不同流线。

(5) 速度与加速度

速度是同一流体质点的位移对时间的变化率，加速度则是同一流体质点的速度对时间的变化率。通过位移求速度，或通过速度求加速度，必须指定流体质点，在拉格朗日观点下进行。

拉格朗日法中，设初始时刻流体质点的坐标是 $(\bar{b},\bar{c},\bar{d})$，于是 $\hat{t}$ 时刻任意流体质点的位置在空间的坐标可表示为

$$x = f_1(\bar{b},\bar{c},\bar{d},\hat{t}), \quad y = f_2(\bar{b},\bar{c},\bar{d},\hat{t}), \quad z = f_3(\bar{b},\bar{c},\bar{d},\hat{t})$$

上式也是迹线的参数方程。任一流体质点的速度和加速度可表示为

$$v_x = \frac{\partial x}{\partial \hat{t}} = \frac{\partial f_1(\bar{b},\bar{c},\bar{d},\hat{t})}{\partial \hat{t}}, \quad v_y = \frac{\partial y}{\partial \hat{t}} = \frac{\partial f_2(\bar{b},\bar{c},\bar{d},\hat{t})}{\partial \hat{t}}$$

$$v_z = \frac{\partial z}{\partial \hat{t}} = \frac{\partial f_3(\bar{b},\bar{c},\bar{d},\hat{t})}{\partial \hat{t}}$$

$$a_x = \frac{\partial v_x}{\partial \hat{t}} = \frac{\partial^2 f_1(\bar{b},\bar{c},\bar{d},\hat{t})}{\partial \hat{t}^2}, \quad a_y = \frac{\partial v_y}{\partial \hat{t}} = \frac{\partial^2 f_2(\bar{b},\bar{c},\ \bar{d},\hat{t})}{\partial \hat{t}^2}$$

$$a_z = \frac{\partial v_z}{\partial \hat{t}} = \frac{\partial^2 f_3(\bar{b},\bar{c},\bar{d},\hat{t})}{\partial \hat{t}^2}$$

设 $\boldsymbol{v} = (v_x, v_y, v_z)$，$\tau = \tau(x,y,z)$，则

$$\boldsymbol{v} = \frac{\partial \tau}{\partial \hat{t}}$$

对任意固定的 $(\bar{b},\bar{c},\bar{d})$，由上式知：对速度矢量的偏积分即为位置矢量。

2. 流线型曲线曲面的构造

流线型本是空气动力学中的名词，描述了线条流畅、表面平滑的物体形状，该形状可以减少物体高速运行时的风阻。流线型实质是一种外在的"样式设计"。流线型起源于空气动力学的实验，而不是艺术活动。流线型设计成果主要有：①揭示出"流线型"的特征：卵状的形体和平滑的外表；②设计出了具有"流线型"外形的飞机、船舶、汽车及其他工业产品；③设计的结果是靠经验和风洞试验、水洞试验和水池试验检验的。

在船舶流体力学中,给定物体(船、桨、附体或其组合体),要求确定其在不同的运行状态和环境条件下的某种性能,如压力分布、前进阻力、一定主机功率时的航速、某种海况下的运动性能、周围流场的性态等,这些是正问题。与此相反,若给定物体的性能要求,在若干限制条件下寻求满足要求的物体,就是逆问题。更工程化一些的说法,也称为设计问题。对于设计人员或工程师来说,逆问题也许是更为直接和更令人感兴趣的。因为当他们接手某项设计任务时,面对的往往是这类逆问题。遗憾的是,与正问题相比,逆问题的研究远不够透彻和系统。其困难不仅在于逆问题研究对象的多样性,还在于对逆问题的适定性(可解性、唯一性、稳定性等)缺乏系统和一般的提法。

在流体力学的形状设计中,空气动力学的翼型设计具有代表性。因此探讨流体力学中工程曲线的特性时,往往以翼型的设计为背景。在翼型的正问题(给定翼型,确定性能)的研究中,保角变换法有其独特的优点。引进合适的保角变换关系,可以把物理平面上给定的翼型变换成辅助平面上的单位圆。在该复平面上,有环量圆柱绕流的复势是已经求得的,从而确定翼面上的速度分布及有关性能。逆问题的做法则是从辅助平面上有环量圆柱绕流的复势出发,寻求合适的保角变换关系,使得变换得到的翼表面上有预定的速度分布。在辅助平面 ζ 上,有环量圆柱绕流的复势 $F(\zeta)$ 可表达为

$$F(\zeta) = e^{-ia}\zeta + e^{ia}\zeta^{-1} - \frac{\Gamma}{2\pi i}\ln\zeta$$

其中,a 是均流的攻角,$\Gamma = 4\pi\sin a$ 为环量,物理平面(平面 z)上复速度为

$$\omega = v e^{-i\theta} = \frac{dF}{dz} = \frac{dF/d\zeta}{dz/d\zeta}$$

式中,v,θ 分别为复速度的模与辐角。在辅助平面的单位半径圆柱表面 $\zeta = e^{i\varphi}$ 上,其中 φ 为辐角,若 $dF/d\zeta$ 已知,$v(\varphi)$ 给定,理论上可通过积分上式中的 $dz/d\zeta$ 求得圆柱与翼型的变换关系 $z(\zeta)$ 以确定翼型。爱普勒(Eppler)为此开发了一套计算程序。这种方法在空气动力学中得到了充分的发展。

低阻轴对称物体的研究对潜艇和鱼雷等物形的设计和发展有着十分重要的指导意义。泽但(M. F. Zedan)和道尔顿(C. Dalton)利用物体轴对称的特点提出了对称轴上分布源汇的方法。设对称轴上源汇分布的强度为 σ_ξ,那么,在均流 U_∞ 中,流场中任意一点 (x,r) 处的流函数可表示为

$$\varphi(x,r) = -\frac{1}{4\pi}\int_{x_a}^{x_t} \frac{\sigma_\xi(x-\xi)}{\sqrt{(x-\xi)^2+r^2}}d\xi + \frac{U_\infty r^2}{2}$$

其中,x_a,x_t 分别为物体轴对称上源汇分布的起讫位置。点 (x,r) 上轴向和径向扰动速度分别可由流函数的坐标偏导得到。将关于源强的积分方程离散化,得到矩阵方程

$$\varphi_i = \frac{1}{4\pi}\sum_{j=1}^{M}\overline{\varphi}_{ij}C_j + \frac{U_\infty r_i^2}{2}, \quad u_i = \frac{1}{4\pi}\sum_{j=1}^{M}U_{ij}C_j + U_\infty, \quad i = 1,2,\cdots,M$$

根据初始估计形状以及给定的表面速度分布,可以确定表面各控制点 i 上的轴向速度 u_i,从而由第二个方程确定系数 C_j,再根据第一个方程取 $\varphi_i = 0$,得到新的物体半径分布。依次迭代,直至得到具有给定表面速度分布的物体形状。布里斯托(Tom Bristow)应用道格拉斯(Douglas)表面源汇分布法程序,辅以迭代过程,每步迭代产生一个修正了的物形,直至计算速度分布与预定速度分布的均方差最小,从而得到符合要求的物形。这是一种直接法,可以相当精确,适用范围也比较广,但计算费时,不利于众多方案的比较。图 2-1 为朗肯(Rankine)物体形状计算的一个例子。

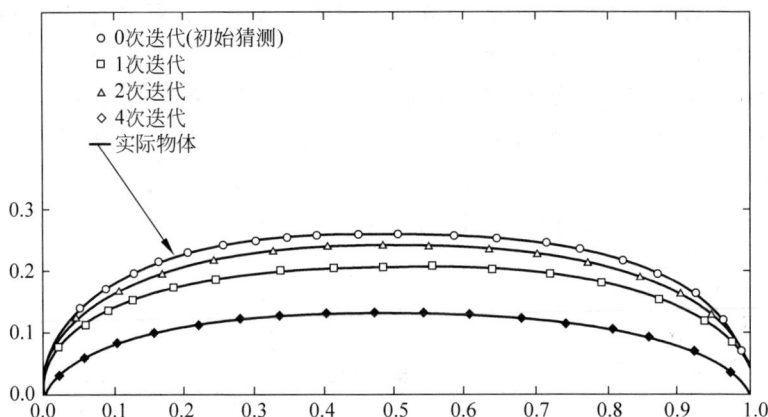

图 2-1   朗肯物体形状的迭代计算

依据此种方法,辅以边界层理论,可以设计出满足使用要求的低阻轴对称物体。

2.2   船体外形曲线的表达

船舶在波浪中航行,受到重力、浮力、静水阻力、波浪力等外力作用。外力引起船体运动状态发生改变,进而会引起外力尤其是水动力的变化。水动力主要由波浪诱导的船体运动而引起,所以波浪载荷与水动力和船体运动密切相关。目前用于波浪载荷直接计算的方法有如下几种:切片理论、水弹性理论以及三维面元法等。其中以切片理论和三维面元法在工程上应用最为广泛。三维面元法基于三维势流理论,适用于任意形状的船舶和海洋结构物,但其分析过程相对复杂且计算量大。相比之下,切片理论以其建模简单、计算效率高、精度满足工程需求等优点受到船舶设计师的青睐。

切片理论的基本思想为：将船体沿船长方向等分成若干个切片。在给定的装载情况和航速条件下，对于任一频率和浪向组合，将单位波幅的规则波作用于船体，分别计算每个切片上的附加质量、附加阻尼等水动力系数和 弗洛德-克雷洛夫 (Froude-Krylov)波浪力及绕射波浪力，将各切片的受力沿船长积分，得到整个船体的受力。将水动力和波浪力代入船体 6 自由度的运动方程，得到船体运动的频域传递函数。由相对运动关系，可以求出船体任意位置处的运动响应。相应的速度和加速度可以通过时间微分得到。船舶在规则波中的运动通常可以分为两个独立的问题来处理：(1)辐射问题：没有入射波，仅考虑船舶自由摇荡运动。此时的水动力由附加质量、阻尼和回复力项组成。(2)绕射问题：船舶固定不动，仅考虑规则入射波对船体的作用。此时的水动力由波浪力组成，波浪力由入射波浪力和绕射波浪力组成。前者仅考虑入射波对船体的影响，而忽略船体存在对流场的影响；后者为波浪遇到船体发生绕射而产生的波浪力。

在线性化前提下，可以通过叠加上述两个独立问题中的水动力来获得总的水动力。有了水动力，就可以对船舶运动进行分析，得到基于水动力分析的波浪载荷。

在船型设计上基于切片理论，研究了基于船舶的某种方向切成很多小片，建立在切片上的船型曲线。

用函数表示船体形状的船型设计属于理论设计。在应用切片理论时，如果切片是沿着船体的纵向进行的，将船体分成若干横截面片体，每一片体的横截面形状用二维平面曲线表达。然后，应用型曲线建模原理得出横截面形状函数 $y_i = y(x_i, z)(i=1,2,\cdots,n)$，其中 x_i 表示切片体坐标，i 表示切片号数。当 n 趋于无穷大时，离散函数 $y_i = y(x_i, z)(i=1,2,\cdots,n)$ 就趋于连续函数 $y=y(x,z)$。这样就将二维型曲线函数 $y_i = y(x_i, z)(i=1,2,\cdots,n)$ 转化为三维船体曲面函数 $y=y(x,z)$。

由于切片体的型曲线函数 $y_i = y(x_i, z)(i=1,2,\cdots,n)$ 的一阶导数和二阶导数满足设计船舶横剖线形状的几何性质(斜率和凹性)，而且还要保证设计水线、平板龙骨边线、设计吃水边线等边值条件及横截面面积的要求，从而满足设计船舶的主尺度、系数(梭形系数、中横剖面系数、水线面面积系数等)与排水量等静水性能的要求。

在船体和其他几何形体的数学描述中，曲线与曲面的表示是关键问题之一。曲线的表示大体分为两大类：第一类是基于局部信息的表示，第二类是基于整体的形状。

在第一类表示方法中，如果已知一些测量值(这些测量值的点称为型值点)，寻求一条近似曲线，使得型值点与近似曲线之间的差异在某种意义上达到最小。这里并不要求近似曲线一定要通过型值点。所谓差异最小，可以是偏差的绝对值之和最小，或者偏差的平方和最小，也可以是最大的偏差绝对值最小等。这条近似曲线也称为拟合曲线。拟合曲线的求取，除了依赖测量数据以外，对于基函数的选取，也是非常重要的。这往往依赖于测量对象的物理特性或者数据的几何特性。这类问题称为曲线拟合。

第一类方法中的另一类问题是要求近似曲线严格通过型值点，并在型值点上满足一定的光滑性条件。这类问题称为插值。作为整体插值的方法有多种多项式插值法，包括拉格朗日（Lagrange）插值和埃尔米特（Hermite）插值等。应用很广泛的是分段插值，例如样条（spline）。目前工程中对曲面应用最广泛的是非均匀有理B样条（NURBS）。

第一类表示方法虽然应用广泛，但是高度依赖型值点。因此，在设计阶段，多依赖于母型，这给创新带来很多的不便。

曲线的第二类表示方法侧重于整体形态，其中，又有基于解析方法与基于几何变换方法两类。解析方法根据曲线满足的微分及边界条件，通过数学推导获取。几何变换方法则从初等函数出发，通过简单的变换，获取所需形状的曲线。这些变换获得的曲线，只需一个或几个参数控制，因此方法简单，调节方便，在设计阶段非常有用。

船体外形曲面是一种复杂的光顺曲面，长期以来曲面的表示方法研究受到极大的重视，近年来数学船型的研究工作有了很大的进展，各种方法日趋完善。用数学方法产生船体型线是型线设计的新途径，人们希望利用数学船型方法从根本上提高型线设计的速度、精度和质量。虽然船体型线极为复杂，各部位的形状各具差异，但从点、线、面的形成过程来观察，船体曲面的变化，仍然是渐近变化，它是以一些简单的几何曲线为母线，不断作渐变运动所形成的。因此，研究船体曲线与曲面的数学表达式，首先要分析形成船体曲面的几何曲线的基本形状，和这些曲线所对应的数学函数的形式，以及曲线变化与数学函数性质之间的对应关系。

（1）船体型线的单元曲线

在传统的船体型线设计或是在实船的放样制造中，往往是通过确定船体各部位肋骨型线的形状，来构成整个船体外形曲面。在这一工作的过程中，设计者根据构成曲线点的不同分布情况，选择挠度不同的压条或不同曲率的曲线板，按照型值点的位置，逐点逐段地连接成弯曲程度多变的船型曲线。通过不断地将压条或曲线板移动，对型值点的拟合及绘图笔的描画，就绘制出圆满的型线，这全靠人们在实践中积累的经验以及对船体曲线变化规律的认识。仔细查看和分析实船的型线图，就会发现型线图中的曲线，是由一些基本的线条合成的，称之为单元曲线。由于船体通常是对称的，因而单元曲线一般以图形出现，如图 2-2 所示。

我们称之为 U 形、V 形、S 形和椭圆形四种基本形态。这些是船型曲线的基本形态，只要把单元曲线有机地搭配、连接，就可表达出各种复杂的船型曲线。

图 2-2　船体的基本单元曲线

　　掌握单元曲线的基本形态,对于研究用数学方法来描述船型曲线,可以说是迈开了新的一步。我们对由单元曲线合成的 4 种形态的进一步分析,还可以发现,其中 U 形及 V 形曲线是最基本的,它们的组合,可表示出 S 形和椭圆形曲线。同时U 形和 V 形曲线之间也可以相互变化,从几何形状来看,这类曲线是同一类曲线。关键是要寻求一种数学方程,能满足这类曲线的要求,调整方程的参数,就能把曲线由一类渐变成为另一类曲线,并且相互之间还能光滑地连接。

　　(2) 船体单元曲线的数学方程

　　由于船型的发展,船体外形曲面也越来越复杂,作为表达单元曲线的数学方程也应具有多变的功能,它们之间可以方便地连接。通过对不同船型曲线的分析,按单元曲线的特点,对多种数学函数进行了功能比较,从中选择了功能强,符合要求的数学函数为单元曲线的描述方程,例如二次曲线族方程。

2.3　流线型的非代数变换曲线近似

　　这里寻求适合于表达工程上要求的一些曲线(如船体线型)的非代数变换(主要是指数变换)得到的新的曲线,即寻求某些工程曲线的近似表达。为了讨论方便起见,非代数变换采用无因次(无因次量(dimensionless)是指没有单位的物理量,这种物理量与单位制度(公制或英制)无关,可以理解为一个特殊的比值,这个比值的单位是 1,但是具有物理意义)坐标系统,在[0,1]区间内讨论。通常它是由一个或者两个参数控制的曲线形状。由参数连续变化,构成曲线族,再由边界条件,转化成实际尺寸,形成各种形状曲面。

　　为了研究型曲线的表示与调节,我们将曲线 $y=f(x)$ 增加一个无因次调节因子,表示为参数形式 $y=f^{\alpha}(x)$,通过调节参数 α,调整曲线的形状。以二次函数 $y=[(1-x)^2]^{\alpha}$ 为例,图 2-3 表示无因次调节因子 α 的作用。图 2-3 中从上到下依次为 $\alpha=0.2,0.5,0.8,1.0,1.2,1.5,2.0,4.0,6.0$ 时的曲线。随着形状因子的逐渐增大,曲线逐步从上凸曲线演变为 S 型曲线。显然,无因次调节因子在调整曲线的曲率时是有效的。

　　下面介绍 4 种变换所得非代数曲线族,主要是指数变换所得到的新的曲线。

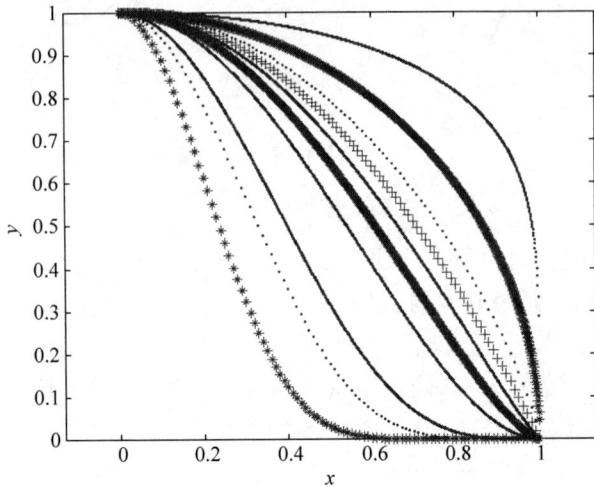

图 2-3   无因次调节因子(形状因子)的作用

（1）a 变换

设曲线为 $y=f(x)$，经过 a 变换后，产生新的曲线 $y=\dfrac{f(ax)-f(a)}{f(0)-f(a)}$。设原

曲线为 $y=\mathrm{e}^{-x^2}$，经过 a 变换，有 $y=\dfrac{\mathrm{e}^{-(ax)^2}-\mathrm{e}^{-a^2}}{1-\mathrm{e}^{-a^2}}$。图 2-4(b)中从上至下依次为

$a=0.1,0.5,1,2,4,6,9,14,21,35$ 时的曲线族。

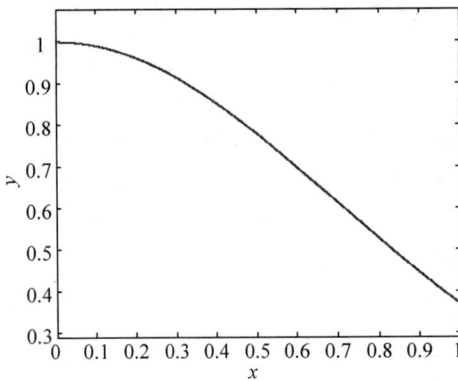

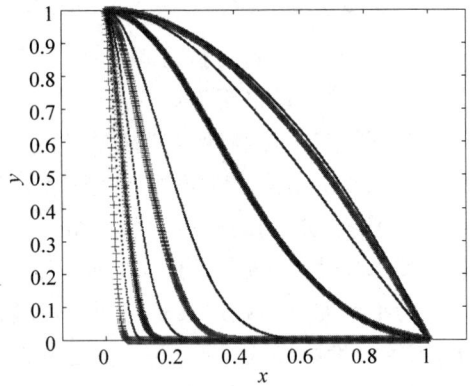

(a) 曲线 $y=\mathrm{e}^{-x^2}$

(b) 曲线 $y=\mathrm{e}^{-x^2}$ 经过 a 变换后得到的新曲线族

图 2-4 a 变换对照图

从图 2-4 可见，参数 a 越大，曲线面积越小。随着 a 的增大，曲线逐渐从上凸曲线演化为 S 型曲线，进一步从 S 型曲线演化为下凸曲线。

（2）b 变换

设曲线为 $y=f(x)$，经过 b 变换后，产生新的曲线 $y=[f(x)]^b$。例如 m 次多项式 $y=1-x^m$，经过 b 变换得到新的曲线为 $y=(1-x^m)^b$。图 2-5 中从上至下依次为 $m=8$，$b=0.1,0.5,1,2,4,6,9,14,21,35$ 时的曲线族。

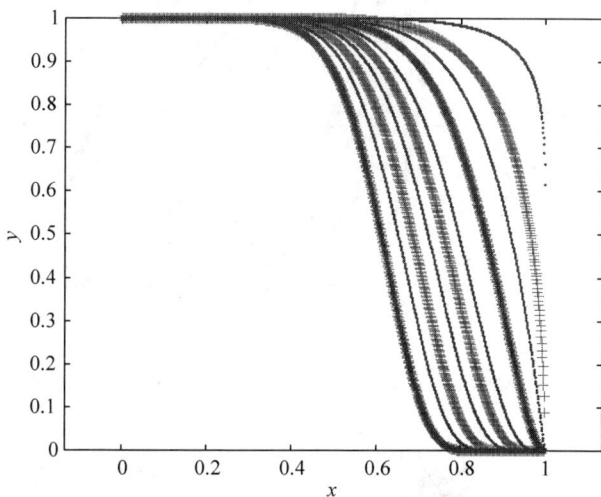

图 2-5 $m=8$ 时多项式 $y=1-x^m$ 经过 b 变换后得到新的曲线族

从图 2-5 可见，参数 b 越大，曲线面积越小。随着 b 的增大，曲线逐渐从上凸曲线演化为 S 型曲线。

又设余弦函数 $y=\cos\left(\dfrac{\pi}{2}x\right)$，经过 b 变换以后得到新的曲线 $y=\cos^b\left(\dfrac{\pi}{2}x\right)$，图 2-6 中从上至下依次为 $b=0.1,0.5,1,2,4,6,9,14,21,35$ 时的曲线族。

从图 2-6 可见，参数 b 越大，曲线面积越小。随着 b 的增大，曲线逐渐从上凸曲线演化为 S 型曲线。

（3）c 变换

设曲线为 $y=f(x)$，经过 c 变换后，产生新的曲线 $y=\dfrac{f(x)}{1+c[1-f(x)]}$。例如抛物线 $y=1-x^2$，经过 c 变换，得到曲线族 $y=\dfrac{1-x^2}{1+cx^2}$，图 2-7 中从上至下依次为 $c=0.1,0.5,1,2,4,6,9,14,21,35$ 时的曲线族：

从图 2-7 可见，参数 c 越大，曲线面积越小。随着 c 的增大，曲线逐渐从上凸曲线演化为 S 型曲线。

为了更好地描述曲线，还可以采用复合变换。例如，在 c 变换的基础上再采用

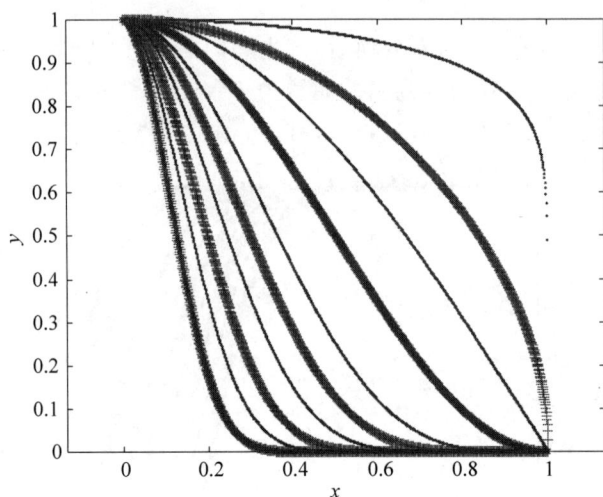

图 2-6　函数 $y=\cos\left(\dfrac{\pi}{2}x\right)$，经过 b 变换后得到新的曲线族

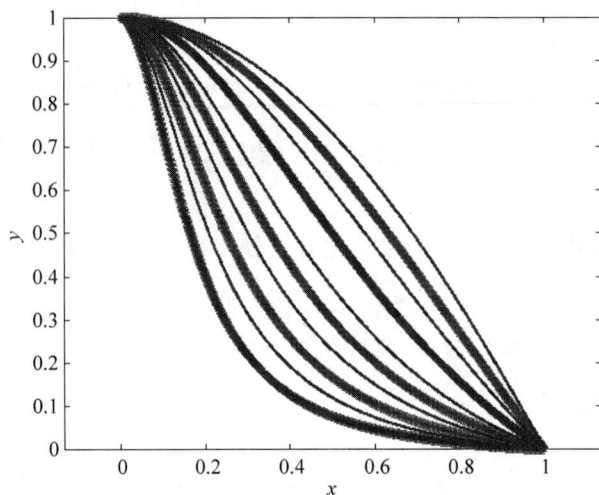

图 2-7　抛物线 $y=1-x^2$ 经过 c 变换后得到新的曲线族

b 变换。例如，抛物线 $y=1-x^2$，经过 c 变换，得到曲线族 $y=\dfrac{1-x^2}{1+cx^2}$，再经过 b 变换，得到曲线族 $y=\left(\dfrac{1-x^2}{1+cx^2}\right)^{\frac{1}{b}}$。该曲线族由两个参数控制。图 2-8(a)中自下而上依次为 $c=0.1,b=0.1,0.5,1,2,4,6,9,14,21,35$ 时的曲线族；图 2-8(b)中从

下而上依次为 $c=10, b=0.1, 0.5, 1, 2, 4, 6, 9, 14, 21, 35$ 时的曲线族。

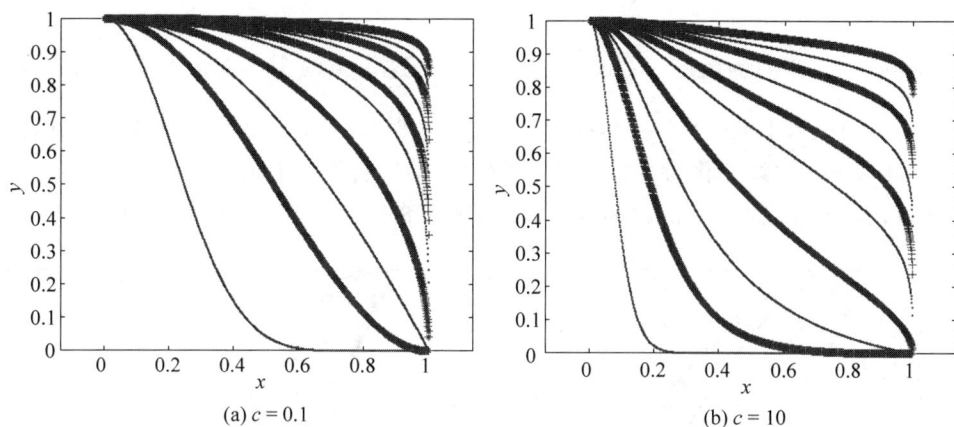

图 2-8 抛物线 $y=1-x^2$，经过 c 变换再经过 b 变换，得到的曲线族

从图 2-8 可见，指数 b 对图形的影响远大于参数 c，即 b 变换的影响大于 c 变换。

（4）d 变换

设曲线 $y_1=f_1(x), y_2=f_2(x)$ 经过 d 变换后，产生新的曲线 $y=y_1 y_2 = f_1(x) f_2(x)$。例如 $y_1(x)=1-x^n$ 为 n 次多项式，$f_2(x)=\mathrm{e}^{-x^m}$ 为指数函数，经过 d 变换，形成新的函数族 $y=(1-x^n)\mathrm{e}^{-x^m}$，这是由两个参变量控制的函数族。图 2-9(a) 中自下而上依次为 $n=3, m=0.1, 0.5, 1, 2, 4, 6, 9, 14, 21, 35$ 时的函数族；图 2-9(b) 中自下而上依次为 $n=10, m=0.1, 0.5, 1, 2, 4, 6, 9, 14, 21, 35$ 时的函数族。

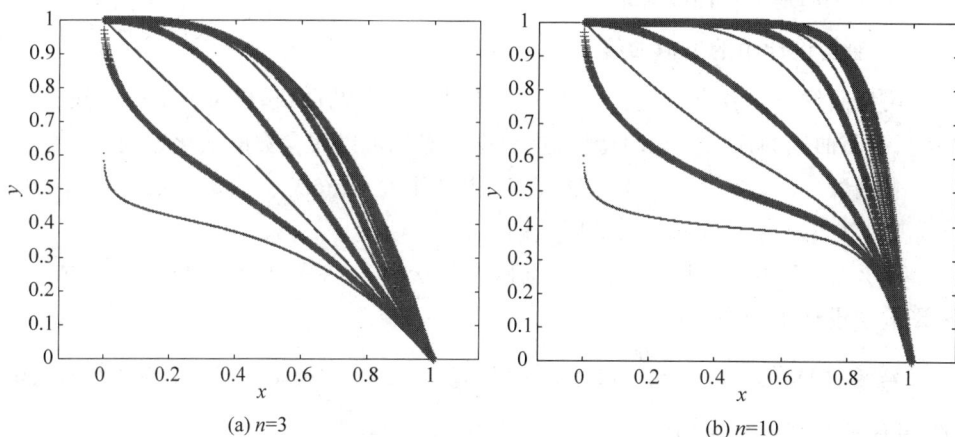

图 2-9 n 次多项式和指数函数，经过 d 变换，形成新的函数族

又例如 $y_1(x) = \cos^n\left(\dfrac{\pi}{2}x\right)$ 为 n 次三角函数，$f_2(x) = e^{-x^m}$ 为指数函数，经过 d 变换，形成新的函数族 $y = \cos^n\left(\dfrac{\pi}{2}x\right)e^{-x^m}$，这是由两个参变量控制的函数族。

图 2-10(a) 中自下而上为 $n=1, m=0.1, 0.5, 1, 2, 4, 6, 9, 14, 21, 35$ 时的函数族，函数逐渐从下凸曲线变化为 S 型曲线；图 2-10(b) 中自下而上依次为 $n=3, m=0.1$，$0.5, 1, 2, 4, 6, 9, 14, 21, 35$ 时的函数族，函数从下凸曲线逐步演化为 S 型曲线。

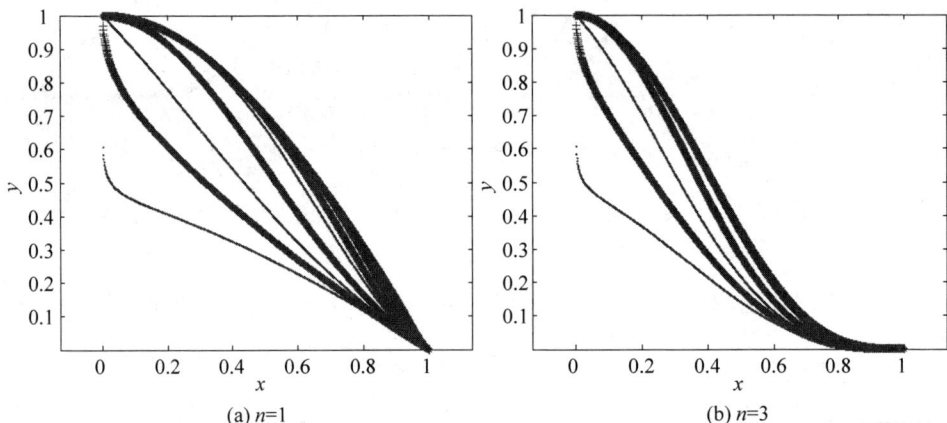

(a) $n=1$ (b) $n=3$

图 2-10 n 次三角函数和指数函数，经过 d 变换，形成新的函数族

以上所述 4 种变换，都是从初等函数出发，经过单一变换或者复合变换形成更复杂的曲线。这些变换控制参数少，仅 1～2 个，曲线从下凸曲线演化为 S 型曲线，或者从 S 型曲线演化为上凸曲线。通过控制参数的选择，可以控制曲线下的面积大小。这些都是工程曲线选取中所需要的。

5. 船型设计中的近似曲线

船型曲线应该具有单纯上凸曲线、S 形曲线和下凸曲线，以及从上凸曲线、S 形曲线、下凸曲线的连续变化的特性，这种连续变化可以用参数的变化控制。

幂函数 $y(\alpha) = (1-x^2)^\alpha$。图 2-11 中从上至下依次显示 $\alpha = 0.2, 0.5, 0.8, 1.0, 1.2, 1.5, 2.0, 4.0, 6.0$ 时此函数的曲线。

图 2-12 至图 2-13 显示了参数（也称为形状因子）对函数的增减性的影响。这种影响在设计中会产生作用。

幂函数的积分 $y(b) = \displaystyle\int_0^1 (1-x^2)^b \,\mathrm{d}x$，$y(b) = \displaystyle\int_0^1 (1-x^3)^b \,\mathrm{d}x$ 是参数 b 的减函数，其图像如图 2-12 所示。

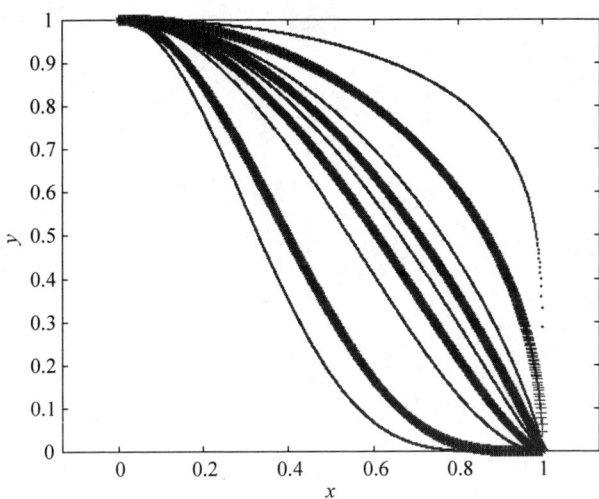

图 2-11 幂函数曲线

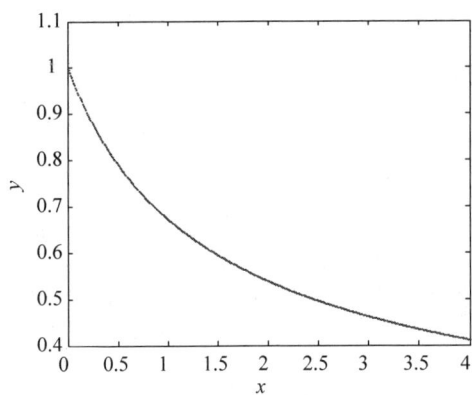

(a) $y(b) = \int_0^1 (1-x^2)^b \mathrm{d}x$

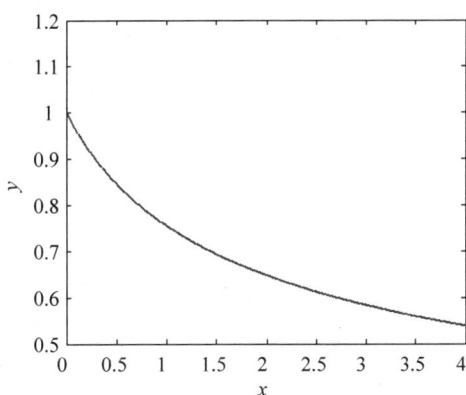

(b) $y(b) = \int_0^1 (1-x^3)^b \mathrm{d}x$

图 2-12 幂函数积分的图示

指数函数积分 $y(b) = \int_0^1 (1-x^2)\mathrm{e}^{-x^b} \mathrm{d}x$，$y(b) = \int_0^1 (1-x^3)\mathrm{e}^{-x^b} \mathrm{d}x$ 是参数 b 的增函数，其图像如图 2-13 所示。

从上面的分析可以看到，幂函数和多项式函数的组合，能够较好地近似船型曲线。

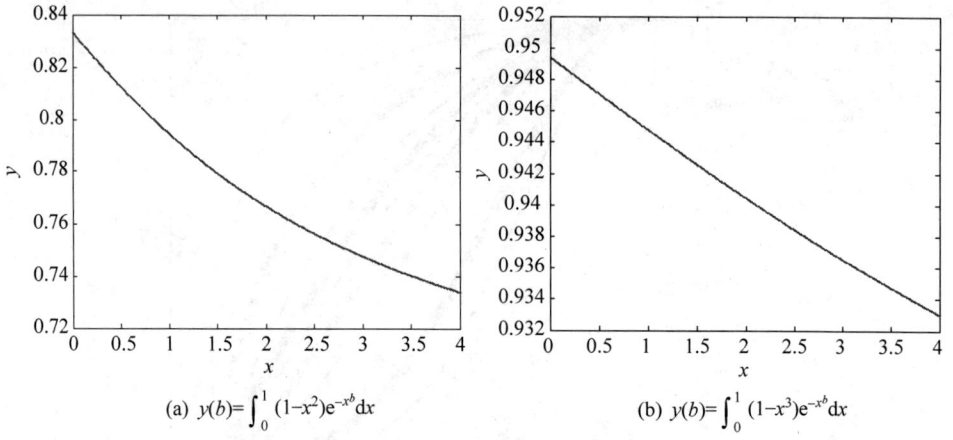

(a) $y(b)=\int_0^1 (1-x^2)e^{-x^b}dx$ (b) $y(b)=\int_0^1 (1-x^3)e^{-x^b}dx$

图 2-13 指数函数积分的图示

第 3 章 ▸▸▸

船 体 型 线

　　工程上所指的设计,通常是指一个创造新系统的行为。一个系统被设计出来,从提出要求到具体细节的确定,通常分为概念设计、初步设计和详细设计三个阶段。从设计过程分析又分为形式设计和参数设计两个阶段。

　　形式设计是对被设计系统最初步的规划。广义地说,就是确定要设计的对象属于何种类别、基于何种原理、采用何种结构等,其中一些属于设计要求的内容都是形式设计的一部分。狭义地说,形式设计是确定被设计对象拓扑结构的过程,如被设计的是一种船舶,那么采用何种船型、何种动力、舱室结构如何安排和使用,等等,都是形式设计的内容,它可以看作是对系统定性的过程。

　　参数设计则是对系统进行定量设计,在被设计系统的形式已经确定的前提下,具体化系统涉及的所有参数,使系统的结构完全被确定。船舶设计中确定主尺度、型线参数、螺旋桨参数、主机参数等一系列具体数据的行为就属于参数设计。

　　设计的具体方法有很多种,总的来说分为继承和创造两类。继承性设计是对已经存在的系统进行借鉴、移植、模仿和参考,在此基础上构建新系统。创造性设计是在科学规律的框架下构造不存在或没有被发现的系统,是更能发挥设计人员知识经验和主观能动性的行为。所有的设计行为,目的都是要获得一个新系统,这个新系统的性能如何、是否满足要求,需要通过对设计结果的评价来获取答案。评价系统的一种可行办法是对系统进行仿真分析,用量化的形式表示出系统的各种性能。

3.1　船体设计

　　船舶作为重要的交通工具之一,在水上运输特别是远洋运输方面有不可替代的作用,是国民经济发展的重要支撑,随着能源地位的提升和海洋资源开发的日趋扩展,船舶的作用越来越大。作为海军的主要装备,船舶又是国防建设的重要力量。因此世界上任何一个海洋国家,都非常重视船舶科技的发展。尽管船舶的研制有十分悠久的历史,并且随着现代科技的进步不断吸取新理论、新技术而发展,但相对于经济和国防建设的需要,仍相对落后。人类从来没有停止对高性能船舶的追求,无论是水翼船、气垫船还是穿浪船、多体船等,都是研究者们不断探索而出现的新成果。但即使如此,船舶远未达到人类对其"如鱼得水"的理想。设计理论的落后是制约船舶科技进步的重要因素之一。船舶设计是一个多学科、多目标、多变量和多约束的复杂问题,部分目标难以量化,有些目标甚至相互矛盾,系统本身及与周围环境之间有信息、物质和能量的交织,尤其存在与决策者意向的交互。系统中子系统的结构随着系统的演变而变化,且人的经验知识和意向对系统的作用显著,因此船舶设计对设计理论有非常高的要求。传统的船舶设计大多采用母型船改造的方法,仅仅追求某些主要的性能指标满足要求。即使开展优化设计,也是针对单个学科的某些指标进行,无法兼顾各学科、多性能之间的协调平衡,无法使设计船舶的系统综合性能达到最优。

船舶作为一类复杂的工程产品,其设计理论及设计方法总是随着现代科学技术和各种现代设计手段的进步而发展。对新的设计理论和方法的不断探索,是推动船舶科技进步的重要动力。

早期的船舶设计由于理论的缺乏和计算条件的限制,对设计方案无法进行精确的分析,大都靠试验结果来评判设计的好坏,以求获得一个能够满足船东要求的设计,并不在性能上作过高的要求。随着各种理论的提出和研究手段的发展,特别是计算机的出现,设计人员可以建立高精度的模型,对设计方案进行快速分析,不但能计算出某一设计方案下系统的性能,而且能够对多种可能设计方案进行分析,这使得优化设计成为可能,即在时间、资金、技术等条件允许的情况下,设计人员可以从若干可能的设计方案中选择一个最理想的结果作为最终设计。可见,优化是建立在设计和分析基础上的行为,优化包含了一个系统的多种设计方案及其分析过程。一个需要设计的系统,它的设计方案总是会有若干甚至无数个,要对所有可能的设计方案进行分析之后再作评价,显然是不可能的,为此数学上提出了诸如非线性规划、鲍威尔法等众多优化理论和相应的最优判据,按照某种准则对设计方案进行修改,在对有限个设计方案仿真分析后就能够找到最优设计。

显然,优化的前提是被设计的系统有多种可能的设计方案,这些方案中一部分能够满足各种条件和设计要求,而另一部分不满足或者只能部分满足这些条件,前者是可行设计,后者是不可行设计。优化的结果只能存在于可行设计中。所以设计优化过程实际上主要包含两个任务,一个是确保方案的可行性,另一个是系统性能的提升。

船体设计面临的主要问题有：

① 船舶总体性能计算——静水力计算、稳性计算、抗沉性计算、舱容计算等经典的方法，是依据型线图，参照总布置图采用列表近似计算。

② 对于船舶适航性、船在波浪中的受力分析、伴流场的模拟等研究课题，在船体曲面未能用数学表示时是无法进行详细计算的，只能通过模型实验或者近似经验公式来估算。船体曲面数学化后，应用切片理论可以相当精确地描绘船体流场，从而估算所需的各种性能。

③ 船体结构设计——应用船体的数学表达可大大改进结构设计的过程，设计中的几何要素可以由数学化的船体提供。

④ 船舶总布置设计——船体曲面的数学表达是总布置交互设计的基础。

⑤ 船舶生产设计——自动化程度的提高，对于生产设计同样也提出了更高的要求。造船厂中使用数控切割机切割外板、肋板等，都要求生产设计提供数字依据。这些依据大部分来源于船体曲面的数学表达。

3.2 船舶型线设计

历史上船舶设计是一种非常繁重的工作，包括手工制图、手工描图，首尾放样，等等。计算机的出现和发展几乎取代了过去的所有手工绘制工作，可以说是船舶设计的一大进步，但还是没有完全脱离传统的设计方法，这个过程对一艘、几艘的船舶设计来说是一种行之有效的最安全的方法。然而，高效的现代化发展日益要求船舶生产的节奏加快，比如除了造船实力之外的优良船型的快速生成对船舶的报价至关重要。国际上的竞争也需要提高生产效率。如果有一种行之有效的快速船型生成技术，那将会为我国企业在全球众多生产厂家的竞争中立于不败之地起到举足轻重的作用。型线设计是船舶设计中的重要阶段，为接下来的舱室划分、船舶静水性能、操纵性能、结构设计等提供保证。船舶型线设计的研究表明，船舶型线的改善对船舶节能产生相当可观的效果。通过船舶线型的优化对提高船舶的经济性大有好处。基于船舶阻力的船型优化在国外尤其日本研究较多，它排除了孤立地解决船型的基本数值问题，更贴近船舶的运动机理。船舶型线设计可以通过专家系统来解决，国外在计算流体动力学方面已有了较成熟的实用软件系统，但这些需要较大的数据量和较深的领域知识以及非常长的研究时间。基于兴波阻力的船型研究在数学理论非常成熟的情况下，可以仅仅作为一种求得船舶阻力的途径，结合最优化方法，可以快速准确地进行船型的优化分析与设计。

在船舶的设计过程中，如果能够较好地改善船舶设计的不足，加以快速的优化,提高自身产品的质量,将会得到船东的信任。船舶设计理念很难改变,但如果有得到长期验证的产品出现将会影响造船领域,到时候新技术与传统的融合将是自然而然的事情。

① 选择切合实际的非线性兴波理论,定义船舶阻力表达方法。线性兴波阻力理论已经有了很长的发展史,很多学者一直致力于兴波阻力公式的应用与发展,尤其近几年来对以瘦长船型或部件组成为特点的高速船船型的研究。

② 选择一项技术表达船舶线型,并以当今通用的直观显示。目前可以用来与接口的工具有很多,可以实现二维表达,亦可以实现三维表达。选择实现船舶横剖线图、水线面图、纵剖线图是比较流行的方法。

③ 优化方法的选择。混合罚函数法是一种简单且易于编程的可以把各种约束优化问题转化为无约束优化问题来求解的最优化方法。方向加速法方法也是一种直接搜索方法,同样具有上述优点,并具有很快的计算速度。

3.2.1　船体型线研究方法

船体型线设计是船舶总体设计的重要内容之一,是整个船舶设计过程的基础,对船舶的技术性能和经济性有重大影响。随着计算机的发展,为了提高设计质量和生产质量和效率,船舶工作者希望能够实现船舶曲面设计、建造的自动化,并做了一系列的船体数字化研究。

船体曲面的计算机表达是对船体曲面进行设计、相关性能分析与计算以及后续 CAM 实现的必要基础。船体曲面是具有双曲度的相当复杂的空间曲面,很难用规则的解析曲面进行描述。如何更加合理地运用数学方法来表达船体曲面形状,一直是造船界追求的关键目标之一。这个目标的实现依赖于两方面技术的发展:一个是曲面造型数学工具的发展,另一个是计算机技术的发展。两者相辅相成,缺一不可。例如早在 19 世纪后期,就不断有人摸索用函数描绘船体形状,因局限于手工推导及计算,仅能用简单的初等函数描写船舶的水线面或横剖面。因此,船体曲面造型是随着计算机技术和曲面造型技术的发展而逐步发展的。计算机硬件的快速发展和各种软件平台的相继推出,是船体曲面造型得以实现的物质基础;而计算几何、计算机辅助几何设计及自由曲面造型技术的不断完善与实用化则为船体曲面造型提供了坚实的理论基础。

对船体曲面进行计算机三维造型,除了直观显示及动画演示功能之外,最终目的是希望能够实现船舶曲面设计、船体性能分析及船体曲面建造的自动化,从而有效提高设计质量与生产质量,缩短生产周期,最终达到提高效益的目的。应用船体曲面数学表达后,借助计算机可以解决大量实际应用问题。

船体型线设计是船舶总体设计的一部分。型线图是性能计算、结构设计、各种布置和型线放样的根据,它的准确程度影响到以后很多方面的工作,乃至最后的船舶经济性。初步设计阶段中的型线设计通常是在船舶主尺度确定后与总布置设计配合进行的。但在设计方案构思和选择主尺度时,就要对船体型线有所考虑,并在型线设计中加以体现和检验。

型线设计的结果是以型线图来表达船体外形的几何形状,控制船体型线的要素主要是横剖面面积曲线、设计水线和甲板边线、横剖线形状、侧面轮廓图。生成型线的方法很多,主要方法有:

(1) 数学放样法

对手工设计的小比例的线型,用数学方程作原始型值点的光顺逼近,通常称为"数学放样"。

(2) 母型改造法

该方法就是选择一艘或数艘已经营运的与所要设计的船舶类似的、已知其性能的优秀船舶作为母型,然后在母型的基础上稍加改造得到新船型设计,并根据母型资料预估新船的性能,改造母型船线型,常称"母型改造法"。该方法的优点是简便易行,可以保持母型船的型线特征,而且设计比较容易,是一种很受欢迎的方法。缺点是强烈地依赖于造船工程师的设计经验与直觉判断,依赖于型线数据库。这种经验设计和估算校核的工作要经过多次反复才能得到比较符合要求的设计方案,对如何提高新设计船的性能没有科学依据,成本高,设计周期长。尽管如此,做出的设计方案也只是满足设计技术指标的可行方案而非最优设计方案。目前国内还有很多厂家采用这种方法完成船舶的设计。

当设计船的主尺度及船型系数确定后,需选择合适的母型船,母型船通常要选择与设计船用途相近、主尺度比相近、船型系数及 F_r 相近的阻力、推进的性能优良的船型。

母型改造法主要分为比例变换法、改造横剖面面积曲线法、母型船型线转变成设计船型线三种方法。改造横剖面面积曲线法分为 $1-C_p$ 法、勒根贝(Lackenby)法、二次式变换函数法、迁移法等。设计开始时,通常采用修改横剖面面积曲线的方法,将母型船的横剖面面积曲线作为新船初始得到的横剖面面积曲线,改造棱形系数(与基线相平行的任一水线下,型排水体积与其相对应的水线长、最大横剖面浸水面积的乘积之比。无特别注明时,通常指设计线处的比值。对于民用船,各水线处棱形系数的计算中,长和宽常用垂线间长和满载水线宽)和浮心纵向位置以及平行舯体长度和位置。修改后新船的中横剖面系数 C_M 与母型船相同(个别的时候不一样),则新船的方形系数(与基平面相平行的任一水线面以下的船的型排水体积与对应的船长、型宽和平均吃水的乘积所表示的长方体体积之比)大多数情况下满足要求。

由于母型船改造法得到的新船线型可保持母型船的线型特征,从而对新船的阻力、推进等性能有所把握。用母型船改造法,首先把已有优秀母型船的资料,如船舶的类型、主尺度、船型系数、排水量、航速及型值等作为船型库储存起来。当要设计的船接近于船型库内某一船型时,就可以通过程序进行调用,根据新船型的要求生成新的型值表,通过不断改造,直到满足设计要求为止。船型库内的船型资料不断增加,列为母型的船经过使用后证明其性能优秀,而且船体曲面是光顺的,可以不用放样直接用于船体建造。其中,通过母型船改造法生成新的型值表有如下几种方法:

(1) 主尺度变换

当设计船的长度、宽度和吃水与母型船不同时,就要进行尺度变换。在手工设计时常采用线性变换方法,用计算机进行母型船改造也常采用这一方法。

设 L_0,B_0,T_0 分别为母型船的长度、宽度、吃水;L,B,T 分别为新设计船的长度、宽度、吃水。则主尺度变换式如下:

$$x = \frac{L}{L_0}x_0, \quad y = \frac{B}{B_0}y_0, \quad z = \frac{T}{T_0}z_0$$

式中,x,y,z 为新设计船的型值坐标;x_0,y_0,z_0 为母型船的型值坐标。

这是一种相似变换,新设计船的船型系数与母型船的一致,只是船体曲面的放大或者缩小。主尺度变换的优点是,不改变与性能有关的船型系数,计算也很简单。

(2) 横剖面面积曲线变换

当设计船型的棱形系数 C_P、浮心纵向位置 x_b 和平行舯体长度 L_p 与母型船不相同时,为了达到设计船的要求,常用改造母型船的横剖面面积曲线的形状,使之成为符合设计船要求横剖面面积曲线。改造横剖面面积曲线时,一般都需要将横剖面形心纵向位置为浮心纵向位置的相对值 x_b,经过改造后的横剖面面积曲线应符合设计船的 C_P 和 x_b 的要求,但改造前后的中横剖面系数 C_M 没有变化。横剖面面积曲线形状变换,就是按照船型系数变化,使母型船横剖面位置按照一定规律纵向移动 δx,由此产生新船型。变换有四种方法:

① 一减棱形系数法($1-C_P$)。

一减棱形系数法,虽为最简单的一次多项式,它却能很好地满足设计船棱形系数 C_P,常用于有平行舯体的丰满船型,但却不能独立变化前后平行舯体的长度。

② 勒根贝法。

为了克服一减棱形系数法的缺点,勒根贝提出了用二次多项式作为变换函数。这种变换对有或无平行舯体的船都适用,可以保证平行舯体长度不变,进行改造。还可以同时对母型船的棱形系数、平行舯体长度进行变换。

③ 二次式变换函数法。

该方法避免了勒根贝法在推算过程中忽略的高阶小量,使得计算精度受到影响的弊端。

③ 中横剖面变换法。

在变换横剖面面积曲线时,中横剖面系数 C_M 认为是不变的,即棱形系数的增量 δC_P 只是反映了方形系数的变化。为了使母型船的中横剖面系数及剖面的其他参数变换为设计船所要求的,必须进行中横剖面变换。有两种方法实现变换:变换平板龙骨宽度和航升高;修改中横剖面面积,使满足设计船要求的 C_M 值。

④ 水线面变换法。

首先按照设计船水线面的形状参数要求,把母型船的设计水线面改造为符合设计船要求的水线面,采用二次多项式改造横剖面面积曲线。当设计船的设计水线面确定后,把设计船各剖面处设计水线半宽值与母型船对应各剖面设计水线处的半宽值相比,然后将这一比值乘以母型船各剖面其他水线半宽值,就得到一个新船型。再以这新船为母型,把其百分比横剖面面积曲线按设计船要求进行变换,得到符合设计船要求的面积曲线。因此,在作为母型的新船型的型值所组成的水线上,必能找到与设计船剖面面积相等的一个剖面值。这样得到的设计船型线,既能保证设计船设计水线面的要求,又能做到剖面积不变,同时设计船可以保持母型船的特点。在完成这一工作的过程中,只要反复运用二次函数和样条函数就可以实现。

(3) 自行设计法

缺乏母型资料时,根据新船的具体要求和型线生成的基本原则,自行绘制,这种方法也从某种程度上参考了性能尺度不完全一样的现有船型。型线图的生成步骤为:绘制横剖面面积曲线、绘制设计水线、中横剖面线、侧面轮廓线和甲板线,绘制横剖线和水线,绘制纵剖线和水线。

(4) 系列图谱法

系列船型都经过较广泛的系列船模试验,其阻力和推进等试验资料较全面。这种方法是根据各家船池所公布的同类型船的阻力性能系列图谱来设计船型和估算阻力。它是目前船型设计和预估阻力的较为主要的方法。船型系列图谱有很多,对运输船船型来说,著名的有美国的泰勒船模试验水池和德国、英国、荷兰、瑞典和日本的图谱。我国公开发表的资料有我国沿海货轮船模系列试验、我国小型客货轮船模系列试验、长江船系列试验,等等。以其中具有代表性的泰勒图谱为例,它是系列地变化排水量长度比、棱形系数和宽度吃水比以后,作出的剩余阻力、相对速长比等的图表。根据图表可以预估船型阻力,同时也能看出船型主要参数的变化对剩余阻力值影响。图谱中还能反映出给定设计航速下纵向浮心位置的变化对阻力值的影响。

这种方法的优点是对新设计船的参数选定和阻力估算提供较为可靠的依据。

缺点是仍然依赖于系列母型,它不能反映船形变化对阻力的影响。

（5）回归方程法

这种方法是通过大量的船模试验计算出阻力与确定船型的参数之间的相关关系,并建立回归方程,以预估船型阻力。较早应用这种方法的有多思德、海斯及土屋对渔船试验结果的回归分析和萨利特建立的系列和系列回归方程。

这种方法的优点是所选择的参变量较多,因此,在适应船型的范围上与系列图谱法相比有较大的改善。缺点是选定的参数毕竟是有限的,因此,仍然不能完全反映船型变化对阻力的影响,更何况统计分析所利用的试验资料也是有限的。用该方法设计的船型在阻力性能上也只能达到统计的平均水平,采用回归方程法也不能明确表示船型的参数变化对兴波阻力的影响。

（6）函数参数船型

函数参数船型,即函数表达设计法。数学船型是用某函数表达船型。型线的函数表达式如何构造是数学船型的关键。到目前为止还没有很好地解决这一问题。问题在于为了能更好地表达型线而采用高阶次函数,函数阶次越高,待定系数也越多。

（7）数学船型法

按照兴波理论流体动力的要求,用数学方法定义最小阻力船型。但目前按此种方法所得船体线型与通常实用舶型相差较远,在船舶设计中还难以采用。

（8）船体型线设计的专家系统方法

在设计方面可以借鉴人工智能领域的专家系统。专家系统是"用新技术解决实际问题的符号运算技术"。利用产生式规则 if...then... 可以合理地模拟人类的行为和判断。造船界的专家系统有 Mac Callum 和 Duff,专家系统建造的设计结构当然比单纯用数值解析方法更加合理,更富有吸引力,但这种方法与数值解析方法相比,对计算机系统要求较高,系统资源消耗量大。因为专家系统中的信息存在着提取和解析,所以我们把网络作为特殊的工具来进行信息传递的时候,会出现一个网上信息的提取解析的要求。

3.2.2 船体型线的表示

曲面造型技术是计算机设计和计算机图形学中最为活跃、同时也是最为关键的学科分支之一。复杂外形的产品设计和制造是任何 CAD/CAM 软件必须解决的重要问题,这实际上是曲线/面理论在工程上的具体应用。从 CAGD 几十年发展来看,各种理论方法和算法层出不穷,而且趋于问题的几何方面,不断完善,渐趋成熟。1963 年,美国波音(Boeing)飞机公司的弗格森(T. Ferguson)首先提出了将曲线/曲面表示为参数的矢函数方法。他最早引入参数三次曲线,构造了组合曲线和由四角点的位置矢量及两个方向的切矢定义弗格森双三次曲面片。他所采用的曲线/面的参数形式从此成为曲线/面设计中进行形状数学描述的标准形式。1964—1967 年,美国麻省理工学院的库恩斯(Coons)提出了一个具有一般性的曲面描述方法,给定围成封闭曲线的 4 条边界就可以定义一个曲面片——库恩斯曲面。库恩斯曲面法的特点是简单易行、编辑方便、插值精度高。但其扭矢问题与曲面内部形状有关,较难解决。当插值不光滑的曲面时,需对曲面进行预光顺处理。1971 年,法国雷诺(Renault)汽车公司的贝塞尔(Pierre Etienne Bézier)提出了一种由控制多边形定义曲线的方法,设计人员只要移动控制线就可方便地修改曲线的形状,而且形状的变化完全在预料之中。由于贝塞尔方法简单易用,又较好地解决了整体形状控制问题,广为人们接受。贝塞尔曲面是整体逼近,具有对称性和端点性质,即网格的 4 个角点位于曲面上,可解决库恩斯曲面中的扭矢表示问题,交互设计方便、运算速度高。贝塞尔方法的主要缺点是构造曲面时控制特征多边形顶点数目决定了曲面的阶次,并缺乏局部可修改性。

随着应用数学和 CAD/CAM 技术的发展,在勋伯格(Schoenberg)、曼斯菲尔德(Mansfield)、波尔(de Boor)和考克斯(Cox)奠定和完善了 B 样条的基础理论之后,戈登(Gordon)和里森菲德(Riesenfied)于 20 世纪 70 年代中期,将 B 样条理论引入曲线曲面设计系统。以后,贝塞尔曲线曲面被看成 B 样条曲线曲面的一种特例。B 样条方法比贝塞尔方法更具一般性,即任何分段光滑多项式曲线曲面均可用 B 样条曲线曲面表示。样条基函数具有计算稳定迅速的特点,同时 B 样条曲线曲面是局部逼近,在交互设计中虽然计算处理时不如贝塞尔曲面迅速方便,但其长处在于相当轻松地解决了曲面片之间的拼接问题(C^2 连续),局部支撑性及其阶次与控制顶点数目无关,具有局部可修改性和强凸包性,故有较强的几何造型能力。缺点是不具有端点性质,即放弃了 4 个角点的插值条件,曲面片一般不通过 B 特征网格的任意一个顶点。

上述各种方法尤其是 B 样条方法较成功地解决了自由型曲线曲面形状的描述问题,然而将其应用于圆锥截线及初等解析曲面却是不成功的,都只能给出近似表示,不能适应大多数工业产品的要求。1975 年,美国锡拉丘斯(Syracuse)大学的菲斯普利尔(Versprille)首先提出了有理 B 样条方法,以后主要由皮格尔(Piegl)和迪勒(Tiller)等人发展了该方法。至 20 世纪 80 年代后期,非均匀有理 B 样条(NURBS)方法成为用于曲线曲面描述的最广为流行的技术。非有理与有理贝塞尔和非有理 B 样条都被统一在 NURBS 标准形式中。从此,NURBS 逐渐成为工业界的标准。1991 年,国际标准组织(ISO)颁布了关于工业产品数据交换的 STEP 国际标准,把 NURBS 作为定义工业产品几何形状的唯一数学方法。与此同时,一些著名的商品化的 CAD 软件系统纷纷开发和推出 NURBS 功能。由于

NURBS 实现了解析几何和自由曲线曲面的统一,以及贝塞尔方法和 B 样条方法的统一,成为现今 CAD/CAM 软件中曲面数学表示的主流。

船体曲面几何表示方法通常可以分为两类:

(1) 曲线方法

曲线方法是由一组按某种规律变化的平行的平面曲线构成船体曲面,由曲线方程表示,是一种二维的方法。平面曲线(如横剖线、水线)所采用的函数常有多项式、三角函数和其他超越函数。由于曲线方法是用某函数 $F(x,y,z)=0$ 来表达型线,与用样条来表达型线的方法相比,其在控制线条上的拐点数、拐点位置、曲率均匀变化和 UV 度(船舶横截面的型线表现出类似 U 形或 V 形的特点,尤其是船舶的前部。型线的这种曲折程度称为 UV 度。关于船舶横剖面 UV 度的标准至今没有统一的定论)变化等方面易于控制。近几年仍有一些学者用这种方法对船体曲面进行表达研究,如利用 B 样条函数研究船舶型线,可以分别从基于平面曲线——水线与横剖线的角度出发,提出新的可调节的吃水函数与改变横剖面 UV 度的方法,从而使设计出的船型满足预定的参数要求。

(2) 曲面方法

曲面方法直接用曲面方程来描述船体曲面。需要根据所采用的数学曲面造型工具,确定船体曲面的分片。例如利用贝塞尔曲面,则需要将船体曲面分成几块曲面片,然后按照位置连续、切平面连续条件拼接而得到船体曲面。如果采用 B 样条方法,则船体曲面不需要分片。这种方法通过参数曲面片边界条件不同的组合,可以灵活表达各种不同形状的曲面,如对折角线型,球鼻首船型等。参数曲面片方法已在汽车、飞机、船舶及其他机械零件外形设计中不断得到应用。

20 世纪 90 年代中期至今,由于 NURBS 所具有的优良特性,NURBS 方法开始被应用于船体曲面造型中。其中有各种曲面如直纹面、旋转面、扫掠面等的 NURBS 生成方法。国外一些著名的船舶 CAD/CAM/CAE 软件系统已经实现了船体的三维建模以及面向船舶整个生命周期的过程集成。如瑞典 KCS 公司的 TRIBON 系统,国内的几大船厂都曾安装了这套系统,包括曲面造型、船体型线自动光顺、计算和水动力学、船体/舾装应用程序/生产准备等功能. 而且该系统也在不断完善改进其功能,并增加一部分新的应用程序。其他著名的船舶 CAD/CAM 软件如美国 Autoship System 公司的 Autoship 7、法国 Dassault System 公司的 Catia CADAM Shipbuilding Solution 软件、西班牙 Sener 公司的 Foran 系统、澳大利亚 Formation Design 公司的基于 Windows95/98/NT 上的 Maxsurf CAD/CAM 和 Hydromax 7.0,等等,均为软件模块更多、功能更强大的集成软件包,这些软件包能更快给出详细的结果,并将这些信息传达给更多的人。国内也有一些船舶 CAD/CAM 集成系统软件,但集成的程度及内容与发达国家的软件系统相比,差距还比较大。

综上所述可以看出,船舶 CAD/CAM 系统软件总的发展趋势是将设计、建造、管理集成于一体,给设计者、计划者和其他工作组成员提供三维虚拟设计图形以及智能助手和专家助手,使不同设计部门能共享设计信息,概括起来即集成化、可视化、虚拟化、智能化与网络化,从而缩短设计周期,提高设计质量和产品质量。我国也在积极向这个方向努力。

以上方法基本是采用样条的思想设计和表达曲面,而且都是首先要求有原始型值点或控制点或直接通过人机交互,然后通过不断交互调整,使最终曲面满足设计要求,其中,原始型值可以采用母型变换或优秀系列型线生成,这种设计方法称之为"交互设计"法。造船工作者梦寐以求的目标就是将船舶线型与船舶主尺度及待定参数用函数联系起来,恰当地选择这些尺度和参数就能生成完整、光顺的船体表面。我们将这种方法称之为船舶线型的数学自动生成法。

(3) 船体曲面造型描述方法及型线自动生成

很多年前就有人提出用数学方法生成船体型线,抛物线、五次多项式、偏微分方程的解等曲线先后被用来描述船体型线,但从生成方法上讲一般都与船舶性能无关,仅仅只是一种对船体型线的数学描述,这就极大地限制了数学描述的实用性。

3.3　船体型线的函数表示

3.3.1　线型生成基本原理

在当今的船舶设计中已经有多种方法,数学船型的设计方法是一种相对较新的方法。所谓数学船型就是用数学函数表达和设计船体型线。它寻求并采用适当的数学表达式,找到某种有效的方法,在满足设计要求的前提下求出具有实用价值并且光顺的船体型线,为水动力计算以及建造施工提供所需要的前期数据。毫无疑问,船型的数学化给船舶设计、建造施工和理论研究工作带来了重大的改变。纵观前人的研究成果,想通过单一的数学函数表达所有的船舶型线,几乎是不可能的。在实际的船舶设计工作中,船舶型式是多样的。有的船舶是有平行舯体和平底的;有的船舶是无平行舯体和平底的;有的船舶首柱是倾斜的;有的船舶是球鼻首型的;有折角的,还有隧遒型的,凡此种种,不一而足。因此纯粹用一种数学方法对所有的船型进行分类表达是非常困难的。

3.3.2　船体数学线型设计

船型的"数学化"给船舶设计、建造工艺和理论研究工作带来了重大的改变,特别是在计算机广泛应用于造船工业的今日,更是如此。由于生产实践的要求,用何种数学函数表达船型为宜的研究工作显得越来越重要。

对于用来定义船型的数学表达式,都要遵守一个共同的原则,那就是能符合设计参数的特定要求,具有灵活的表达型线的能力,同时必须满足船体光顺性准则和必要的设计精度要求。在满足上述原则要求的前提下,用何种数学函数表达是不受限制的。按已定主尺度和船型系数用数学方法构成光顺船体曲面,常称为"数学线型设计法"。

船体是一个很复杂的空间曲面,直接建立 $y=f(x,z)$ 这样的曲面函数是很困难的。目前表达数学线型的方法常分为两类:

第一类——曲线方法:它是由一组按某种规律变化的平行的平面曲线构成船体曲面。曲线法分为两种方式:

① x 为常数时,y-z 平面与横剖面相一致,$y=f(z)$ 为一横剖线函数,同时将形成各横剖线参数,也用数学方法表达。这样就可以得到不同站号处各横剖线函数,从而形成船体曲面。

更一般的表述是,将船体外形看成是由沿吃水 z 方向按一定规律变化的无限密布的水线面所构成。因此,首先用数学函数式表达水线,然后沿船舶高度方向,将变化的水线的参数表达为吃水的函数关系式。曲线函数可表示为 $y=f(x,a(z))$,式中 $a(z)$ 为参变量,是吃水的函数。

② z 为常数时,y-x 平面与水线面相一致,$y=f(x)$ 为一水线函数,同时将形成各水线参数也用数学方法表达,这样就可以得到不同吃水时各个水线函数,从而形成船体曲面。由曲线函数表示平面曲线,所采用的函数常有多项式或多项式链、三角函数和其他超越函数。

更一般的表述是,将船体外形曲面视为沿船长 x 方向无限密布的横剖线,按一定的规律变化构成的空间曲面。因此,首先用数学函数式表达各横剖线,然后沿船长方向将一个个变化的横剖线的参数表达成剖面位置的函数,所以曲面函数可表达为 $y=f(z,b(x))$,式中 $b(x)$ 为参变量,是船长方向剖面位置的函数。

第二类——曲面片方法:用参数曲面函数来描述船体曲面。通常将船体曲面分成几块曲面片。然后按照位置连续、切平面连续条件拼接起来,构成光顾实用的船体线型。

20 世纪 70 年代以来,世界一些先进造船国家相继出现了船舶设计与建造集成系统,其中有代表性的是西班牙"福兰"(FORAN)系统,瑞典"维金"(VIKING)系统,挪威"奥托控"(AUTOKON)系统等。我国的船体建造集成系统 HC6 也已进入使用阶段。这些造船集成系统的共同特点之一,就是不同程度地用数学方法定义了船体曲面,使造船设计与建造实现由计算机控制,如把表征船体曲面几何形状的肋骨型值储存于数据库中,建造加工时从数据库加以调用。与数控设备配合起来,使船体建造达到大型化、自动化、高速化。这些系统的出现使造船工业发生了深刻的变化,收到了良好的经济效果,被誉为造船工业的第三次革命。这些软件主要是采用非均匀有理 B 样条描述船型。

为了用数学表达式来表达船体,一般沿船长方向将船型分为进流段、去流段和平行舯体段,因此可以将它们分别考虑。为了简化起见作了一些限制:(1)龙骨平行于设计水线;(2)具有舯体,因而水线在舯部是直的;(3)在进流体和去流体没有折角线和脊线。

3.3.3 纵向函数法

把船体外形看成沿船长方向(x 方向)无限密布的横剖面,并且按照一定规律构成船体曲面。首先用数学函数表达各横剖线,然后沿船体纵向将每个横剖线的参数表达成剖面位置的函数。曲面函数可表达为

$$x = f(z, y(z)) \quad \text{或} \quad x = f(y, z(y))$$

式中,$y(z)$、$z(y)$ 是尾部最末端与首部最前端区间内某横剖面处横剖线选取不同自变量时的函数。

纵向函数法采用数学函数表达各横剖线,同时将生成各横剖线的参数用一些连续函数表示。这种方法与以往传统船舶设计的方法比较接近,即先形成横剖面面积曲线、设计水线、纵中剖面轮廓线、龙骨半宽线后,再生成各横剖线。而横剖面面积曲线、设计水线,可以根据船舶长度、宽度、吃水、方形系数、水线面面积系数、舯截面系数、浮心纵向位置等为参数用数学函数表达。

在船舶线型设计中,横剖面面积曲线是一条很重要的曲线,它的形状变化不仅影响到船体曲面形状,而且与阻力性能有着密切的关系。目前船体数学线型设计一般只从几何形状表达,还未涉及流体动力的理论计算。用数学表达的线型,它的性能优劣还要凭借以往设计经验。采用了这一方式,对事先控制横剖面面积曲线形状带来了一定的方便,从而使数学线型在几何形状上与现有船型较为接近,性能上也有一定的保证。

由于一条船的横剖线从艏部到艉部形状变化很大,而且随着船型不同差异极大。例如一般货船,常常在艏部附近剖面有一个拐点,近舯部处剖面没有拐点,而靠近艉部剖面又有一个拐点甚至两个拐点,因此用同一函数表达各种船型横剖线较为困难。

使用纵向函数法,使用横剖面曲线簇生成船型,可以完成:①设计水线下的船

型。在已知设计水线、中纵高度、横剖面面积的情况下,使用二次曲线生成每一个横剖面;②设计水线上,在已知甲板边线和设计水线以下船型的条件下,使用函数控制横剖面形状。

横剖线函数可以采用非代数函数,考虑到计算上的方便,通常将有因次 $y\text{-}z$ 坐标系统化为无因次 $\bar{y}\text{-}\bar{z}$ 坐标系统。

例如,对于一般中速运输船舶,横剖线函数:

$$\bar{y}=(1-a\bar{z})-(1-\bar{z}^m)^n+a\bar{z}^L$$

式中,$\bar{z}=\dfrac{z-Z_p(x)}{T-Z_p(x)}$,$\bar{y}=\dfrac{y-B_0(x)}{B(x)-B_0(x)}$。

由横剖线函数可知,它是满足边界条件:$\bar{z}\,|_{z=Z_p(x)}=0$,$\bar{y}\,|_{y=B_0(x)}=0$;$\bar{z}\,|_{z=T}=1$,$\bar{y}\,|_{y=B(x)}=1$。其中,T:设计吃水;$B_0(x)$:龙骨半宽;$B(x)$:设计水线半宽;$Z_p(x)$:纵中剖面轮廓线离基线距离;L,m,a:控制变量;L:调节横剖线的 UV 度的程度,取值范围是 $1.0\sim3.0$。L 越大,则船型越偏于 V 形;M:调节横剖线反凹的程度。

对于后体:$m=C+\sin\dfrac{\pi}{2}\bar{x}$,$C\in[0.3,0.7]$,$\bar{x}\in[0,1]$;对于前体:$m=1+C$,$C$ 值与后体相同;$a\in[0,0.3]$;n 是形状参数,大小依据横剖面面积 $\omega(x)$ 决定。

$$\omega(x)=2(T-Z_p(x))\left\{[B(x)-B_0(x)]\int_0^1\bar{y}\mathrm{d}\bar{z}+B_0(x)\right\}$$

具体计算由上式得到。

由横剖线函数可以知道表示一条横剖线,需由 3 个边界参数和一个形状参数来决定。3 个边界参数,实际上就是纵中剖面轮廓线离基线距离 $Z_p(x)$、设计水线半宽 $B(x)$、龙骨半宽 $B_0(x)$。而形状参数,实际上就是横剖面面积 $\omega(x)$。以上 4 个参数都是沿着船长方向而改变,在找到它们沿船长方向的变化规律,称之为纵向函数之后,应用横剖线函数即可算出船体线型任一处型值。

在满足边界条件和已定横剖线面积的情况下,该横剖线函数还有一定的自由度,通过拄制变量适当调整,可以得到不同的横剖线形状,这就使线型——设计者有了灵活的选择余地。

将无因次化到有因次半宽 y 型值,按下式计算:

$$y=[B(x)-B_0(x)]\bar{y}+B_0(x)$$

由上述横剖线表达式可见,确定横剖线的形状,需要有 4 个沿船长方向变化的纵向函数,即龙骨半宽 $B_0(x)$、设计水线半宽 $B(x)$、纵中剖面轮廓线离基线高度 $Z_p(x)$、横剖面面积 $\omega(x)$。对于这些纵向函数,不仅要求各自在沿船长方向是光顺连续函数,而且彼此间也应该相互协调。例如对于靠近艏部横剖线,在一定面积下,艏柱线形状不同,就会形成 U、V 不同形状的横剖线。对于斜度大的艏柱,就应该相应地减少面积,否则可能造成艏部过于肥胖,甚至出现多余拐点的不相称现象。由此可见,各纵向函数之间相互协调非常重要。

基于纵向函数法的船体型线设计方法,图 3-1 至图 3-3 表示三种船舶的型线。型线图是以船艉为观察点,右边是船舶前半部的型线图,左边是船舶后部的型线图。

① 某护卫舰 M18 型线的表达,如图 3-1 所示。

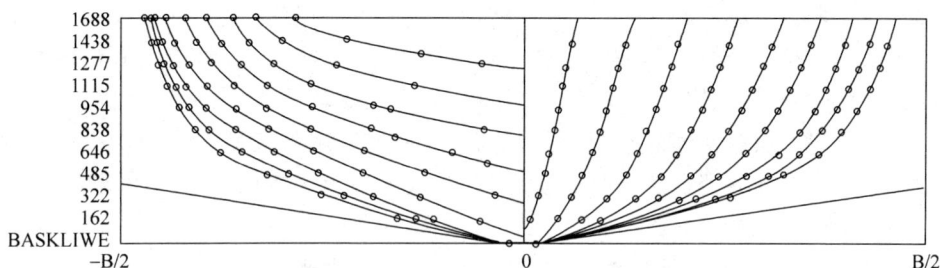

图 3-1　某护卫舰 M18 型线表达

② 某油船型线的表达,如图 3-2 所示。

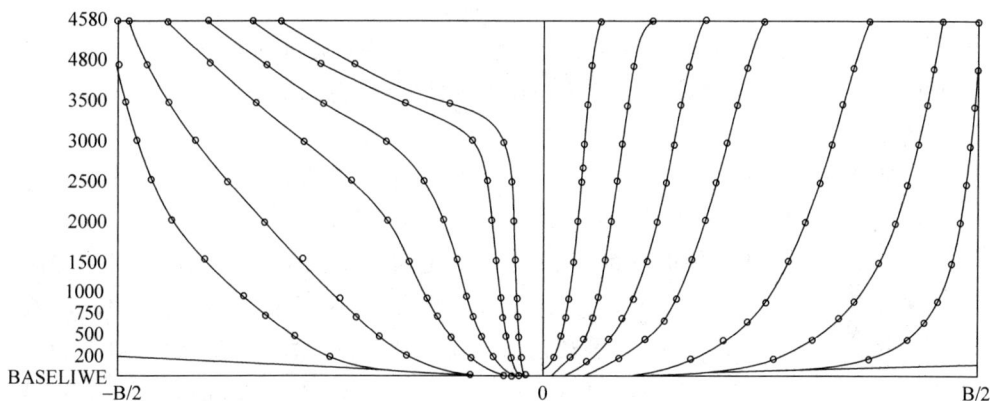

图 3-2　某油船型线表达

③ 某物探船型线的表达,如图 3-3 所示。

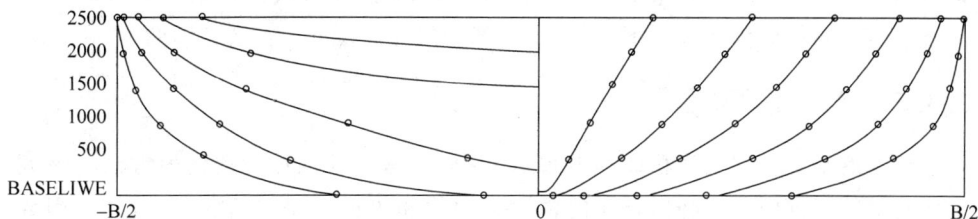

图 3-3　某物探船型线表达

3.3.4 垂向函数法(吃水函数法)

吃水函数法也称为垂向函数法:将船体外形曲面视为沿高度方向按一定规律变化的无限密布的水线面构成。首先用数学函数表达水线,然后沿高度方向将变化的水线的参数表达为高度的函数关系式。即固定高度 z,用数学函数表达各条水线 $y = f(x)$,同时将产生各条水线的参数用一些连续函数表示。从而构成船体曲面。

吃水函数法一般选用单根曲线方程。对吃水函数法来说,要选用适当的水线方程。由于水线形状比横剖线形状要简单,如水线比较平直,曲率变化比较均匀;拐点少,对一条前后半体内水线一般只有一个拐点;用最大横剖面把水线分成前后半体水线,在分界处自然满足一阶导数、二级导数等于零的条件。水线方程,常用多项式或非代数方程表示。

单位曲线族函数法是吃水函数法的拓展。与吃水函数法一样,单位曲线族函数法也是认为船体线型是由沿吃水方向无限密布的水线所形成的空间曲面,构成船体曲面的所有水线按照一定规律变化。船体曲面可由下述曲线族函数表达:

$$y = F(x, a(z))$$

式中,$a(z)$ 是参变量,是吃水高度 z 的函数,反映了不同吃水处的水线的差别。与吃水函数法一样,单位曲线族函数法描述船体曲面时,也总是把船体曲面分成前半体和后半体两段。

上述船体曲面函数 $F(x, a(z))$ 在 $x \in [0,1]$ 中是单调的单位曲线族函数。因此,数学船型的研究归纳为对边界线函数和单位曲线族函数的研究。

对于进流体和去流体的三维曲面,首先考察水平剖线,即各条水线,因为它们的曲率和曲率的变化是很小的,只要找出每条水线的一些特征参数,用一个好的数学表达式就能确定一条水线,然后观察一艘正常船体的水线参数将如何随距船底距离的函数变化,这些函数称之为"吃水函数"。之后,找出一个好的数学函数和一些恰当的参数来描述这些函数。这些参数称之为"形状参数"。最后将这些形状参数和设计参数联系起来,并寻找一种方法用形状参数来表示 U 或 V 形的指标。于是分别考虑船体的水下和水上部分,设计步骤为:设计参数→形状参数→吃水函数→水线。在这里仅涉及水下部分,水上部分的处理在理论上是相同的。

3.3.5 横向函数法

传统的基于横剖面面积曲线的母型变换法,是二维设计法的代表方法。该方法建立沿船长方向(x 方向)分布的横剖面面积和船长之间的函数关系,并可用数学函数表达为

$$x = f(A)$$

式中，A 是尾部最末端与首部最前端区间内某横剖面处的横剖面面积。

二维设计法的优点在于形式简单、操作方便，且具有相当的精度和工程实用性。但船体本身是三维实体，以二维来近似代替三维，必然存在相关信息的丢失，不利于船舶的深化设计。以基于横剖面面积曲线的母型变换法为例：将每个横剖面处 x,y 两方面的信息统一用 A 来表达，则无法反映 x 对 y 或者 y 对 x 的变化关系。

为了克服二维设计法的局限性，超二维设计法应运而生。对横向函数法做如下描述：

认为船体外形曲面是由沿宽度方向（y 方向）按一定规律变化的无限密布的纵剖面构成的。首先用数学函数表达式表达纵剖线，然后沿宽度方向，将变化的纵剖线的参数表达为横向的函数关系式。曲面方程可表达为

$$y = f(x, z(x)) \quad 或 \quad y = f(z, x(z))$$

式中，考虑从船体最左舷至船体最右舷的区间，$z(x)$，$x(z)$ 是区间内某纵剖面处纵剖线选取不同自变量的函数。由于船体通常关于中纵剖面对称，则 $z(x)$，$x(z)$ 相应地变成从中纵剖面至船体一舷的区间内某纵剖面处纵剖线选取不同自变量的函数。

第4章 ▶▶▶

船型的多学科设计优化

船舶设计优化,是以船舶设计理论为基础,以船舶建造的实践经验为前提,以对船舶设计规范的理解和灵活运用为指导,以先进、合理的工程设计方法为手段,对船舶设计进行深化、调整、改善与提高,并对船舶建造的成本进行审核和监控,也就是对船舶设计再加工的过程。通过这一认识过程的二次飞跃,寻求性能、投资、安全等因素之间的最佳平衡点。

4.1 基于计算流体力学的仿真设计技术

随着计算机技术的飞速发展和计算数学理论的不断完善,计算流体力学(Computational Fluid Dynamics,CFD)得到了蓬勃发展,评估能力显著增强,已逐步迈向实用化,并全面融入设计进程,但目前大多还局限于对给定船型的流体动力特性进行计算和预报(正问题),只是部分替代和减少模型试验,而没有将 CFD 技术系统地融入优化设计过程(逆问题),并使之能达到启发设计师创新思想的目的。如何进一步发挥 CFD 在工程设计优化中的作用,促使工程设计从传统经验设计模式向知识化设计模式的转变,成为当前 CFD 技术应用研究的一个重点。将最优化技术引入船舶设计领域,并与先进的 CFD 技术成功结合,发展形成的基于仿真的设计(Simulation Based Design,SBD)技术使得船型知识化设计模式成为一种可能。该技术是将 CFD 技术和最优化技术直接应用于新型船舶的设计。

通过利用 CFD 对设定的优化目标(船舶水动力性能)进行数值计算,同时利用最优化技术和几何重构技术对船型设计空间进行探索,最终获得给定约束条件下的性能最优的船体外形。SBD 技术为船型优化设计和构建船型打开了新的局面,并在国际船舶研究设计领域引起了广泛的关注,该项技术发展动态,对船型技术的发展将可能是一项革命性的技术推动。其意义主要体现在以下 3 个方面：

① 推动船型设计从传统经验模式向基于先进数值评估理论的知识化模式迈进；

② 突破传统 CFD 优化技术——选优/优选，使 CFD 技术系统地融入设计优化过程，加快推进已有的 CFD 技术在工程设计中的应用；

③ 从"正问题"到"逆问题"，实现以性能驱动设计的目标，进而提高船型创新设计水平，增强我国造船业的国际竞争力。

在船舶设计领域中的 SBD 技术——基于 CFD 的船型优化设计的研究发展很快。

（1）基于 CFD 的船型优化设计的基本内涵

从数学的观点来看，基于 CFD 的船型优化设计实际上是求解一个最优化问题。最优化问题的数学模型如下：

$$\min f(\boldsymbol{x})$$
$$\text{s. t. } g(\boldsymbol{x}) \geqslant 0$$
$$\boldsymbol{x} \in D$$

式中，$f(\boldsymbol{x})$ 是优化问题的目标函数；$g(\boldsymbol{x})$ 为约束函数；$\boldsymbol{x}$ 为设计变量；集合 D 为问题的可行域，也称为设计空间；可行域中的点为可行点，其所对应的目标函数值为可行解。从最优化问题的定义可以看出，最优化包括三个基本要素：目标函数、设计变量、约束条件。对于基于 CFD 的船型优化设计问题来说，目标函数 $f(\boldsymbol{x})$ 是船舶的水动力性能（如阻力、尾流场品质和适航性能，等等）；设计变量 $\boldsymbol{x}$ 是能够表达船体几何的参数；约束条件 $g(\boldsymbol{x})$ 是船体几何外形的限制条件（如排水体积）。显然，该优化问题的目标函数与设计变量之间不能用简单的数学关系式进行表达，它们之间的函数关系是未知的、隐式的。那么如何通过已知的设计变量（表达船体几何的参数）计算目标函数（船舶的水动力性能）的值呢？CFD 数值模拟方法成为计算该隐式函数值的一种快速、高效的途径。

基于 CFD 船型优化设计问题的数学模型通过 CFD 数值计算方法建立起来后，需要对该优化问题进行求解。求解方法包括各种优化算法，如基于梯度算法、随机搜索算法等。通过对该优化问题的求解能够获得给定约束条件下的具有最优水动力性能的船型。当然，要获得该优化问题的最优解，还要解决船体几何的参数化表达与重构问题，以及优化过程中 CFD 数值计算带来的响应时长与计算费用问题。

以上是从最优化理论的观点出发，论述基于 CFD 的船型优化设计的基本内涵，值得说明的是，船型优化是基于最优化理论的，而非传统船型设计过程中的"优选"或"选优"。

　　基于 CFD 的船型优化设计是随着 CFD 技术、CAD 技术以及最优化技术的发展,而出现的一种新的研究方向。它突破了传统 CFD 优化技术所指的多方案选优/优选,将 CFD 技术系统地融入优化过程,实现对目标函数的直接寻优。当前这方面研究主要集中在意大利、日、韩等国。其中,意大利 INSEAN 水池对船体几何自动重构技术、多目标全局优化技术、近似技术、综合集成技术(并行计算)等进行了较为系统的研究。此外,欧盟数值水池项目,十分注重 CFD 在工程优化设计中的应用,该项目中的综合集成平台(Virtue Integrated Platform,VIP)模块已能够实现对已有的各种不同 CFD 工具的综合集成,并提供了一套完整的(开放式)船舶水动力综合优化设计系统。

　　20 世纪 90 年代末,最优化理论被引入船型设计领域,并结合 CFD 技术,开始以总阻力为目标对船型进行优化设计。该阶段研究主要集中在船型优化设计中的优化方法、船体几何参数化表达、数值计算等方面。1998 年在 LNG 船的设计过程中,基于快速性的要求采用分步优化技术对船体线型进行设计,对船体尺度与线型进行了初步优化,其后应用 CFD 对船体线型进行了进一步的优化。在某船舶设计中,模型试验验证结果表明,优化设计方案的总阻力比初始设计方案减小了 9.3%,垂荡和横摇峰值分别减少 50.5% 和 27.4%,取得很好的效果。

　　(2) 基于 CFD 的船型优化设计中的关键技术

　　从基于 CFD 的船型优化设计的内涵可以看出,要实现基于 CFD 的船型优化设计主要需要解决以下 4 个方面的关键技术问题:

　　① CFD 数值分析技术。该技术是建立船型优化设计问题的数学模型的基础。

　　② 船体几何自动重构技术(hull geometry automatic modification techniques)。该技术是实现基于 CFD 的船型优化设计的前提条件。在船型优化过程中,设计变量将依据优化算法做相应的调整,而设计变量的调整将体现在船型几何外形的变化上,如何用尽可能少的设计变量的变化,获得范围尽可能广的几何设计空间(尽可能多的不同船型几何),是船体几何重构技术追求的一个目标,当然也是形状优化设计中的一个难点。

　　③ 最优化技术(optimization techniques)。该技术是求解船型设计问题的主要方法和必要手段。采用何种优化算法使其能够在优化问题的设计空间内快速、准确地搜索到最优解,是船型优化设计研究的一个重点。

　　④ 近似技术(approximation techniques)。该技术解决在优化过程中由高精度 CFD 求解器带来的响应时长、计算费用等问题,它是将"基于 CFD 的船型优化设计"应用于实际工程设计的有效途径。

　　以上关键技术中,CFD 数值分析技术和最优化技术目前已发展得相对较为成熟,并广泛应用于各个工程领域。

在计算流体力学中,船体几何自动重构尤为重要,它需要满足几个要求:

① 保证船体几何重构后的光顺性。如果重构几何是船体的一部分,则修改后的几何与初始几何在交接处应该连续,即光顺。

② 设计变量的数量应该尽可能少,但对于复杂的船体几何而言,往往很难做到。

③ 为了能够探索更广范围的可行解区域,船体几何重构方法应该有尽可能好的适应性。

4.2 多学科设计优化

优化是建立在分析基础上的,基于分解—综合思想的复杂系统建模和分析方法,让设计人员可以使用各种成熟的技术快速获得高精度的分析结果,给复杂系统的设计优化提供条件。为了解决复杂系统设计优化中存在的问题,缩短设计周期,并能获得较好的设计方案,20 世纪 90 年代初美国航天航空学会(American Institute of Aeronautics and Astronautics,AIAA)提出了多学科设计优化(MDO)的思想。美国国家航空航天局(National Aeronautics & Space Administration,NASA)对 MDO 的定义:MDO 是一种通过充分探索和利用系统中相互作用的协同机制来设计复杂系统和子系统的方法论,其基本思想是按照某种准则将复杂系统分解为若干易于分析的子系统,对子系统进行分析和优化,并协调子系统之间的耦合关系,以获得系统整体最优的可行设计方案。通常按照学科分工和现有的工程组织形式对复杂系统进行分解,分解后的子系统可以充分利用各领域的现有技术,采用高精度的模型和方法进行分析。

MDO 作为一个独立的研究领域,于 20 世纪 80 年代后期逐渐形成。其创始人是美籍波兰人索别斯基(Jaroslaw Sobieszczanski-Sobieski),他 1982 年在研究大型结构优化求解问题时,首次提出了 MDO 的思想。在其随后发表的一系列文章中,对问题进行了进一步阐述,并提出了基于灵敏度分析的 MDO 方法。

MDO 的提出在学术界引起了极大的关注。1986 年,由美国 AISS、NASA、USAF、OAI 四家机构联合召开了第一届"多学科分析与优化"专题讨论会,之后该学术讨论会每两年召开一次,目前这个会议已经演变成了国际性学术会议。1991 年,美国 AIAA 分管多学科设计优化的技术委员会就优化的研究现状和 MDO 研究的迫切性发表了白皮书。同年,在德国成立了国际结构优化设计协会,1993 年更名为国际结构及多学科设计优化协会(International Society for Structural and Multidisciplinary Optimization,ISSMO)。该协会于 1994 年联合 AIAA、NASA

等组织在美国佛罗里达举行了首次正式会议,其首次成员会议于 1995 年 12 月在德国举行。自此以后每隔两年举行一次成员会议。ISSMO 的成立是优化领域非常重大的事件,标志着综合优化设计思想已渗透到现代设计的各个环节和阶段。60 多年来,美国国防部高级研究计划局(the Defense Advanced Research Projects Agency,DARPA),将基于仿真的设计(SBD)、智能产品模型(Smart Project Model,SPM)等概念和技术,用于飞机、卫星、舰艇、陆上运载工具、潜艇等复杂产品系统的概念设计、设计制造一体化中,并进一步验证和改进多学科协同设计工程的技术概念和实施技术。由于多学科设计优化技术在 SBD 之后的迅速发展并在美国国防工业中得到了实际应用,后来的 DARPA 计划在应用 SPM 的协同工程中,增加了多学科设计优化技术,进一步提高了复杂产品的设计质量。波音公司在"设计、制造、可生产性、仿真"计划 DMPS(design,manufacturing,producibility,simulation)中,以某歼击机机翼扭矩盒设计为工程背景,采用和改进了 SPM 技术。美国将新型驱逐舰 DD-21 的开发与建造列入基于仿真的采办示范工程项目。

总的说来,经过 30 多年的发展,MDO 技术已取得了很多重要进展并得到较广泛的应用。

4.3   船舶设计优化

(1) 船舶总体设计模型

对于船舶总体设计而言,它涉及建造经济性、浮性、稳性、快速性、操纵性、工艺等,是一项设计周期长、涵盖范围广的复杂系统工程设计问题。由于各学科领域并不是独立存在的,它们之间存在着耦合关系,使得系统的整体性能并不是一种简单的线性相加关系,而是一种综合的影响关系。目前我国船舶设计过程采用螺旋式设计方法。

为了追求整体最优,设计者往往需要对整个设计流程进行反复迭代,每进行一次循环,都要做大量的协调工作,不可避免地导致出现设计周期过长的问题。同时,在船舶与海洋工程设计过程中的几个重要阶段(概念设计—基本设计—详细设计—生产设计)设计知识和设计自由度呈现出不同的变化趋势,设计知识随着设计的深入而逐渐丰富,设计自由度则急剧减少。概念设计通常是为了满足设计任务书而进行的方案比较和分析的研究工作,在此阶段,设计师首先在分析设计任务书的各项要求的基础上提出实施步骤,同时进行多方案的设计要素估算和分析比较,评价任务书中各项要求的可行性和经济性,最后得到一个或几个可行的设计方案。也就是说概念设计阶段的设计自由度最大,可优化空间最广。美国波音公司曾对其导弹系统全寿命周期费用做过一个统计工作,发现概念设计所花费的费用只占整个系统全寿命费用的约 1%,但它却决定了整个系统全寿命周期费用的 70%。传统的设计方式由于在概念设计阶段对知识把握不充分,学科分配不合理,割裂了学科间的耦合关系,设计的结果往往失去了全局最优性,而陷入局部最优解。

近些年国内还有不少学者提出了"综合优化"的设计方法,这些方法是直接把多个学科的分析模型、设计变量和约束条件联接在一起,采用单学科优化的方法进行计算,因此还不是真正意义上的多学科优化设计。由于受到现实计算能力和优化算法效率的制约,这些设计方法的共同缺陷是所涉及的变量数目不可能很多,因此当希望充分利用多学科耦合的协同效应,对较多的学科同时进行优化时,这种综合优化的方法就不能适用了。面对传统设计思想和优化方法在船舶设计中的不足,将基于并行协同理念的多学科设计优化(MDO)应用于船舶设计领域应用广阔,意义重大。

多学科设计优化在船舶领域的应用研究,最负盛名的是美国 DD-21 项目的概念设计阶段应用多学科设计优化技术进行新武器系统实际开发,并从 2004 年开始并行地进行全面的详细设计与生产。2009 年完成 32 艘 DD-21 级舰只交付组建舰队任务。2007 年 Shinde 在加利福尼亚大学和商业运输技术中心的支持下完成了轻型高速海上运输船(joint High Speed Sea lift light,HSS Light)、高速海上运输船(High Speed Sea lift,HSS)、高速运输连接船(High Speed Connector ship,HSC)三种型号的三体船的多学科概念优化设计。随后加利福尼亚大学的 Rispin、Hefazi 等在此基础上进行了进一步的研究。首尔国立大学(Seoul national university)在船舶初步设计阶段,考虑船体型线设计,完成 VLCC 多学科优化设计。密歇根州立大学(Michigen university)将粒子群算法与协同优化算法相结合,以年运货量、单位重量运输费用、空船质量为优化目标完成了杂货船多学科概念设计。

在我国,对 MDO 在船舶研制领域的应用也有很多成果,在 7000 米载人潜水器的总体设计过程中,取得了在设计要求和满足性能指标的约束下,得到最优的总体性能和总布置的设计结果;利用响应面近似模型和遗传算法(GA)对某深海载人潜水器耐压球壳进行多目标优化设计;采用协同优化算法,同时兼顾减小碰撞力密度、降低航行阻力和保证结构强度这三者的性能要求,优化了一艘大型集装箱船的球鼻首设计;提出了尺度及船型并行设计的模式,对船型的精细优化进行了研究,提出了船型修改融合方法,并进行了程序的实现,开发了模型生成器,为水动力性能的分析提供统一的学科视图模型。

(2)船舶水动力性能综合优化

在设计的初始阶段,通常是针对给定的船体尺度和选择相应的母型船,初步确定船体型线。就船舶水动力性能而论,尺度与船型系数的选择是十分重要的。因此,在保证总体布置与结构设计及经济性的前提下,在尺度限定范围内对其进行适当的调整是可能的,也是必要的。目前对船体主尺度及船型系数的水动力性能优化主要从快速性、耐波性及操纵性等方面来考虑。快速性一般可以比较直观地以船舶航速是否能达到设计航速和船舶有效功率的大小来评价。

船舶的耐波性(船舶在风浪中遭受外力干扰时产生各种摇摆、抨击、上浪、失速,仍然能够维持一定速度在水面上安全航行,这种性能称为船舶的耐波性)评价本身在于追求一个能合理衡量耐波性能的数值尺度,即耐波性指数。虽然目前出现了很多的耐波性综合评估的方法,但是没有一种方法能够得到这个行业内所有人的认可。各种不同的方法都有其自身的特点和优点,也各有缺点。对于船舶的操纵性能,有研究建立了一种以操纵性能为目标函数的船舶航行性能优化模型,利用离散复合形方法给出了船舶主尺度、船型系数和舵面积等几何要素的优化计算方法,建立了船体主尺度和舵参数与操纵性指数之间的关系。有研究将遗传算法应用于大型中速船舶快速性和操纵性综合优化,建立了船舶快速性和操纵性综合优化数学模型,实现了船舶主尺度及船型系数的航行性能综合优化。也有研究以快速性、耐波性和操纵性三项性能指标加权作为优化目标函数,而将稳性和浮性等其他一些性能及其船型主要要素参数的限制作为优化约束条件,建立了高速单体船航行性能综合优化数学模型,利用改进的遗传混沌算法,完成了高速单体船航行性能综合优化。

4.4 基于多学科设计优化的船舶型线设计

4.4.1 船型优化研究进展

(1) 船舶优化设计的主要模式

船舶总体设计涉及水动力、推进、结构、重量重心、稳性、费用分析等多个方面。为了缩短船舶设计周期,并能获得更优方案,人们在 20 世纪中期就开始将优化技术应用于船舶设计的各阶段,例如,将优化技术应用于船舶初步设计的总体参数优化当中,由此形成了船舶总体参数优化这一研究方向。在随后的多年中,这一研究方向倍受关注。此外,很多研究将优化技术应用于船舶单学科的优化当中,如船舶阻力性能的优化、船舶耐波性能的优化、结构性能的优化等。这些优化技术的广泛应用,显著地提高了船舶的设计质量。就过去的船舶总体参数优化所考虑的学科来看,可以认为也是属于多学科设计优化的范畴,但由于其考虑学科有限,学科之间耦合效应考虑不明显,因此一般认为传统的总体参数优化属于狭义的多学科设计优化,而真正的多学科设计优化则是从船舶复杂系统的物理本质出发,深入挖掘学科之间的耦合效应,以获得系统的总体最优方案,这属于广义的多学科设计优化。这两种定义最根本的区别在于考虑的学科深度和广度是不一样的。下面分别阐述每种优化模式的特点及优缺点,见表 4-1。

表 4-1 不同优化模式的比较

优化模式	特 点	优 缺 点
船舶总体参数优化	同时包含水动力性能、阻力、推进、结构、舱容等学科。 分析模型简单,大多采用估算公式,且包含大量的统计数据	适用范围有限。 没有考虑学科之间的耦合效应
船舶的序列优化设计	是一种串行的设计模式。 分析模型的精度较高	优化周期非常长。 只能得到单个学科或某两个学科的最优解
多学科设计优化	采用高精度的分析模型。 较少依赖于统计数据。 并行设计模式	可得到系统最优方案

（2）开展船舶多学科设计优化方法研究的动因

目前的船舶优化往往是分别进行单学科的优化,学科之间的耦合效应考虑得很少或者根本不考虑。这种做法实际上是为了设计的方便,人为地切断了各学科之间的耦合关系,这种耦合关系的切断必然对设计产生影响。由于各子系统与整体系统在优化时优化的变量、优化的目标、优化的约束不尽相同,因此船舶系统中子系统的最优组合并非系统的全局最优。

实际的船舶工程系统具有更为复杂的耦合关系。对于子系统之间具有耦合特性的船舶优化问题,必须求解能全面反映子系统特性并能优化各种耦合关系的总规划才能得到全局最优解。而总规划一般比子规划的规模大得多、复杂得多,难以用一般传统的求解方法进行集中的分析和优化,因此,必须采用新的理论及方法进行研究。这正是船舶领域开展多学科设计优化方法研究的动因,目的就是要通过充分考虑各系统之间的耦合关系,研究各耦合变量的解耦方法,以高效率的求解获得船舶系统的总体最优方案。形状优化最早使用的计算方法是对二维 Euler/NS（纳维-斯托克斯,Navier-Stokes）方程的求解,之后为了更符合工程实际需要,发展了三维流场求解方法。对于三维问题,首先采用基于势流方法求解,考虑了线性或非线性的自由面边界条件。在 1990 年以后,随着计算机硬件技术的发展,求解三维 NS/RANS（雷诺平均的纳维-斯托克斯,Reynolds-averaged Navier-Stokes equations）方程的技术得到了应用。当前 RANS 求解主要应用于定常流的仿真,非定常流的仿真的研究也处在迅速发展中。

在流体动力学领域中,形状的优化问题基本上都是非线性的,因此除了在早期阶段所使用的变异方法外,优化算法的发展主要是以非线性规划为主。

此外,通过引进伴随变量及并行计算的架构,计算的性能也得到了提高。目前的主要算法均属于确定性的优化算法,而遗传算法和模拟退火方法则属于概率方法,这种方法理论上不需要进行敏感度分析就可以找到全局最优解。将概率方法用于船型的优化,虽然取得了很好的效果,然而由于具有概率性搜索的特点和求解的计算量巨大,常导致优化的费用非常巨大。

4.4.2　船型水动力性能优化方面的研究

船型水动力性能优化的研究很多,各具特色。

优化的目标各异。

(1) 以兴波阻力为指标优化船体型线

以兴波阻力(物体在自由液面运动而产生波浪所引起的阻力)最优为目标来优化船体型线,已有大量的国外学者开展过研究,主要包括 Harries S.,Day A. H.,Markov N. E.,Ragab S. A.,Yang C.,Dejhalla R.,Chen P.,Saha G.,Tahara Y.,Saha G.,Valorana M.等。

在上述的研究中,在优化算法方面,除了 Dejhalla R.在优化过程中采用遗传算法外,其他的学者均采用了基于梯度的局部优化算法。

在优化对象方面,Valorana M.关注的是球鼻首部位的型线优化,Tahara Y.关注的是尾部、首部及声呐部位,而其他学者则以整个船体的型线优化为研究对象。

在数值计算方面,除了 Tahara Y.外,其他学者均采用势流理论计算兴波阻力,而 Tahara Y.则使用基于求解方程的 CFDSHIP-IOWA 软件计算总阻力。在研究中,Day A. H.研究了 4 个不同速度下的阻力变化情况,Yang C.则考虑了在10 个以上速度下的阻力变化情况,而其他学者都是在单个速度下进行的。

在优化的目标选取方面,一些学者采用无因次化的兴波阻力系数作为优化目标,通过优化船体型线减小兴波阻力系数,使单位船体湿表面积的兴波阻力最小。另外一些学者则使用兴波阻力为优化指标。如果这两类优化中的湿表面积不相同,那么最终优化获得的船型也将有所差异。

在优化设计变量的选取及约束条件的处理上,不同学者也有不同的处理方式。仅仅是对船体型值的坐标进行操作。Dejhalla R.除了对设计变量限制外,没有使用其他的设计约束,而 Saha G 使用排水量约束,在优化过程中使其在一定范围内变化。Markov N. E.则使船型各站的横剖面形状保持不变,而沿首尾移动各剖面的纵向位置,在优化过程中没有应用任何约束条件。Tahara Y.操纵船尾部、首部及声呐部分的 y 和 z 的坐标值,通过使用缩放算法来保持其曲面的光顺性在应用缩放算法的过程中使用一个较小变化范围的设计约束。Valorana M 则采用在球鼻首曲面上叠加贝赛尔面片,通过重新确定控制点的方法来改变几何形状。Yang C. 通过操纵船体的相对位置来优化三体船,但除了对船体位置坐标值的限定外,船体型线保持不变,在整个优化过程中没有使用其他的限制条件。Harries A. 和 DoctorsL. J. 都使用了一个参数船体型线设计模块,通过该模块可以生成丰富多彩的船型,在优化过程中采用了排水量约束。Ragab S. A. 使用了一个 B 样条曲面描述船体型线,将曲面控制顶点作为优化变量,在优化过程中除了优化变量的限制外没有其他的约束条件。

在优化的初始工况方面,Day A. H. 考虑了 4 个不同速度下的船型优化,而其他学者仅考虑了单个速度下的优化。这就阐明了优化的本质在优化过程中应综合考虑多个工况,才能获得较优的设计方案。如果单独考虑某一个方面,那么优化的船型将可能是不切实际的。

上述所有的优化都能够在提高兴波阻力性能的同时找到改进了的船体型线。Harries S. ,Day A. H. ,Markov N. E. ,Ragab S. A. ,Dejhalla R. ,Tahara Y. 等在其文献中发表了经优化后的船体型线,但除了 Day A. H. 获得了较优的实用型线外,其他的船体型线都出现了异常的凸面和凹面,这样的线型将导致难以建造,同时对空间利用也很不利。另外,这种特殊的船型由于相反的压力梯度和流态分离也可能导致形状阻力的恶化。

(2)以总阻力为指标优化船体型线

一些学者也以总阻力为指标来优化船体型线,包括 Danogman D. B. ,Percival S. ,Peri D. ,Duvigneau R. ,SuzukiK. 等。

在优化算法方面,这些学者均采用了基于梯度或无梯度的优化方法。值得注意的是,尽管这些学者均选择了基于梯度或无梯度的优化算法,但却没有人讨论优化的方案是否会收敛到全局最优解。

在优化对象方面,为了降低优化变量的数目,进而减少优化的时间,研究的优化对象均为船体型线的某一部分,如船脂部或舵部,而不是整个船体型线的优化。

在数值计算方面,Danogman D. B. 对双体船的首部进行了优化,其兴波阻力是通过一个势流公式计算,摩擦阻力则采用 ITTC-1957 公式计算。Peri D. 使用相似的目标函数和水动力分析方法优化了油船船首部分,Pervaval S. 优化改进 wigley 船体型线。Duvigneau R. 对水动力分析使用 RANS 求解器,并对船体尾部线型进行了优化。Suzuki K. 采用基于势流水动力分析求解,通过减小次态流的能量优化船体尾部,从而减小船体总阻力。

在优化设计变量的选取及约束条件的处理上,Danognman D. B. 通过帐篷函数描述船体型线,通过控制点来操作船体型线。Percival S. 通过操纵船体表面 B 样条控制点来变换船体的型线。Suzuki K. 使用多项式样条插值算法控制船体型线

y 坐标值。Danognman D. B. 以首部的排水体积和球鼻首长度为约束,对球首进行了优化。Percival S. 以固定排水量和固定横向水翼运动为约束。Duvigneau R. 除了对优化变量有限制外,而没有使用其他约束条件。Suzuki K. 在控制优化变量上下限的同时,应用了一个最小的排水量约束。

上述优化所获得的船型在单个速度情况下的总阻力性能均得到大的提高。Duvigneau R. 所述的优化船体型线方案较为理想,保持了光顺性,这说明了船型变换方法的可行性。而 Pervival S. ,Peri D. ,Duvigneau R. 优化的船体型线曲面均有不同程度的凸凹,这在船舶设计中被认为是不可行的。Percival S. 优化的船体型线方案很极端,不能被设计人员所接受。

(3) 以阻力及推进性能为指标优化船体型线

国外也有一些学者以阻力及推进性能为指标优化船体型线,主要包括 Lee K. Y. ,Neu W. L. ,Jiang C. ,Sherali H. D. ,Wolf 等。

在优化算法方面 Lee K. Y. ,Neu W. L. ,Sherali H. D. 使用基于梯度的优化算法。Jiang C. 没有使用自动优化,而是手工重现各设计方案的结果,这种方法没有进行进一步研究。

在优化的目标方面,上述学者的研究均对主尺度及船体型线进行并行优化,但在整个优化过程中使用了简单分析方法。所有这些优化分析都将船舶成本作为目标函数。Lee K. Y. 以船舶建造费用作为唯一的优化目标。

Neu W. L. ,Sherali D. 以必要货运费率(RFR)作为唯一的优化目标,Wolf 以船舶建造成本、速度、航程和战斗能力作为优化的目标,在所有的研究中,经济成本的目标函数中均考虑了推进性能的影响,船体水动力性能均被直接和间接地反映在船舶建造的成本模型中。然而,在以经济性为主的目标函数中水动力性能的影响也许由于其他设计因素被掩盖了,导致船舶水动力性能不能达到最佳。

在船型参数化表达方面,Neu W. L. 和 Sheralla H. D. 均使用融合函数法生成船体型线,并尝试论证响应面模型如何能加速优化方案的收敛或获得性能较好的船型方案。优化过程中的性能分析均采用经验公式,通过优化获得较优的主尺度及初步的船体型线。

(4) 以阻力及耐波性为指标优化型线

水动力性能多学科设计优化也有很多学者在进行研究,主要包括 Harries S. ,Brown A. J. ,Peri D. ,Grigoropoulos G. ,Boulougouris E. K. 等,这些学者对船舶水动力优化的研究至少考虑了阻力和耐波性能中的一个。

在优化算法方面,在整个优化过程中,所有的研究均使用无梯度的全局搜索算法进行整个设计空间的探索,同时以基于梯度局部搜索算法作为补充,以获得更好的优化结果。Harries S. ,Brown A. J. ,Boulougouris E. K. 使用一个多目标遗传算法(MOGA)。Peri D. 等使用试验设计方法建立了一个响应面模型,在此基础上利用全局搜索算法进行了整个设计空间的探索,Grigoropoulos G. 使用了确定性的搜索算法进行了优化工作。

在优化的目标及计算方法方面,Herries S. 在滚装船的型线优化中以固定航速下单位排水量总阻力最小、排水量最大为目标函数。总阻力由三部分构成兴波阻力(通过势流求解器来计算)、摩擦阻力(根据 ITTC 公式计算)和形状阻力(用一个确定的形状因子来计算)。由基于切片理论的数值求解器来进行耐波性能计算,但在整个优化过程中耐波性能指标只是作为性能约束条件。Brown A. J. 使用综合效能指数(0MOE)和全生命周期费用(LCC)建立多目标优化问题,船舶水动力性能的各指标包括在 OMOC 和 LCC 的分析模型中,船型阻力计算采用泰勒标准系列法,耐波性计算则根据经验公式,这些性能指标最后均被并入到计算 OMOE 的模型中。Peri D. 和 Campana E. F. 以最小化总阻力及最小化船舶的垂荡和纵摇峰值作为优化的目标函数,对船体型线进行了优化。Peri D. 在两个不同航速及三个不同海况下,使用不同速度下的总阻力均值和不同位置的速度和加速度的最大均值为优化指标,在建立优化问题时要求这些指标均最小。对总阻力的求解采用了基于势流求解器和摩擦阻力计算公式,耐波性由二维切片理论计算。和在单一航速状态下,以最小化兴波阻力,最小化垂荡和纵摇峰值及最小化声呐顶部旋涡建立了一个多目标优化问题,船体阻力和流体动力特征使用 RANS 求解器来计算,耐波性使用三维频域面元求解器计算。Boulougouris E. K. 以最小化船体总阻力和最小化重心最大垂向运动构建了一个多目标优化问题,阻力采用 Shipflow 软件计算,船舶运动利用三维面元求解器计算。

在设计变量及约束条件方面,上述的研究尽管考虑了水动力性能对船型的影响,但就优化的对象来说,船型优化范围相对较小(如球鼻首区域)。Harries S. 使用有限个重要的船型参数作为设计变量,设计约束包括设计变量的上下限和船体排水量的限制。Peri D. 应用曲面片叠加在船体优化区(如首部或尾部),采用贝塞尔曲面的控制点作为优化的变量。Peri D. 和 Campana E. F. 则使用排水量设计约束,要求在母型排水量的±2%内变化。

Harries S. 所显示的优化船体型线较好且实用,这是由于在优化中较好地利用了其自行开发的参数化船型 CAD 软件 FRIENDSHIP。Peri D. 和 Campana E. F. 优化型线也很光顺,这主要是因为对船体型线改变相对较小,贝塞尔面片可以被很好地整合到母型曲面中。

4.4.3　船型优化

随着计算机软硬件的发展及科学技术的进步,越来越多的学者为有效提高船舶的设计质量,缩短设计周期,开始在设计方法学方面进行了大量的深入研究,出现了很多新的设计理念如虚拟原型(Virtual Prototype,VP)、基于仿真的采办(Simulation Based Acquisition,SBA)、集成产品和过程研制(Integrated Product and Process Development,IPPD)、多学科设计优化等,这些设计理念虽然侧重点不同,但却无一例外地贯穿了并行工程的思想。在这些设计理念中,多学科设计优化理论的处理复杂产品优化问题的方法日趋成熟,已经逐渐引起人们的重视。

传统的船舶设计大多采用母型船改造的方法,仅仅追求某些主要的性能指标满足要求,即使开展优化设计,也是针对单个学科的某些指标进行,无法兼顾各学科多性能之间的协调平衡,无法使设计船舶的系统综合性能达到最优,这严重限制了船舶设计质量的提高。因此,目前的船舶设计迫切需要一种新的设计理论和方法作指导。随着现代产品设计方法学的发展和成熟,以及计算机相关技术的进步,复杂工程产品的系统设计有了新的方法和模式。起源于航天、航空领域的多学科设计优化方法是先进设计方法学的典型代表。该方法可以充分利用各学科之间相互作用所产生的协同效应,获得系统的整体最优解,并通过实现并行设计来缩短设计周期,从而使研制出的产品更具有竞争力。

目前该方法的基本理论发展得相对成熟,但具体应用到像船舶这样的复杂工程产品上还有很大的困难,这主要是因为船舶自身还有很多关键问题没有得到有效的解决,如系统建模技术、参数化主模型、学科视图模型的生成机制,等等,对这些关键问题的深入研究将有助于推动多学科设计优化方法在船舶领域的顺利实施。

国内外船型优化现状的对比分析可以参见表 4-2。

表 4-2 国内外船型精细优化最新进展对比分析

	船型参数化表达	综合考虑性能	CFD 计算方法	优化算法	应用阶段
国外	参数化 CAD 软件	阻力性能、推进性能、耐波性能	黏性流理论;势流理论	全局优化算法;局部优化算法	主尺度设计阶段、型线设计阶段
国内	帐篷函数、解析函数等表达	兴波阻力	黏性流理论;势流理论	全局优化算法;局部优化算法	型线设计阶段

综上所述,国外在船舶水动力性能综合优化方面已经走向了基于仿真的设计(SBD),实现了以性能驱动设计的目标。其研究的对象不仅仅局限在单个性能,而是多个性能的综合优化,优化的船型也较为实用。而国内由于在船型参数化表达方面的局限性,导致优化的线型不是很理想,CFD 计算方法也主要是以势流理论为主,以黏性流理论为基础的 RANS 方法则少有应用,所开发的优化系统尚不具有通用性。

第 5 章 ▶▶▶

潜艇的数学船型

在 15 世纪文艺复兴时期,意大利画家、科学家、发明家达·芬奇(Leonardo da Vinci)构思了一种可以在"水下航行的船只",首先提出了关于潜艇的概念。15 世纪后期,苏格兰数学家、神学家约翰·纳皮尔(John Napier)研究了作为兵器的潜水艇。1578 年,英国数学家威廉·伯恩(William Bourne)在其著作《发明与设计》中描述了潜艇。1620 年,荷兰裔英国人克尼利厄斯·雅布斯纵·戴博尔(Cornelius Jacobszoon Drebbel)建成了首艘有文字记载的"可以潜水的船只"(submerible vehicles),推进力由人力操作的橹产生。1648 年,切斯特主教约翰·维尔金斯(John Wilkins)在其著作《数学魔法》(Mathematical Magic)中指出潜艇在军事战略上的优势。1775—1783 年美国独立战争期间,耶鲁大学的大卫·布什奈尔(David Bushnell)建成了"海龟号"(Turtle),这是史上第一艘用于军事的潜艇。从此,潜艇在军用和民用领域得到快速的发展。

本章采用纵向函数法研究潜艇(裸艇)的数学线型。潜艇的三视图如图 5-1 所示。

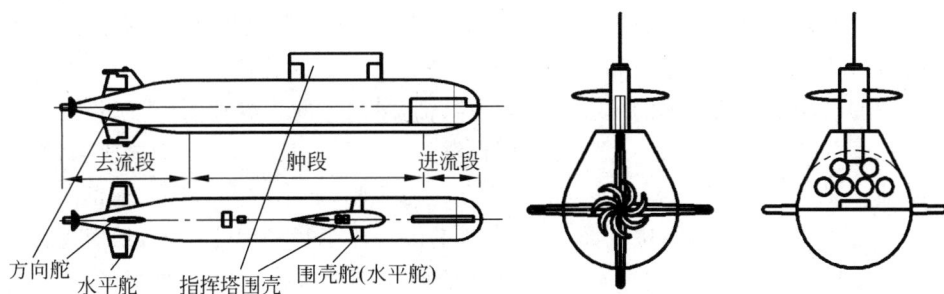

图 5-1　潜艇基本结构图

可以清楚地看到艇身是流线型回转体,指挥塔(围壳)是横剖面是流线型的柱体,围壳舵(水平舵)、十字形尾舵中的方向舵(垂直舵)和水平舵都是横断面为流线型的梯形体。

随着海洋探测开发和军事发展的需要,在现代研究和开发海洋的高技术手段中,无人水下装备具有极其重大的意义。借助这些装备,可以进行各种海洋学要素和地理物理学参量的测量,海底的考察与摄影,海洋底质取样,水下固定设施的使用维护与修理,水下、水面和空中目标信息的收发,以及各种特定的民用和军用用途等。

目前的水下装备设计中,流线型回转体(由一个平面图形旋转得到的图形称为回转体,通常其横截面是圆形)以其几何形状简单、具有优良的流体静力动力特性而广泛应用于工程实际中。但人们仍寻求各种有效的方法来降低流线型回转体的阻力、流噪声和改善其水动力性能,其中最有效的手段是外形设计,因为它不需要任何附加的装置和设备,在未来水下装备的设计中更具有吸引力。

5.1　流线型回转体的外形设计方法

在潜艇线性设计中普遍采用的方法是用离散外形坐标型值表示的流线型回转体。苏联对水下拖曳系统作了大量的研究且工作卓有成效,提供出不少流线型回转体的设计参数与阻力估算资料,对回转体的设计具有重要参考价值。通过离散型值点或控制点进行曲线多项式拟合或求解样条函数来表示的外形曲线设计方法。流线型回转体的外形设计归纳起来主要有 4 类方法:①具有精确数学表达式的几何组合外形曲线;②用源汇法设计回转体外形曲线;③用离散外形坐标型值表示的回转体线型;④对离散外形坐标型值给出的回转体进行线型拟合。

流线型回转体一般分为三部分:进流段、舯段和去流段。为简化起见,三部分的长度分别记为 $L_i(i=1,2,3)$,船长 $L=L_1+L_2+L_3$。对于具有精确数学表达式的几何组合外形曲线,流线型回转体可以分别利用数学表达近似。下面讨论的流线型回转体只包括进流段和去流段,也就是 $L_2=0$。

考虑以流线型回转体的艇长方向作为纵轴,艇艏方向为纵轴正向,艇长的中点为坐标原点,利用右手法则建立平面直角坐标系,即以艇长为 x 轴,面向艇艏,横向为横轴 y 轴,左手指向为横轴正向;垂直方向为 z 轴,向上的方向为 z 轴正向。

在流线型回转体的纵中剖面 xOy 上考虑回转体半径的变化规律,则横坐标 x 方向为艇长,纵轴 y 方向为艇宽,回转体的半径 y 随曲线横坐标 x 而变化,纵中剖面上曲线的纵坐标 y 的绝对值就是回转半径。下面给出几种曲线表达。

1. 纵剖面为两个半椭圆的流线型回转体

考虑纵剖面在最大横剖面前后均为半椭圆,为了减小压差阻力,尾部尖端沿切

线延长,于是,浮体前后的曲线分别为

$$y = \pm \frac{D_0}{2L_1}\sqrt{L_1^2 - x^2}（进流段曲线），$$

$$y = \pm \frac{D_0}{2L_3}\sqrt{L_3^2 - x^2}（去流段曲线）$$

回转体的排水体积∇及浮心横坐标x_c为

$$\nabla = \frac{\pi D_0^2 L_0}{6}, \quad x_c = \frac{3}{8}(L_1 - L_3)$$

式中,D_0为最大横剖面直径,L_1,L_3分别为进流段与去流段的长度,总长$L_0 = L_1 + L_3$。

2. 纵剖面为椭圆＋抛物线的流线型回转体

考虑纵剖面进流段是一半椭圆,曲线为

$$y = \pm \frac{D_0}{2L_1}\sqrt{L_1^2 - x^2}$$

去流段是一抛物线,曲线为

$$y = \pm \frac{D_0}{2}\left(1 - \frac{x^2}{L_3^2}\right)$$

通常取$L_3 = \sqrt{2}L_1$。则回转体的排水体积∇及浮心横坐标x_c为

$$\nabla = \pi D_0^2\left(\frac{L_1}{6} + \frac{2L_3}{15}\right), \quad x_c = \frac{15L_1^2 - 10L_3^2}{40L_1 + 32L_3}$$

3. 纵剖面为半椭圆＋圆弧的流线型回转体

考虑纵剖面进流段是半椭圆,去流段是一段圆弧。则进流段的曲线为

$$y = \pm \frac{D_0}{2L_1}\sqrt{L_1^2 - x^2}$$

去流段的曲线为

$$y = \frac{D_0}{2} - \left(R - \sqrt{R^2 - x^2}\right)$$

式中,$R = (4L_3^2 + D_0^2)/4D_0$为圆弧半径。记进流段和去流段的排水体积分别为$\nabla_1$,$\nabla_3$,回转体的排水体积$\nabla$为

$$\nabla = \nabla_1 + \nabla_3, \quad \nabla_1 = \frac{\pi D_0^2 L_1}{6}$$

$$\nabla_3 = \pi L_3\left[\frac{D_0^2}{4} - RD_0 + 2R^2 - \frac{L_3^2}{3} + (D_0 - 2R)\left(\frac{\sqrt{R^2 - L_3^2}}{2} + \frac{R^2}{2L_3}\arcsin\frac{L_3}{R}\right)\right]$$

回转体的体积矩 M 为

$$M = M_1 + M_3$$

$$M_1 = \frac{\pi}{16} D_0^2 L_1^2$$

$$M_3 = -\pi \left\{ \frac{L_3^2}{2} \left(\frac{D_0^2}{4} - RD_0 + 2R^2 - \frac{L_3^2}{2} \right) + \frac{R^3}{3} (D_0 - 2R) \left[1 - \left(1 - \frac{L_3^2}{R^2} \right)^{\frac{3}{2}} \right] \right\}$$

浮心横坐标 x_c 为

$$x_c = \frac{M}{\nabla}$$

4. 卡克斯流线型回转体

卡克斯回转体的曲线由一个椭圆函数和一个一次函数的乘积来表达：

$$y = k \left[x - a(2 + m) \right] \frac{b}{a} \sqrt{2ax - x^2}$$

式中，a, b 分别为椭圆的长半轴和短半轴，k 为直线的斜率，m 为待定常数。

设进流段长为 L_1，最大半径为 D。当 $x = L_1$ 时，$y = \frac{D}{2}$，浮体长度 $L = 2a$，则有

$$y = \frac{\left[x - \frac{L}{2}(2 + m) \right] \sqrt{Lx - x^2}}{\left[L_1 - \frac{L}{2}(2 + m) \right] \sqrt{LL_1 - L_1^2}} \cdot \frac{D}{2}$$

$$m = \frac{10LL_1 - 8L_1^2 - 2L^2}{L^2 - 2LL_1}$$

5. 按奇点法设计的流线型回转体

$$y(x) = 1 - (1 - x)^2 \left[1 + x(1.67x^2 - 1.9576x - 0.276) \right]$$

或者

$$\begin{aligned}
y^2(x) = {}& 1 + 0.218034(1 - x) - 0.740726(1 - x)^2 + 0.865355(1 - x)^3 - \\
& 0.747727(1 - x)^4 - 1.6633101(1 - x)^5 + 0.469344(1 - x)^6 + \\
& 0.549721(1 - x)^7 + 0.019110(1 - x)^8
\end{aligned}$$

6. 按照函数近似法设计的流线型回转体

$$y(x) = 1 - (1 - x)^2 \left[1 + xp(x) \right]$$

式中，$p(x)$ 为参函数，是一个待定函数：

$$p(x) = \frac{y^n - 2x + x^2}{x(1 - x)^2}$$

式中，$n=1$ 对应于圆锥头回转体；$n=2$ 对应于平头回转体；$n=3$ 对应于圆头回转体。

7. Nystrom 的流线型回转体

Nystrom(John W. Nystrom, C. E.)在 1868 年提出用 1/4 可以调整指数的椭圆及一段可调整指数的抛物线来描述流线型(又称水滴型)。Alinn Fureby C. 等在 2005 年进一步完善了这个想法。提出回转体母线线型的公式，首、尾部型值由下式决定：

$$y = \frac{D}{2}\left[1 - \left(\frac{x}{L_1}\right)^{n_1}\right]^{\frac{1}{n_1}}$$

$$y = \frac{D}{2}\left[1 - \left(\frac{x}{L_3}\right)^{n_3}\right]^{\frac{1}{n_3}}$$

其中，L_1，L_3 分别为进流段和去流段的长度，n_1，n_3 分别为进流段和去流段的控制线型的指数。Nystrom 的数学船型也称为 Jackson 船型。

8. 格兰韦尔流线型圆头回转体

(1) 双参数平方多项式圆头回转体

$$y^2 = r_0 R(x) + k_{s1} K_{s1}(x) + Q(x)$$

$$R(x) = 2x(x-1)^4, \quad K_{s1}(x) = \frac{1}{3}x^2(x-1)^3,$$

$$Q(x) = 1 - (x-1)^4(4x+1)$$

式中，r_0 为数学线型在 $x=0$ 处的曲率半径；k_{s1} 为数学线型在 $x=1$ 处的曲率半径。

(2) 双参数平方根多项式圆头回转体

$$y = \sqrt{2r_0 R(x) + k_{s1}K_{s1}(x) + Q(x)} \quad (0 \leqslant x \leqslant 1),$$

$$R(x) = \sqrt{x} + \frac{x}{16}(5x^3 - 21x^2 + 35x - 35),$$

$$K_{s1}(x) = \frac{1}{6}x(x-1)^3, \quad Q(x) = 1 - (x-1)^4$$

在潜艇的线性设计中还有用源汇法设计回转体外形曲线。源汇法用均匀流和适当分布的源汇流叠加综合而形成的闭合流线面来代表回转体。这种方法既可以直接得出回转体外形曲线的坐标，同时也可求出流动的流函数，从而方便地求出沿回转体表面的速度和压力分布。

已有方法都存在两个共同的缺点，其一是曲线线型不能调整，其二是忽略了总布置和排水量的需求，这样在后续设计过程中，发现布置不合理或者与设计排水量出入较大时，需要进行循环设计，以满足任务需求。这不仅加大了设计工作量，也拉长了设计周期。

5.2 基于纵向函数的潜艇型线表达

对于船舶,目前应用较多的型线设计方法包括母型设计法、图谱设计法、自行设计法和数学船型法。其中,数学船型法是利用一些能代表船舶特征的参数建立数学函数表达式,对船体型线进行描述的方法,这是当今型线设计领域的研究热点。

1. 曲线的形状因子调节

我们将曲线表示为参数形式 $y = f^{\alpha}(x)$,以二次函数 $y = (1-x^2)^{\alpha}$ 为例,图 5-2 表示形状因子 α 的作用。

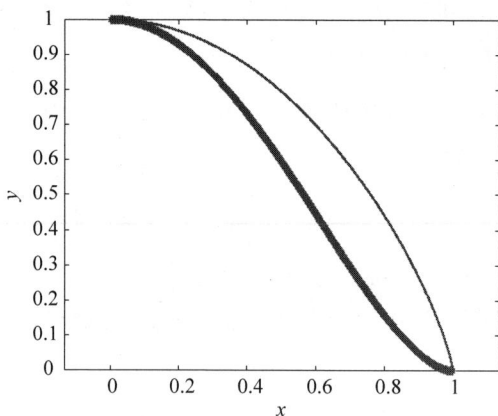

图 5-2 形状因子的调节作用

图 5-2 中粗线所示为 $\alpha = 0.8$ 时的曲线,细线所示为 $\alpha = 1.8$ 时的曲线。

2. 流线型的基本线型

流线型的整体类似于卵形,首部和尾部分别称为流线型进流段和流线型去流段,简称进流段和去流段,如图 5-1 所示。记 R 为进流段高度,x_1 为进流段起点坐标,x_2 为进流段终点坐标,α 为形状因子,则进流段的线型可以近似表达为

$$y = R\left[1 - \left(\frac{x - x_1}{x_2 - x_1}\right)^2\right]^{\alpha}$$

取 $R = 0.254, x_1 = 1.162, x_2 = 2.178, \alpha = 0.33$,则进流段函数为

$$y = 0.254\left[1 - \left(\frac{x - 1.162}{1.016}\right)^2\right]^{0.33}, \quad x \in [1.162, 2.178]$$

则进流段的回转体图形如图 5-3 所示。

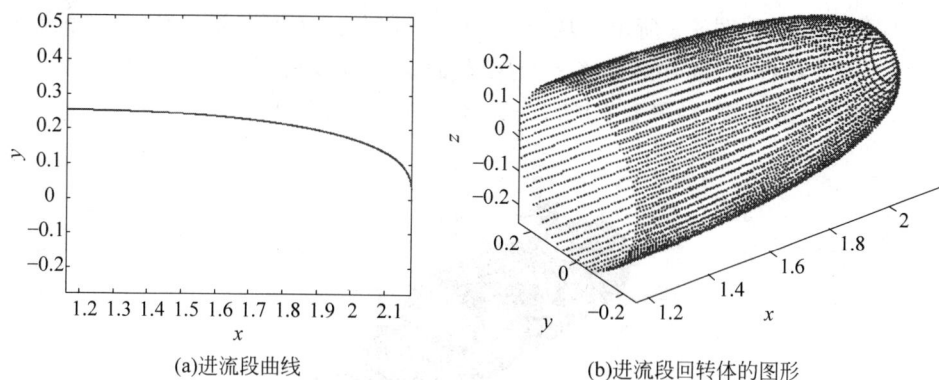

(a)进流段曲线　　　　　　　(b)进流段回转体的图形

图 5-3　进流段曲线及所形成的回转体

类似地,记 R 为去流段高度,x_1 为去流段起点坐标,x_2 为去流段终点坐标,α 为形状因子,则去流段的线型可以近似表达为

$$y = R \left[1 - \left(\frac{x_2 - x}{x_2 - x_1} \right)^2 \right]^{\alpha}$$

取 $R = 0.254$,$x_1 = -2.178$,$x_2 = -1.067$,$\alpha = 1.56$,则去流段函数为

$$y = 0.254 \left[1 - \left(\frac{-1.067 - x}{1.111} \right)^2 \right]^{1.56}, \quad x \in [-2.178, -1.067]$$

则去流段回转体的图形如图 5-4 所示。

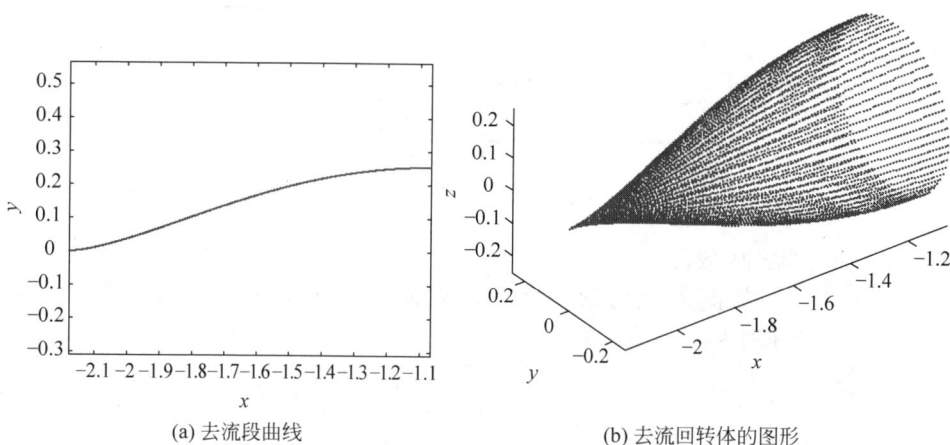

(a) 去流段曲线　　　　　　　(b) 去流回转体的图形

图 5-4　去流段曲线及所形成的回转体

我们将流线型进流段函数和流线型去流段函数(也有加上流线型过渡段函数,参见附录 A)统称为流线型函数。

3. 截面为圆形的回转型潜艇设计的基本方法

回转型潜艇如图 5-5 所示。从图 5-5 可以看到,回转型潜艇裸艇(只考虑艇身主体,不包含指挥塔、舵和螺旋桨等)的横截面是圆形,只是回转半径不同。裸艇可分为三部分:进流段、舯段和去流段。设计的主要步骤如下。

图 5-5 回转型潜艇示意图

步骤 1 给出潜艇主要设计参数

主要设计参数包括:艇长 L,首段长 L_1,舯段长 L_2,尾段长 L_3,排水量 ∇,最大回转半径 R 和浮心位置 x_c,其中,$L = L_1 + L_2 + L_3$,因此有一个参数冗余,但是为了设计时清楚起见,我们仍然保留。参数的含义如图 5-6 所示。

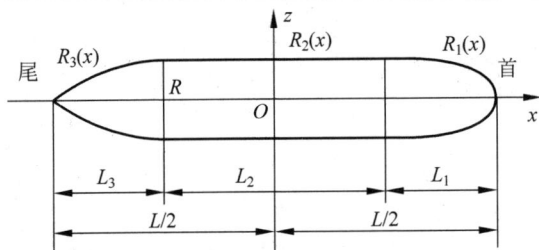

图 5-6 潜艇参数示意图

步骤 2 半径函数

取 α_1, α_3 为待求量,则流线型回转体在进流段、舯段和去流段的回转半径 $R_i (i=1,2,3)$ 分别为

$$
\left.
\begin{aligned}
R_1(x) &= R \left\{ 1 - \left[\frac{x - (L/2 - L_1)}{L_1} \right]^2 \right\}^{\alpha_1}, \quad x \in [L/2 - L_1, L/2] \\
R_2(x) &= R, \quad x \in (L_3 - L/2, L/2 - L_1) \\
R_3(x) &= R \left\{ 1 - \left[\frac{(L_3 - L/2) - x}{L_3} \right]^2 \right\}^{\alpha_3}, \quad x \in [-L/2, L_3 - L/2]
\end{aligned}
\right\}
$$

设计的船舶必须满足设计要求的排水体积和浮心纵坐标的要求,所以决定 α_1, α_3

的约束条件方程组为

$$\nabla = \pi R^2 \left\{ \int_{L/2-L_1}^{L/2} \left[1 - \left(\frac{x - (L/2 - L_1)}{L_1} \right)^2 \right]^{2\alpha_1} \mathrm{d}x + \right.$$

$$\left. \int_{L_3-L/2}^{L/2-L_1} \mathrm{d}x + \int_{-L/2}^{L_3-L/2} \left[1 - \left(\frac{(L_3 - L/2) - x}{L_3} \right)^2 \right]^{2\alpha_3} \mathrm{d}x \right\} \tag{5-1}$$

$$x_c = \frac{\pi R^2}{\nabla} \left\{ \int_{L/2-L_1}^{L/2} \left[1 - \left(\frac{x - (L/2 - L_1)}{L_1} \right)^2 \right]^{2\alpha_1} x \, \mathrm{d}x + \right.$$

$$\left. \int_{L_3-L/2}^{L/2-L_1} x \, \mathrm{d}x + \int_{-L/2}^{L_3-L/2} \left[1 - \left(\frac{(L_3 - L/2) - x}{L_3} \right)^2 \right]^{2\alpha_3} x \, \mathrm{d}x \right\} \tag{5-2}$$

将设计参数代入两式,求解超越方程组,得到参数 α_1,α_3。

步骤 3　半宽形状函数

圆形横剖面中的函数关系如图 5-7 所示。

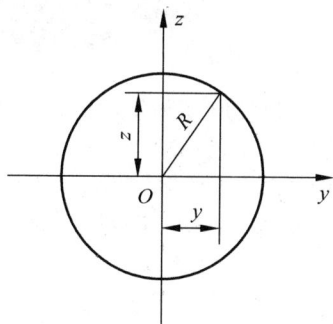

图 5-7　横剖面示意图

求出 α_1,α_3 后,半径函数 $R_i(x)(i=1,2,3)$ 就被确定,从而可以确定进流段、舯段和去流段的 y 坐标 $y_1(x,z)$,$y_2(x,z)$,$y_3(x,z)$:

$$y_1(x,z) = \pm \left\{ R^2 \left[1 - \left(\frac{x - (L/2 - L_1)}{L_1} \right)^2 \right]^{2\alpha_1} - x^2 \right\}^{1/2}, \quad x \in [L/2 - L_1, L/2]$$

$$y_2(x,z) = \pm (R^2 - x^2)^{1/2}, \quad x \in (L_3 - L/2, L/2 - L_1)$$

$$y_3(x,z) = \pm \left\{ R^2 \left[1 - \left(\frac{(L_3 - L/2) - x}{L_3} \right)^2 \right]^{2\alpha_3} - x^2 \right\}^{1/2}, \quad x \in [-L/2, L_3 - L/2]$$

$$\tag{5-3}$$

步骤 4　绘制纵剖面(或侧投影)图形、型线图(含型值表)和三维图形。

4. 上下为半椭圆的潜艇船型设计

"数学船型"设计分三个部分:首先给出由船型论证选定的船型及其主尺度、系数和排水量等已知条件;第二部分是应用型线建模原理导出特征曲线(包括横剖面面积曲线和船型轮廓曲线)函数,作为确定横剖线的定解条件;第三部分是根据型曲线建模原理得出首尾进去流段的横剖面形状函数。这里以潜艇的设计为例,探讨船型的数学描述。图 5-8 所示的是上下两半部均为椭圆的非回转型潜艇。

图 5-8　裸艇的上下部分都是椭圆的潜艇

考虑裸艇(只考虑艇身主体,不包含指挥塔、鳍、舵和螺旋桨等)的横截面是椭圆形的,上下两部分的半轴不同。裸艇可分为两部分:进流段和去流段。设计的主要步骤如下。

步骤 1　给出潜艇主要设计参数

主要设计参数包括:艇长 L,进流段长 L_1,去流段长 L_3,$L=L_1+L_3$;排水体积 ∇,浮心位置 x_c;艇身最大高度 H,上半部最大高度记为 B_1,下半部最大高度记为 B_2,最大宽度 R,浮心位置 x_c,其中 $H=B_1+B_2$,因此有两个参数冗余,但是为了设计时清楚起见,我们仍然保留。其中,最大宽度、艇身最大高度、上半部最大高度和下半部最大高度由装备布置决定。参数的含义如图 5-6 所示。

步骤 2　椭圆半轴函数

① 上半部短半轴函数根据进流段、舯段和去流段分别表示为 $b_1^1(x)$,$b_2^1(x)$,$b_3^1(x)$:

$$b_1^1(x)=B_1\left\{1-\left[\frac{x-(L/2-L_1)}{L_1}\right]^2\right\}^{\alpha_1},\quad x\in[L/2-L_1,L/2]$$

$$b_2^1(x)=B_1,\quad x\in(L_3-L/2,L/2-L_1)$$

$$b_3^1(x)=B_1\left\{1-\left[\frac{(L_3-L/2)-x}{L_3}\right]^2\right\}^{\alpha_3},\quad x\in[-L/2,L_3-L/2]$$

② 椭圆长半轴根据进流段、舯段和去流段分别表示为 $a_1(x)$，$a_2(x)$，$a_3(x)$：

$$a_1(x) = R\left\{1 - \left[\frac{x - (L/2 - L_1)}{L_1}\right]^2\right\}^{\alpha_1}, \quad x \in [L/2 - L_1, L/2]$$

$$a_2(x) = R, \quad x \in (L_3 - L/2, L/2 - L_1)$$

$$a_3(x) = R\left\{1 - \left[\frac{(L_3 - L/2) - x}{L_3}\right]^2\right\}^{\alpha_3}, \quad x \in [-L/2, L_3 - L/2]$$

③ 下半部短半轴函数根据进流段、舯段和去流段分别表示为 $b_1^2(x)$，$b_2^2(x)$，$b_3^2(x)$：

$$b_1^2(x) = B_2\left\{1 - \left[\frac{x - (L/2 - L_1)}{L_1}\right]^2\right\}^{\alpha_1}, \quad x \in [L/2 - L_1, L/2]$$

$$b_2^2(x) = B_2, \quad x \in (L_3 - L/2, L/2 - L_1)$$

$$b_3^2(x) = B_2\left\{1 - \left[\frac{(L_3 - L/2) - x}{L_3}\right]^2\right\}^{\alpha_3}, \quad x \in [-L/2, L_3 - L/2]$$

决定 α_1，α_3 的约束条件方程组为

$$\nabla = \frac{\pi R(B_1 + B_2)}{2}\left\{\int_{L/2 - L_1}^{L/2}\left[1 - \left(\frac{x - (L/2 - L_1)}{L_1}\right)^2\right]^{2\alpha_1}\mathrm{d}x + \int_{L_3 - L/2}^{L/2 - L_1}\mathrm{d}x + \right.$$

$$\left. \int_{-L/2}^{L_3 - L/2}\left[1 - \left(\frac{(L_3 - L/2) - x}{L_3}\right)^2\right]^{2\alpha_3}\mathrm{d}x\right\} \tag{5-4}$$

$$x_c = \frac{\pi R(B_1 + B_2)}{\nabla}\left\{\int_{L/2 - L_1}^{L/2}\left[1 - \left(\frac{x - (L/2 - L_1)}{L_1}\right)^2\right]^{2\alpha_1}x\,\mathrm{d}x + \int_{L_3 - L/2}^{L/2 - L_1}x\,\mathrm{d}x + \right.$$

$$\left. \int_{-L/2}^{L_3 - L/2}\left[1 - \left(\frac{(L_3 - L/2) - x}{L_3}\right)^2\right]^{2\alpha_3}x\,\mathrm{d}x\right\} \tag{5-5}$$

将设计参数代入两式，求解超越方程组，得到参数 α_1，α_3。

步骤 3 绘制纵剖面（或侧投影）图形、型线图（含型值表）和三维图形。

至此，潜艇的设计问题归结为求解超越方程组。

5.3 超越方程的求解

求 α_1，α_3，涉及超越方程组的求解。超越方程（方程组）的求解是非线性方程（方程组）求解中的一类具有特殊性的问题。关于超越方程的解的存在性和有多少个解的数学问题，并没有解决。在实际问题中，有的要求出实根，有的要求出所有的根。在求解的过程中，有的超越方程可以转化为代数方程（方程组），从而利用代数方程

(方程组)的方法求解。对于不能转化为代数方程(方程组)的超越方程,一般的解法有:二分法、图像法、牛顿法、弦截法、Muller 法、优化法等。这些方法对方程有较强的限制性要求,对初值的选取也具有较高的精确度要求,缺乏通用性。超越方程(方程组)在科学技术和工程计算中常常遇到,求解时往往要根据问题的特点寻求特殊技巧。

在数学船型中涉及的两种超越方程组的共同特点是:①待求参数是函数的指数;②含参数项在定积分中,是被积函数的一部分。超越代数方程可以用数值法或图像法近似求解。

由于在船型设计中,将排水量方程和浮心横坐标满足的方程相加后,可以获得分离变量的方程。

这里考虑截面为圆形的潜艇。将方程(5-1)和方程(5-2)整理得

$$
\frac{\nabla}{\pi R^2} - \int_{L_3 - L/2}^{L/2 - L_1} \mathrm{d}x = \int_{L/2 - L_1}^{L/2} \left[1 - \left(\frac{x - (L/2 - L_1)}{L_1} \right)^2 \right]^{2\alpha_1} \mathrm{d}x +
$$

$$
\int_{-L/2}^{L_3 - L/2} \left[1 - \left(\frac{(L_3 - L/2) - x}{L_3} \right)^2 \right]^{2\alpha_3} \mathrm{d}x
$$

$$
\frac{x_c}{\pi R^2} \nabla - \int_{L_3 - L/2}^{L/2 - L_1} x \, \mathrm{d}x = \int_{L/2 - L_1}^{L/2} \left[1 - \left(\frac{x - (L/2 - L_1)}{L_1} \right)^2 \right]^{2\alpha_1} x \, \mathrm{d}x +
$$

$$
\int_{-L/2}^{L_3 - L/2} \left[1 - \left(\frac{(L_3 - L/2) - x}{L_3} \right)^2 \right]^{2\alpha_3} x \, \mathrm{d}x
$$

令

$$
A = \frac{\nabla}{\pi R^2} - \int_{L_3 - L/2}^{L/2 - L_1} \mathrm{d}x + \frac{x_c}{\pi R^2} \nabla - \int_{L_3 - L/2}^{L/2 - L_1} x \, \mathrm{d}x
$$

则

$$
\int_{L/2 - L_1}^{L/2} \left[1 - \left(\frac{x - (L/2 - L_1)}{L_1} \right)^2 \right]^{2\alpha_1} \mathrm{d}x +
$$

$$
\int_{L/2 - L_1}^{L/2} \left[1 - \left(\frac{x - (L/2 - L_1)}{L_1} \right)^2 \right]^{2\alpha_1} x \, \mathrm{d}x
$$

$$
= A - \int_{-L/2}^{L_3 - L/2} \left[1 - \left(\frac{(L_3 - L/2) - x}{L_3} \right)^2 \right]^{2\alpha_3} \mathrm{d}x -
$$

$$
\int_{-L/2}^{L_3 - L/2} \left[1 - \left(\frac{(L_3 - L/2) - x}{L_3} \right)^2 \right]^{2\alpha_3} x \, \mathrm{d}x
$$

令

$$
F_1(\alpha_1) = \int_{L/2 - L_1}^{L/2} \left[1 - \left(\frac{x - (L/2 - L_1)}{L_1} \right)^2 \right]^{2\alpha_1} \mathrm{d}x +
$$

$$
\int_{L/2 - L_1}^{L/2} \left[1 - \left(\frac{x - (L/2 - L_1)}{L_1} \right)^2 \right]^{2\alpha_1} x \, \mathrm{d}x
$$

$$F_3(\alpha_3) = A - \int_{-L/2}^{L_3-L/2} \left[1 - \left(\frac{(L_3-L/2)-x}{L_3}\right)^2\right]^{2\alpha_3} \mathrm{d}x -$$

$$\int_{-L/2}^{L_3-L/2} \left[1 - \left(\frac{(L_3-L/2)-x}{L_3}\right)^2\right]^{2\alpha_3} x\,\mathrm{d}x$$

分离变量以后的方程为

$$F_1(\alpha_1) = F_3(\alpha_3)$$

利用此特殊性,可以将算法归纳如下:

① 判断分离变量后的函数的单调性;判断解的存在唯一性。

易证 $F_1(\alpha_1)$ 单调减少,$F_3(\alpha_3)$ 单调增加,且存在共同的值域区间,超越方程组的解存在且唯一。

② 区间搜索法。

步骤 1　估计 $\alpha_1 \in [a,b]$,$\alpha_3 \in [c,d]$,取计算误差 $\varepsilon > 0$;

步骤 2　计算 α_1,取 $\alpha_1^0 = a$ 及 $\Delta\alpha_1$,并取 $\alpha_1^0 + n\Delta\alpha_1 = b$,得到 $F_1(\alpha_1^0 + i\Delta\alpha_1)$,$i = 1,2,\cdots,n$;

步骤 3　搜索 α_3,取 $\alpha_3^0 = c$ 及 $\Delta\alpha_3$,并取 $\alpha_3^0 + m\Delta\alpha_3 = d$,计算 $F_3(\alpha_3^0 + j\Delta\alpha_3)$,$j = 1,2,\cdots,m$,使 $|F_3(\alpha_3^0 + h\Delta\alpha_3) - F_1(\alpha_1^0 + k\Delta\alpha_1)| \leqslant \delta$,得到 i 序列中的 k 和 j 序列中的 h。

步骤 4　令 $[a,b] = [\alpha_1^0 + (k-2)\Delta\alpha_1, \alpha_1^0 + (k+2)\Delta\alpha_1]$,$[c,d] = [\alpha_3^0 + (h-2)\Delta\alpha_3, \alpha_3^0 + (h+2)\Delta\alpha_3]$;取 $\delta_1 < \delta$,重复第 2 步和第 3 步,直至 $\delta < \varepsilon$。

步骤 5　取 $\alpha_1 = \alpha_1^0 + \dfrac{1}{2}[(k-2)\Delta\alpha_1 + (k+2)\Delta\alpha_1]$,$\alpha_3 = \alpha_3^0 + \dfrac{1}{2}[(h-2)\Delta\alpha_3 + (h+2)\Delta\alpha_3]$,即为方程组的解。

这里以美国潜艇技术规划办公室(SUBmarine technology program OFFice,SUBOFF)的潜艇设计为例,说明回转型潜艇的数学船型技术。SUBOFF 潜艇是美国 David Taylor 海军舰船研究发展中心的研究项目,项目公布后,其资料最为系统全面。1989 年,Groves 等对 SUBOFF 系列潜艇的数学模型进行了系统的论述。1990 年,Roddy 对 SUBOFF 系列潜艇进行了拘束模试验。1998 年,美国海军水面作战中心卡德洛克分部(naval surface warfare center,carderock division)Han-Lieh Liu 等对 SUBOFF 系列潜艇进行了模型试验。从而,SUBOFF 潜艇成为全世界研究潜艇的范例。

例 5-1　截面为圆形的回转体设计

① SUBOFF 潜艇是回转体水池试验模型,其参数如下(其中浮心位置坐标的表示是采用工程标准,即浮心纵向相对坐标)。

表 5-1 潜艇参数

参数名称	艇长 L/m	进流段长 L_1/m	舯段长 L_2/m	去流段长 L_3/m	排水体积 ∇/m³	回转半径 R/m	浮心纵向相对坐标 $x_c(\%L)$
数值	4.356	1.016	2.229	1.111	0.699	0.254	2.25

② 求 α_1,α_3 的联立方程组,解得 $\alpha_1=0.33,\alpha_3=1.56$。

③ 半径函数的表达式为

$$R_1(x)=0.254\left[1-\left(\frac{x-1.162}{1.016}\right)^2\right]^{0.33}, \quad x\in[1.162,2.178]$$

$$R_2(x)=0.254, \quad x\in(-1.067,1.162)$$

$$R_3(x)=0.254\left[1-\left(\frac{-1.067-x}{1.111}\right)^2\right]^{1.56}, \quad x\in[-2.178,-1.067]$$

由此得到潜艇的模型如图 5-9 所示,数据经过了归一化处理。

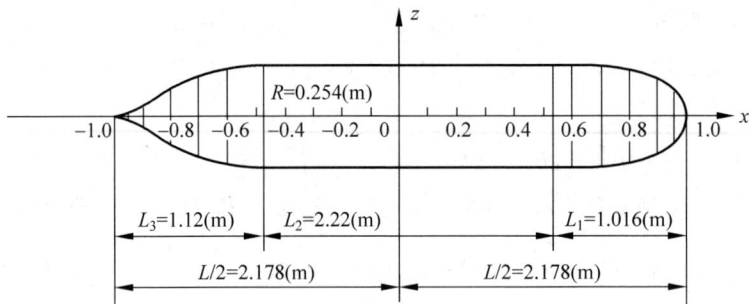

图 5-9 某型潜艇模型图(数据经过了归一化处理)

x 轴上的小数表示的是变量无因次化后,即转化为标准化后的尺度。验证计算得 $x_c=2.205\%L,\nabla=6.972\text{m}^3$,基本满足总体论证与采办的要求。图 5-3 是潜艇的进流段曲线和进流段回转图形,图 5-4 是潜艇的去流段曲线和去流段回转图形,图 5-10 是绘制的 SUBOFF 潜艇设计的三维图形。

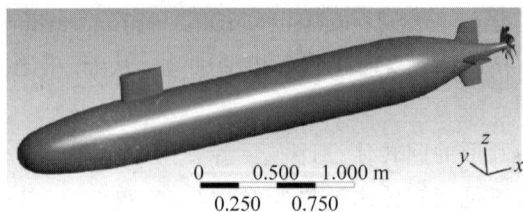

图 5-10 设计的 SUBOFF 潜艇的三维图形

例 5-2 截面为两个半椭圆的回转体设计

设计参数由表 5-2 给出。

表 5-2 潜艇参数

参数名称	艇长 L/m	进流段长 L_1/m	去流段长 L_3/m	排水体积 ∇/m^3	回转半径 R/m	上部最大短半轴 B_1/m	下部最大短半轴 B_2/m	浮心纵向相对坐标 $x_c(\%L)$
数值	4.356	1.016	1.111	0.699	0.254	0.26	0.25	2.25

整理得到超越方程组

$$\int_{1.162}^{2.178}\left[1-\left(\frac{x-1.162}{1.016}\right)^2\right]^{2\alpha_1}\mathrm{d}x+\int_{1.162}^{2.178}\left[1-\left(\frac{x-1.162}{1.016}\right)^2\right]^{2\alpha_1}x\,\mathrm{d}x$$

$$=0.6201-\int_{-2.178}^{-1.067}\left[1-\left(\frac{-1.067-x}{1.111}\right)^2\right]^{2\alpha_3}\mathrm{d}x-$$

$$\int_{-2.178}^{-1.067}\left[1-\left(\frac{-1.067-x}{1.111}\right)^2\right]^{2\alpha_3}x\,\mathrm{d}x$$

超越方程组的解为 $\alpha_1=1.438,\alpha_3=0.382$。

长半轴函数表示为

$$a_1(x)=0.248\left[1-\left(\frac{x-1.162}{1.016}\right)^2\right]^{1.438},\quad x\in[1.162,2.178]$$

$$a_2(x)=0.248,\quad x\in(-1.067,1.162)$$

$$a_3(x)=0.248\left[1-\left(\frac{-1.067-x}{1.111}\right)^2\right]^{0.382},\quad x\in[-2.178,-1.067]$$

上半部椭圆短半轴表示为

$$b_1^1(x)=0.26\left[1-\left(\frac{x-1.162}{1.016}\right)^2\right]^{1.438},\quad x\in[1.162,2.178]$$

$$b_2^1(x)=0.26,\quad x\in(-1.067,1.162)$$

$$b_3^1(x)=0.26\left[1-\left(\frac{-1.067-x}{1.111}\right)^2\right]^{0.382},\quad x\in[-2.178,-1.067]$$

下半部椭圆短半轴表示为

$$b_1^2(x)=0.25\left[1-\left(\frac{x-1.162}{1.016}\right)^2\right]^{1.438},\quad x\in[1.162,2.178]$$

$$b_2^2(x)=0.25,\quad x\in(-1.067,1.162)$$

$$b_3^2(x)=0.25\left[1-\left(\frac{-1.067-x}{1.111}\right)^2\right]^{0.382},\quad x\in[-2.178,-1.067]$$

在求解超越方程组以后,即可获得短半轴函数、上半部椭圆长半轴函数和下半部椭圆长半轴函数,从而得到潜艇的型线图。利用纵向函数表达法,可以方便地描述船型曲线。利用船舶设计中排水量和浮心位置坐标等条件,可以获得设计参数所满足的超越方程组。在数学船型中,这类超越方程组可以分离变量,分离变量后的两个表达式分别是单调增加和单调减少的,且具有公共的值域区间,从而满足解的存在性与唯一性。利用搜索法,可以求得超越方程组的解,进而获得船型的具体表达。

类似的方法可以获得上下部分不一致(例如上部截面为椭圆,下部截面为圆形)的潜艇数学船型。

数学船型可以在没有原型船的条件下,快速获得满足几何设计要求的船型,这在船舶总体设计阶段和虚拟采办中很有应用前景。数学船型与数字船池及多学科优化相配合,可进一步获取优化的船型,大大减少船舶模型的船池实验,缩短新型船舶的研制周期,减少研制经费,降低研制风险。

通过潜艇数学船型技术,可以快速计算出船体的设计参数,得到船体曲面表示,获得关键部位的型值点,配合其他分析软件,得到未来潜艇的主要性能,进一步估计其造价和制造周期,从而快速地为装备采办提供依据。

第6章 ▶▶▶

指挥台围壳、方向舵和升降舵的数学线型

　　本章利用垂向函数法获取指挥台围壳和方向舵的数学线型,利用横向函数法得到升降舵的数学线型。

　　指挥台围壳和方向舵是潜艇的重要组成部分。其中,指挥台围壳又分为梯形指挥台围壳和圆角型指挥台围壳。潜艇指挥台,又称潜艇指挥塔。潜艇指挥台围壳又称为舰桥。它由耐压的指挥室和非耐压的水上指挥舰桥构成。指挥台是潜艇的重要组成部分,如图6-1所示。

图 6-1　潜艇指挥台围壳

　　潜艇指挥台围壳是潜艇标志性的结构,它突出于上层建筑,是潜艇最重要的附体之一,是围封各种升降装置如通气管、潜望镜和通信天线等的流线型不透水结构,是现代潜艇执行水面航行、离靠码头、收发信息、实施观测和指挥的重要部位。潜艇舰桥有两个作用:一是容纳各种设备,按海军的术语讲,称为观通设备,包括潜望镜、雷达、通信天线以及电子对抗机等;二是指挥和观通作用。指挥台围壳里面有一个升降口和指挥舱是相通的,潜艇在水面航行或者离靠码头的时候,潜艇指挥官都是在舰桥上指挥。潜艇在舰桥上有一套简单的操纵系统,一般就是有一个舵轮,几个罗经,用于简单地水上航行,水面的瞭望和通信都是在舰桥进行的。常规潜艇的舰桥还有一个辅助作用,就是将柴油机水下排烟系统设在舰桥后。

　　指挥台围壳作为潜艇的最大附体,它将对艇体阻力、水动力噪声以及艇的水下操纵特性带来较大影响,尤其是围壳的尾流将影响艇体尾部推进器处伴流场的均匀性和稳定性,进而增加推进器的噪声。在潜艇航行过程中,指挥台围壳部分的阻力在潜艇总阻力中占有较大的比重。同时,由于指挥台围壳引起的潜艇尾部伴流场的不均匀性和不稳定性,使得螺旋桨产生较高的低频离散噪声、低频宽带噪声。

故指挥台围壳对潜艇的阻力和螺旋桨噪声具有重大影响。因此尽量优化围壳型线，减少围壳带来的不利影响，是潜艇设计者追求的目标。

　　鉴于目前研究中，潜艇母型选用 SUBOFF 模型作为研究对象，本文的研究也以 SUBOFF 模型为背景，具体的几何形状参数取自 Groves 的报告。

　　目前世界上的潜艇指挥台比较流行倒 V 和低矮的设计方法，如日本的亲潮和德国的 212 型潜艇。这在设计中面临着指挥台剖面的弦长与半宽都随高度而变化，因此其数学描述难于回转型裸艇。不同于传统研究中将潜艇指挥台看作横剖面是椭圆形的柱体，针对梯形指挥台和填角圆弧形指挥台，利用垂向函数，研究指挥台剖面的弦长与半宽都随高度而变化时，指挥台围壳的数学线型，很有意义。为说明清楚起见，这里只讨论横剖面为翼型的指挥台。

6.1　梯形指挥台的数学线型

　　梯形指挥台纵向位置如图 6-2 所示。

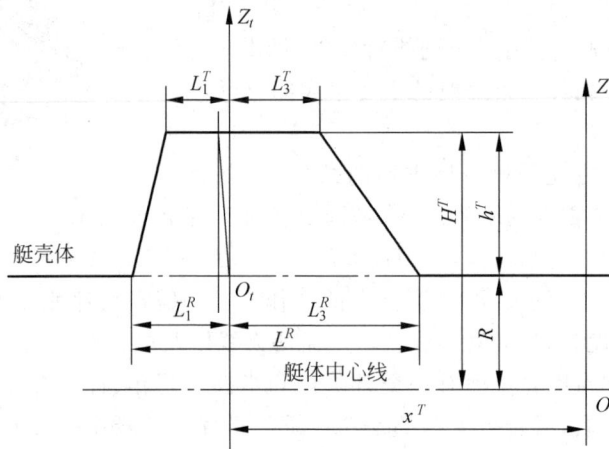

图 6-2　梯形指挥台剖面形状及其特征参数

　　取描述指挥台围壳形状的局部坐标系为 $O_t\text{-}x_ty_tz_t$，原点 O_t 位于艇舯坐标系 $O\text{-}xyz$ 中的点 $(x^T,0,R)$ 上。因此，x^T 的大小就是决定指挥台纵向位置的重要参数。x^T 的取值由如下两个条件决定：

　　（1）使用条件：当总布置设计确定出潜望镜装置等设备的位置后，指挥台围壳纵向位置也基本被确定。所以，x^T 与潜望镜升降装置的纵坐标密切相关；

　　（2）与阻力性能有关。当指挥台围壳大小与形状一定时，x^T 大小不同（指挥台围壳前后不同)对艇的阻力影响很大。应该选择满足使用条件的,使围壳阻力最小的 x^T。

1. 梯形指挥台的数学描述

在梯形指挥台围壳,设 L^R 为指挥台在 $z=R$ 处的翼剖面弦长;L_1^R,L_3^R 分别表示 $z=R$ 处的翼剖面的进流段长度和去流段长度,$L_1^R+L_3^R=L^R$。

L^T 为指挥台在 $z=H^T$ 处的翼剖面弦长;L_1^T,L_3^T 分别表示 $z=H^T$ 处的翼剖面的进流段长度和去流段长度,$L_1^T+L_3^T=L^T$。

h^T 为指挥台围壳高度,$h^T=H^T-R$。

指挥台的翼剖面形状如图 6-3 所示。

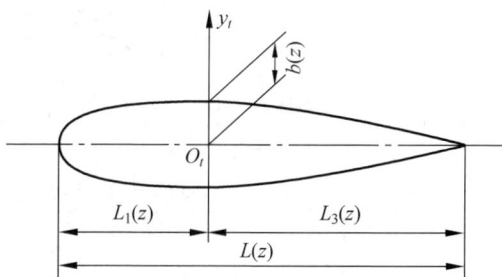

图 6-3 指挥台翼剖面形状

(1)翼弦长 $L(z)$ 的表达式

$$L(z)=L^R+\frac{L^T-L^R}{h^T}(z-R) \tag{6-1}$$

当 $z=H^T$ 时,$z-R=H^T-R=h^T$,所以有,$L(H^T)=L^T$;当 $z=R$ 时,有 $L(R)=L^R$。

(2)翼剖面宽度 $B(z)$ 的表达式

翼剖面宽度记为 $B(z)$,它随 z 变化。因为指挥台围壳必须左右对称,所以其水平翼剖面是对称的翼剖面,图 6-3 中所示指挥台的左右部分翼宽度相等,即 $B(z)=2b(z)$。$b(z)$ 为高度为 z 处的翼剖面半宽。

记 $b^R=b(R)$ 为 $z=R$ 高度处翼剖面半宽,$b^T=b(H^T)$ 为 $z=H^T$ 高度处翼剖面半宽,两者均由指挥台内的总体布置决定。

因为 $\frac{b(z)-b^T}{b^R-b^T}=\frac{H^T-z}{H^T-R}$,所以

$$b(z)=b^T+(b^R-b^T)\frac{H^T-z}{h^T} \tag{6-2}$$

翼剖面由进流段和去流段构成。$L(z)$ 表示 z 高度处翼剖面的弦长,$L_1(z)$ 表示进流段长,$L_3(z)$ 表示去流段长,$L(z)=L_1(z)+L_3(z)$,其中

$$L_1(z) = L_1^T + (L_1^R - L_1^T)\frac{H^T - z}{H^T - R}, \quad L_3(z) = L_3^T + (L_3^R - L_3^T)\frac{H^T - z}{H^T - R}$$

则翼剖面形状函数可表示为

$$y_1(z) = b(z)\left\{1 - \left[\frac{x - (L(z)/2 - L_1(z))}{L_1(z)}\right]^2\right\}^{\alpha_1}, \quad \frac{L(z)}{2} - L_1(z) \leqslant x \leqslant \frac{L(z)}{2}$$

$$y_3(z) = b(z)\left\{1 - \left[\frac{(L_3(z) - L(z)/2) - x}{L_3(z)}\right]^2\right\}^{\alpha_3}, \quad -\frac{L(z)}{2} \leqslant x \leqslant -\frac{L(z)}{2} + L_3(z)$$

（3）确定形状参数

设计的指挥台排水量满足要求的 ∇，指挥台的浮心与重心的横坐标重合。所以，决定 α_1, α_3 的约束条件方程组为

$$\frac{\nabla}{2} = \int_R^{H^T} b(z)\left\{\int_{-L(z)/2}^{-L(z)/2+L_3(z)}\left[1 - \left(\frac{(-L(z)/2 + L_3(z)) - x}{L_3(z)}\right)^2\right]^{\alpha_3}\mathrm{d}x + \right.$$

$$\left. \int_{L(z)/2-L_1(z)}^{L(z)/2}\left[1 - \left(\frac{x - (L(z)/2 - L_1(z))}{L_1(z)}\right)^2\right]^{\alpha_1}\mathrm{d}x\right\}\mathrm{d}z \tag{6-3}$$

$$0 = \int_R^{H^T} b(z)\left\{\int_{-L(z)/2}^{-L(z)/2+L_3(z)}\left[1 - \left(\frac{(-L(z)/2 + L_3(z)) - x}{L_3(z)}\right)^2\right]^{\alpha_3}x\,\mathrm{d}x + \right.$$

$$\left. \int_{L(z)/2-L_1(z)}^{L(z)/2}\left[1 - \left(\frac{x - (L(z)/2 - L_1(z))}{L_1(z)}\right)^2\right]^{\alpha_1}x\,\mathrm{d}x\right\}\mathrm{d}z \tag{6-4}$$

将设计参数代入两式，求解超越方程组，得到参数 α_1, α_3。

（4）在保证布置要求的前提下，指挥台围壳外形应该是使阻力最小的对称翼形。根据水滴形状阻力最小的原理，令 $k(z) = \dfrac{L_1(z)}{L(z)}$，取 $k(z) = \dfrac{1}{3}$ 或者 35%。

6.2 填角弧形指挥台的数学线型

填角弧形指挥台围壳侧面如图 6-4 所示。

填角弧形指挥台是在梯形指挥台基础上，利用正（反）S形曲线做前（后）缘线（物体的前部边缘和后部边缘）。

1. 前缘线的数学描述

应用型线建模原理，前缘线的数学模型为

$$z_1(x, 0) = R + \frac{h^T}{1 + \mathrm{e}^{k_1(x - x_{c1})}} \tag{6-5}$$

式中，x_{c1} 是前缘线的中点，形状参数 k_1 由下式求取：

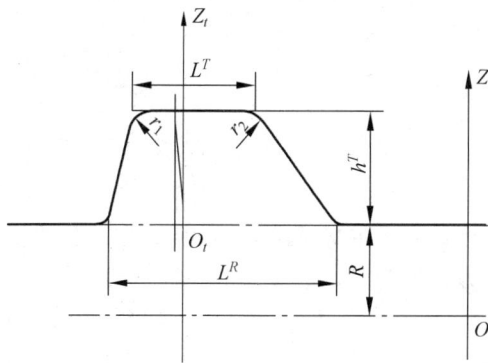

图 6-4 填角弧形指挥台围壳侧面

$$e^{k_1(x-x_{c1})} \approx e^{-10} \qquad (6-6)$$

这里,$x_{c1}-x=r_1$ 等于虚拟的填角圆弧半径,由设计者根据布置和减小顶角涡流的原理来确定,例如,取 $r_1=x_{c1}-x=0.1(\mathrm{m})$,则 $k_1=100$。

2. 后缘线的数学描述

应用型线建模原理,后缘线的数学模型为

$$z_2(x,0) = R + h^T \left[1 - \frac{1}{1+e^{-k_2(x-x_{c2})}} \right] \qquad (6-7)$$

式中,x_{c2} 是后缘线的中点,其中,$x_{c2}-x=r_2$ 等于虚拟的填角圆弧半径,

$$e^{k_2(x-x_{c2})} \approx e^{-10} \qquad (6-8)$$

从而确定参数 k_2。

3. 翼弦长 $L(z)$

在 z 高度处的翼弦长 $L(z)$ 的表达式为:

$$L(z) = x_1 - x_2 = (x_{c1}-x_{c2}) + \left(\frac{1}{k_1} + \frac{1}{k_2}\right) \ln\left(\frac{h^T+R-z}{z-R}\right) \qquad (6-9)$$

4. 翼宽度 $B(z)$

根据相似性原理,任意高度 z 处的翼型,其半宽与弦长的比为一定值,即

$$\frac{b(z)}{L(z)} = \frac{b^T}{L^T} = \frac{1}{2}\lambda_T \qquad (6-10)$$

其中,$\lambda_T = \dfrac{B}{L}$。由此,翼半宽为

$$b(z) = \frac{b^T}{L^T}L(z) = \frac{b^T}{L^T}\left[(x_{c1}-x_{c2}) + \left(\frac{1}{k_1} + \frac{1}{k_2}\right) \ln\frac{h^T+R-z}{z-R} \right] \qquad (6-11)$$

5. 翼剖面形状函数

$$y_1(x,z) = b^T(z)\left\{1 - \left[\frac{x-(L(z)/2-L_1(z))}{L_1(z)}\right]^2\right\}^{\alpha_1}, \quad \frac{L(z)}{2}-L_1(z) \leqslant x \leqslant \frac{L(z)}{2}$$

$$y_3(x,z) = b^T(z)\left\{1 - \left[\frac{(-L(z)/2+L_3(z))-x}{L_3(z)}\right]^2\right\}^{\alpha_3}, \quad -\frac{L(z)}{2} \leqslant x \leqslant -\frac{L(z)}{2}+L_3(z)$$

设计的指挥台排水量满足要求的 ∇,指挥台的浮心与重心的横坐标重合。所以,决定 α_1,α_3 的约束条件方程组为

$$\frac{\nabla}{2} = \int_R^{H^T-R} b(z)\left\{\int_{-L(z)/2}^{-L(z)/2+L_3(z)}\left[1-\left(\frac{(-L(z)/2+L_3(z))-x}{L_3(z)}\right)^2\right]^{\alpha_3}\mathrm{d}x + \right.$$
$$\left. \int_{L(z)/2-L_1(z)}^{L(z)/2}\left[1-\left(\frac{x-(L(z)/2-L_1(z))}{L_1(z)}\right)^2\right]^{\alpha_1}\mathrm{d}x\right\}\mathrm{d}z \qquad (6\text{-}12)$$

$$0 = \int_R^{H^T-R} b(z)\left\{\int_{-L(z)/2}^{-L(z)/2+L_3(z)}\left[1-\left(\frac{(-L(z)/2+L_3(z))-x}{L_3(z)}\right)^2\right]^{\alpha_3}x\,\mathrm{d}x + \right.$$
$$\left. \int_{L(z)/2-L_1(z)}^{L(z)/2}\left[1-\left(\frac{x-(L(z)/2-L_1(z))}{L_1(z)}\right)^2\right]^{\alpha_1}x\,\mathrm{d}x\right\}\mathrm{d}z \qquad (6\text{-}13)$$

将设计参数代入两式,求解超越方程组,得到参数 α_1,α_3。

例 6-1　填角弧形指挥台

填角弧形指挥台设计参数如表 6-1 和表 6-2 所示。

表 6-1　梯形指挥台设计参数

$z=R$ 处进流段长度 L_1^R/m	$z=R$ 处去流段长度 L_3^R/m	$z=H^T$ 处进流段长度 L_1^T/m	$z=H^T$ 处去流段长度 L_3^T/m	指挥台相对高度 h^T/m	指挥台绝对高度 H^T/m	$z=R$ 处翼厚度 b^R/m	$z=H^T$ 处翼厚度 b^T/m	指挥台排水体积 ∇/m^3
0.145	0.295	0.14	0.28	0.254	0.508	0.127	0.11	0.0045

表 6-2　填角弧形指挥台设计参数

指挥台进流段顶部圆弧半径 r_E^1/m	指挥台进流段底部圆弧半径 r_E^3/m	指挥台去流段顶部圆弧半径 r_K^1/m	指挥台去流段底部圆弧半径 r_K^3/m	舵段顶部圆弧半径 r_P^1/m	舵段底部圆弧半径 r_P^3/m
0.01	0.02	0.01	0.024	0.01	0.02

有关函数的分段表达如下:

当 $0.254 \leqslant z \leqslant 0.274$ 时,有

$$L_1(z) = (0.15 - 0.01969z) + \sqrt{0.02^2 - (z - 0.0254)^2}$$

$$L_3(z) = (0.31 - 0.05901z) + \sqrt{0.024^2 - (z - 0.0254)^2}$$

$$L(z) = (0.46 - 0.0787z) + \sqrt{0.02^2 - (z - 0.0254)^2} + \sqrt{0.024^2 - (z - 0.0254)^2}$$

$$b(z) = (0.144 - 0.06693z) + \sqrt{0.02^2 - (z - 0.0254)^2}$$

当 $0.274 < z \leqslant 0.278$ 时,有

$$L_1(z) = 0.15 - 0.01969z$$

$$L_3(z) = (0.31 - 0.05901z) + \sqrt{0.024^2 - (z - 0.0254)^2}$$

$$L(z) = (0.46 - 0.0787z) + \sqrt{0.024^2 - (z - 0.0254)^2}$$

$$b(z) = (0.144 - 0.06693z)$$

当 $0.278 < z \leqslant 0.498$ 时,有

$$L_1(z) = 0.15 - 0.01969z$$

$$L_3(z) = 0.31 - 0.05901z$$

$$L(z) = 0.46 - 0.0787z$$

$$b(z) = 0.144 - 0.06693z$$

当 $0.498 < z \leqslant 0.508$ 时,有

$$L_1(z) = (0.15 - 0.01969z) + [0.01 - \sqrt{0.01^2 - (z - 0.498)^2}]$$

$$L_3(z) = (0.31 - 0.05901z) + [0.01 - \sqrt{0.01^2 - (z - 0.498)^2}]$$

$$L(z) = (0.46 - 0.0787z) - [0.01 - \sqrt{0.01^2 - (z - 0.498)^2}] - [0.01 - \sqrt{0.01^2 - (z - 0.498)^2}]$$

$$b(z) = (0.144 - 0.06693z) + [0.01 - \sqrt{0.01^2 - (z - 0.498)^2}]$$

求解式(6-12)及式(6-13)联立的方程组,解得,$\alpha_1 = 0.2$,$\alpha_3 = 0.7$。

图 6-5 为根据计算结果,绘制的填弧形指挥台的型线图。

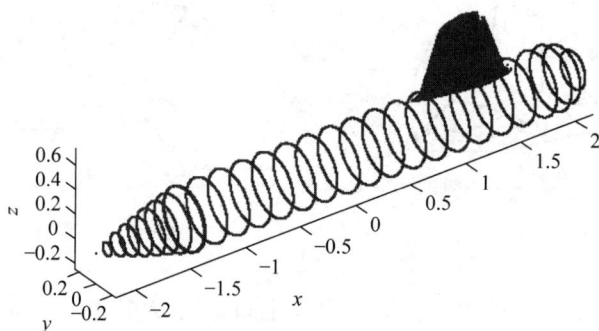

图 6-5 填弧形指挥台的型线图

6.3　潜艇方向舵的数学线型

　　舵是潜艇控制方向的装置,一般安装在推进器后面。潜艇的尾舵有很多种,主要分为十字型尾舵和 X 型尾舵。另外,俄罗斯基洛级潜艇为 T 型舵、美国弗吉尼亚潜艇为木字形舵、法国凯旋级弹道导弹潜艇为 H 型舵。

　　十字型尾舵指的是尾舵的四个舵面呈十字形布局,左右方各有一个水平布置的舵面,上下方各有一个垂直布置的舵面。潜艇以水平操纵面(升降舵)控制上浮下潜,垂直操纵面(方向舵)控制转向,如图 6-6 所示。

　　潜艇的水平舵除了尾舵外,还有围壳舵和艏水平舵。潜艇的水平舵有三种作用:使潜艇下潜、上浮以及对潜艇的纵倾和深度实施控制。由于潜艇的机动性对潜艇的作战性能影响极大,控制其深度的变化情况比保持特定的深度上的稳定性更为重要。水平舵利用舵角和舵面积所产生的舵力和舵力矩与垂直向上或垂直向下的力成正比,同时又与距潜艇重心的距离(力臂)成正比。当潜艇在水下进行回转时,特别是进行高速回转时,作用在潜艇垂直舵、指挥台围壳舵以及水平舵上的力是相互影响的,有时作用力的情况甚至是极为复杂的。世界上大多数潜艇的水平舵的控制都是通过舵的摆动来实现的,即通过改变水平舵的攻角来实现水平舵升力的改变。

　　十字型尾舵的优点是技术成熟可靠,操纵简单。缺点是一旦某一个操纵面损坏,将极大地影响潜艇的行动能力。另外,十字型尾舵的尺寸超过潜艇的直径尺寸,容易在港口靠岸时发生碰撞而损坏。而且因为下方的垂直舵面长度要超出潜艇的中段直径,因此尾舵很容易和海底发生碰撞而造成破损。

　　X 型尾舵是近年来发展很快的舵型。X 舵是指四个尾舵呈 X 型正交布置,舵轴中心线与艇纵中对称面呈一定夹角的分离式尾舵,如图 6-7 所示。

图 6-6　十字型尾舵　　　　　　　图 6-7　X 型尾舵

　　X 型尾舵具有很多优点:在潜艇停靠港口的时候相对十字型尾舵更安全、更不容易在港口靠岸时发生碰撞而损坏;对于主要在近海活动的常规潜艇,由于

X 型尾舵的舵面尺寸不超过潜艇艇体中段轮廓,因此和海底突出物碰撞的可能性要低于十字型尾舵;X 型尾舵的舵效要高于十字性尾舵,全部四个舵面各自都兼有垂直舵和水平舵的双重功能,而且每个舵面都可以独立的控制,因此 X 型尾舵的四个舵面无论是在水平机动还是垂直升降时都能起作用,而且在舵面不超出潜艇直径的前提下,使潜艇获得了大于十字型尾舵的力矩/扭力,也就是说潜艇的水下操控性能更好,舵效要高出十字型尾舵很多;X 型的四个舵面可充当垂直舵和水平舵的双重功能,所以在一、二个舵面发生损坏或故障后(每个舵面都有独立的控制系统),仍能继续工作;由于潜艇的指挥台围壳会使潜艇尾部湍流不规则,对尾舵的工作产生影响,而对 X 型尾舵的影响相对较小。

X 型尾舵的优势主要体现在水平机动上。缺陷是:操控性复杂:控制系统需要计算机辅助控制;系统的设计难度高,相应的成本也更高;风险较高。

我国目前主要采用十字型尾舵。优点在于:①操作简单、使用经验丰富;②整个系统的成本低;③风险小,保证了尾舵系统的可靠性;④核潜艇大多作战于深海,对于潜水机动性不需要像常规艇那样:核潜艇通常配有艏水平舵或者围壳舵,辅助潜艇上浮下潜,增加了控制途径;核潜艇吨位较大,十字舵坚固可靠,产生的扭力也相对直接。

这里利用垂向函数研究十字舵的方向舵(垂直舵)的数学线型。

方向舵的设计参数,主要包括翼弦长 $L(z)$、进流段长 $L_1(z)$、去流段长 $L_3(z)$,$L(z)=L_1(z)+L_3(z)$,翼半宽 $b(z)$(其中,底部半宽 b^R,顶部半宽 b^T)和舵的高度 h^T 等。根据流体力学原理,一般取进流段长分配系数 $k=\dfrac{L_1(z)}{L(z)}=\dfrac{1}{3}$,即确定翼弦长后,进流段 $L_1(z)$ 与去流段 $L_3(z)$ 的比例大概是 1:2。潜艇舵的布置如图 6-8 所示。

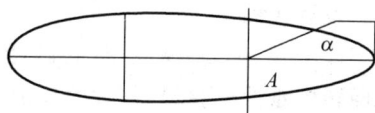

图 6-8 潜艇舵的布置

图 6-8 中 A 点在去流段的中点,即全长的 1/3 处,倾角 $\alpha=30°$。

令 $L(z)$ 表示 $z=R$ 处剖面的弦长。令 L^R 为舵在 $z=R$ 处的翼剖面弦长;L_1^R,L_3^R 分别表示 $z=R$ 处的翼剖面的进流段长度和去流段长度,$L_1^R+L_3^R=L^R$。令 L^T 为舵在 $z=H^T$ 处的翼剖面弦长;L_1^T,L_3^T 分别表示 $z=H^T$ 处的翼剖面的进流段长度和去流段长度,$L_1^T+L_3^T=L^T$。对舵上任意高度 z,都有 $L_1+L_3=L$。

令 h^T 为潜艇舵的高度,$h^T=H^T-R$;取

$$b(z)=b^T+(b^R-b^T)\frac{H^T-z}{h^T}, \quad L_1(z)=L_1^T+(L_1^R-L_1^T)\frac{H^T-z}{h^T},$$

$$L_3(z) = L_3^T + (L_3^R - L_3^T) \frac{H^T - z}{h^T}$$

则舵的形状函数可以表述为

$$y_i(x,z) = \begin{cases} b(z)\left[1 - \left(\dfrac{-x - L(z)/2 + L_3(z)}{L_3(z)}\right)^2\right]^{\alpha_3}, i = 3, -\dfrac{L(z)}{2} \leqslant x \leqslant -\dfrac{L(z)}{2} + L_3(z) \\ b(z)\left[1 - \left(\dfrac{x + L_1(z) - L(z)/2}{L_1(z)}\right)^2\right]^{\alpha_1}, i = 1, \dfrac{L(z)}{2} - L_1(z) \leqslant x \leqslant \dfrac{L(z)}{2} \end{cases}$$

其中形状因子 α_1, α_3 由排水量方程与浮心位置方程决定：

$$\frac{\nabla}{2} = \int_R^{H^T - R} b(z) \left\{ \int_{-L(z)/2}^{-L(z)/2 + L_3(z)} \left[1 - \left(\frac{(-L(z)/2 + L_3(z)) - x}{L_3(z)}\right)^2\right]^{\alpha_3} \mathrm{d}x + \right.$$
$$\left. \int_{L(z)/2 - L_1(z)}^{L(z)/2} \left[1 - \left(\frac{x - (L(z)/2 - L_1(z))}{L_1(z)}\right)^2\right]^{\alpha_1} \mathrm{d}x \right\} \mathrm{d}z$$

$$0 = \int_R^{H^T - R} b(z) \left\{ \int_{-L(z)/2}^{-L(z)/2 + L_3(z)} \left[1 - \left(\frac{(-L(z)/2 + L_3(z)) - x}{L_3(z)}\right)^2\right]^{\alpha_3} x\,\mathrm{d}x + \right.$$
$$\left. \int_{L(z)/2 - L_1(z)}^{L(z)/2} \left[1 - \left(\frac{x - (L(z)/2 - L_1(z))}{L_1(z)}\right)^2\right]^{\alpha_1} x\,\mathrm{d}x \right\} \mathrm{d}z$$

其中 ∇ 为舵的排水体积,第一个是排水体积方程,第二个方程表明舵重心的纵坐标与浮心的纵坐标重合。

　　求解超越方程组,可获得满足排水量要求和浮心纵坐标要求的潜艇舵的数学线型。

设计实例

　　以美国 SUBOFF 潜艇的设计为例,说明潜艇舵的数学线型。SUBOFF 潜艇是回转体水池试验模型,方向舵的参数如表 6-3 所示。

表 6-3　方向舵的设计参数

$z=R$ 处进流段长度 L_1^R/m	$z=R$ 处去流段长度 L_3^R/m	$z=H^T$ 处进流段长度 L_1^T/m	$z=H^T$ 处去流段长度 L_3^R/m	舵的翼展 h^T/m	舵的绝对宽度 H^T/m	$z=R$ 处翼半宽 b_R/m	$z=H^T$ 处翼半宽 b_T/m
0.07	0.14	0.035	0.07	0.254	0.381	0.03	0.01

　　所以有

$$b(z) = b^T + (b^R - b^T) \frac{H^T - z}{h^T} = 0.01 + (0.03 - 0.01)\frac{0.381 - z}{0.254}$$
$$= 0.04 - 0.07874z$$

$$L_1(z) = L_1^T + (L_1^R - L_1^T)\frac{H^T - z}{h^T} = 0.035 + (0.07 - 0.035)\frac{0.381 - z}{0.254}$$

$$= 0.0875 - 0.1380z$$

$$L_3(z) = L_3^T + (L_3^R - L_3^T)\frac{H^T - z}{h^T} = 0.07 + (0.14 - 0.07)\frac{0.381 - z}{0.254}$$

$$= 0.175 - 0.2756z$$

$$L(z) = 0.2625 - 0.4136z$$

满足布置要求的基本结构的排水量为$\int_R^{H_T} b(z)L(z)\mathrm{d}z$，计算得最小排水量为 $0.000844\mathrm{m}^3$，求解获得形状因子为$\alpha_1 = 1.6$，$\alpha_3 = 1.7$。此时舵的线型表示为

$$y_1(x,z) = b(z)\left[1 - \left(\frac{x + L_1(z) - L(z)/2}{L_1(z)}\right)^2\right]^{1.6}, \quad \frac{L(z)}{2} - L_1(z) \leqslant x \leqslant \frac{L(z)}{2}$$

$$y_3(x,z) = b(z)\left[1 - \left(\frac{L_3(z) - L(z)/2 - x}{L_3(z)}\right)^2\right]^{1.7}, \quad -\frac{L(z)}{2} \leqslant x \leqslant -\frac{L(z)}{2} + L_3(z)$$

$b(z) = 0.04 - 0.07874z$, $L_1(z) = 0.0875 - 0.1380z$, $L_3(z) = 0.1750 - 0.2756z$

$L(z) = 0.2625 - 0.4136z$, $0.127 \leqslant z \leqslant 0.381$

设计的方向舵的上半部分如图 6-9 所示。

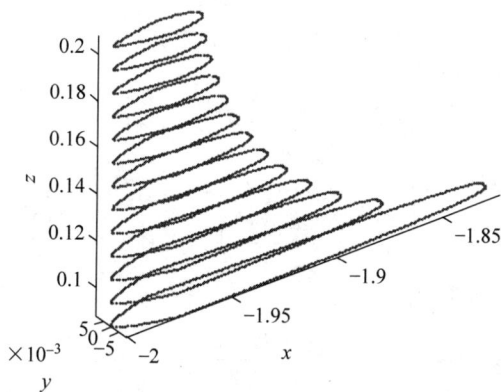

图 6-9　方向舵的上半部分

6.4　潜艇升降舵的数学线型

潜艇升降舵(水平舵)是用于潜艇水下航行时保持和改变深度的装置。分艇艏升降舵和艇艉升降舵。艇艏升降舵的舵叶对称布置在艇艏或指挥室围壳两侧，舵

面较小,舵力不大。布设在艇首上部结构的,通常为收推式,使用时推出,不用时收入;布设在指挥室围壳的为固定安装式,亦称围壳舵。艇艉升降舵是对称布设在层轴螺旋桨前(或后)面,舵叶面较艏舵大,直接受螺旋桨水流的作用,产生的舵力较大,是水下操纵潜艇的主升降舵。

基于横向函数法的船体型线设计方法,即先用数学函数表达纵向剖线,然后沿宽度方向将变化的纵剖线的参数表达为横向的函数关系。

令设计参数为:舵面舷长 $L'(x)$,舵面翼展长 H,舵面根部舷长 L'_0,舵面翼尖舷长 L'_H,舵面进流段长度 $L'_1(x)$,舵面去流段长度 $L'_3(x)$,其中 $L'(x)=L'_1(x)+L'_3(x)$,舵面厚度 $K(y)$,舵面进流段形状因子 α_1,舵面去流段形状因子 α_3。

取 $L'_1(y)=\dfrac{1}{3}L'(y)$,$L'_3(y)=\dfrac{2}{3}L'(y)$。这里只讨论 $y\geqslant0$ 的升降舵(选择面对艇艉的方向为正前方,右手方的升降舵)。

(1) 升降舵的数学线型

当 $0\leqslant y\leqslant H$ 时,

$$L'(y)=L'(0)-\frac{L'(0)-L'(H)}{H}y,\quad K'(y)=K'(0)-\frac{K'(0)-K'(H)}{H}y$$

由此,升降舵进流段的上部曲线为

$$z_1(x,y)=K'(y)\left[1-\left(\frac{x+L'_1(y)-L'(y)/2}{L'_1(y)}\right)^2\right]^{\alpha_1},\quad \frac{L'(y)}{2}-L'_1(y)\leqslant x\leqslant\frac{L'(y)}{2}$$

升降舵进流段的下部曲线为

$$z_2(x,y)=-z_1(x,y),\quad \frac{L'(y)}{2}-L'_1(y)\leqslant x\leqslant\frac{L'(y)}{2}$$

升降舵去流段的上部曲线为

$$z_3(x,y)=K'(y)\left[1-\left(\frac{-x-L'(y)/2+L'_3(y)}{L'_3(y)}\right)^2\right]^{\alpha_3},\quad -\frac{L'(y)}{2}\leqslant x\leqslant-\frac{L'(y)}{2}+L'_3(y)$$

升降舵去流段的下部曲线为

$$z_4(x,y)=-z_3(x,y),\quad -\frac{L'(y)}{2}\leqslant x\leqslant-\frac{L'(y)}{2}+L'_3(y)$$

升降舵任意截面的曲线分为四段:(x,y,z_1),(x,y,z_2),(x,y,z_3),(x,y,z_4)。显然,坐标为 $y\leqslant0$ 的升降舵任意截面的曲线分为四段:$(x,-y,z_1)$,$(x,-y,z_2)$,$(x,-y,z_3)$,$(x,-y,z_4)$。

(2) 求解形状因子的联立方程组

$$\frac{\nabla}{2}=\int_R^H K(y)\left\{\int_{-L(y)/2}^{-L(y)/2+L_3(y)}\left[1-\left(\frac{(L_3(y)-L(y)/2)-x}{L_3(y)}\right)^2\right]^{\alpha_3}\mathrm{d}x+\right.$$

$$\left.\int_{L(y)/2-L_1(y)}^{L(y)/2}\left[1-\left(\frac{x-(L(y)/2-L_1(y))}{L_1(y)}\right)^2\right]^{\alpha_1}\mathrm{d}x\right\}\mathrm{d}y$$

$$0 = \int_R^H K(y) \left\{ \int_{-L(y)/2}^{-L(y)/2+L_3(y)} \left[1 - \left(\frac{(L_3(y) - L(y)/2) - x}{L_3(y)} \right)^2 \right]^{\alpha_3} x \, \mathrm{d}x + \right.$$

$$\left. \int_{L(y)/2-L_1(y)}^{L(y)/2} \left[1 - \left(\frac{x - (L(y)/2 - L_1(y))}{L_1(y)} \right)^2 \right]^{\alpha_1} x \, \mathrm{d}x \right\} \mathrm{d}y$$

通过联立方程组,求解形状因子 α_1 和 α_3,即可获得升降舵线型的数学表达。

图 6-10 是绘制的方向舵与水平舵。

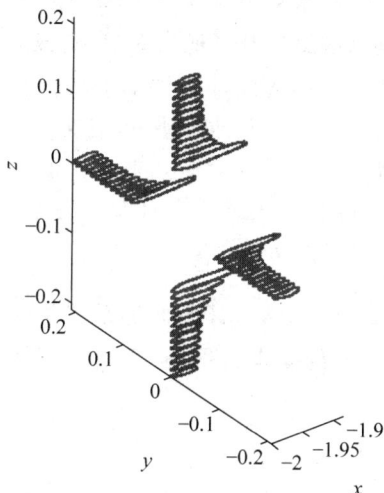

图 6-10　潜艇的十字舵(方向舵和水平舵)

6.5　X 型舵的数学表达

X 型舵的数学线型只需在十字舵的方向舵和升降舵的数学线型的基础上利用坐标变换公式,即可获得。

假设 β 为旋转角度,x,y 表示物体相对于旋转点旋转 β 角度之前的坐标,x_1,y_1 表示物体旋转 β 后相对于旋转点的坐标。

(1) 逆时针变换:$\begin{cases} x_1 = x\cos\beta - y\sin\beta \\ y_1 = y\cos\beta + x\sin\beta \end{cases}$

(2) 顺时针变换:$\begin{cases} x_1 = x\cos\beta + y\sin\beta \\ y_1 = y\cos\beta - x\sin\beta \end{cases}$

6.6   翼型体数学线型与蒙皮设计方法

翼型的概念通常出现在空气动力学中,比如飞机的机翼、尾翼,导弹翼面。现在,在水动力学中,很多船体附件、水工结构等也呈现翼型,例如,船舶上的减摇鳍、舵、潜艇指挥台等。不同的是,水动力学中的翼型一般不考虑升力问题,所以上下两部分呈对称形式。这里以潜艇的升降舵为对象,研究翼型的设计方法。

数学船型为研究水动力外形的设计提供了工具。利用数学船型方法,对于潜艇舵面的形状设计采用"最小蒙面"设计方法,可以获得舵面的轮廓曲线,获得满足几何设计尺寸的最小光滑曲面。这种舵面的数学线型,便于进一步做水动力学分析,例如计算湿表面积,估计阻力,等等。

1. 舵的数学线型

我们注意到,无论什么类型的舵,其截面都是翼型。为了获得更好的操纵性,在设计舵的时候,需要考虑舵的操作面积、强度、适当的宽度(或者高度)、装置的布置空间等。

2. 蒙面模型与算例

蒙皮一般用于空气动力学中,指蒙于机体或翼面骨架外面构成所需气动外形的板件。将蒙皮的概念用于水动力学中,就是指满足基本布置设计的所需水动力特性的外形。

在潜艇舵的设计中,为保证在极端运动条件下(快速运动、直线上浮)潜艇舵不受损和舵操纵装置的布置要求,在给定材料与结构的条件(材料与结构)下,确定舵的基本设计参数:①舵的底部 $z=R$ 处的翼剖面弦长 L^R,进流段和去流段长度 L_1^R,L_3^R,取 $L_1^R+L_3^R=L^R$;②舵在 $z=H^T$ 处的翼剖面弦长 L^T,进流段和去流段长度 L_1^T,L_3^T,显然,$L_1^T+L_3^T=L^T$;③舵的底部 $z=R$ 处的半宽 b^R,在 $z=H^T$ 处的半宽 b^T,取

$$b(z)=b^T+(b^R-b^T)\frac{H^T-z}{h^T}, \quad L_1(z)=L_1^T+(L_1^R-L_1^T)\frac{H^T-z}{h^T},$$

$L_3(z)=L_3^T+(L_3^R-L_3^T)\dfrac{H^T-z}{h^T}$,潜艇舵的高度 h^T,$h^T=H^T-R$。

由此,潜艇舵的基本剖面是两个三角形,每个三角形都以半宽为高,以弦线长为底边。在 z 高度处,三角形的面积为 $s_0(z)=\dfrac{1}{2}b(z)L(z)$。因此潜艇舵的布置

结构是四棱台,其体积为 $v_0 = \int_R^{H^T} b(z)L(z)\mathrm{d}z$。设计的潜艇舵,用形象的语言说,就是寻求四棱台的"蒙皮",要求是凸的光滑的曲面,满足水动力学的阻力最小要求、装备布置要求、浮心纵坐标要求。该问题待优化的参数为形状因子 α_1,α_3。该模型可以表述为

$$\min \nabla = \int_R^{H^T} b(z) \left\{ \int_{-L(z)/2}^{-L(z)/2+L_3(z)} \left[1 - \left(\frac{(L_3(z)-L(z)/2)-x}{L_3(z)}\right)^2\right]^{\alpha_3} \mathrm{d}x + \right.$$
$$\left. \int_{L(z)/2-L_1(z)}^{L(z)/2} \left[1 - \left(\frac{x-(L(z)/2-L_1(z))}{L_1(z)}\right)^2\right]^{\alpha_1} \mathrm{d}x \right\} \mathrm{d}z$$

s. t.

$$0 = \int_R^{H^T} b(z) \left\{ \int_{-L(z)/2}^{-L(z)/2+L_3(z)} \left[1 - \left(\frac{(L_3(z)-L(z)/2)-x}{L_3(z)}\right)^2\right]^{\alpha_3} x\,\mathrm{d}x + \right.$$
$$\left. \int_{L(z)/2-L_1(z)}^{L(z)/2} \left[1 - \left(\frac{x-(L(z)/2-L_1(z))}{L_1(z)}\right)^2\right]^{\alpha_1} x\,\mathrm{d}x \right\} \mathrm{d}z$$

$$\frac{1}{2}b(z)L(z) < b(z) \left\{ \int_{-L(z)/2}^{-L(z)/2+L_3(z)} \left[1 - \left(\frac{(L_3(z)-L(z)/2)-x}{L_3(z)}\right)^2\right]^{\alpha_3} \mathrm{d}x + \right.$$
$$\left. \int_{L(z)/2-L_1(z)}^{L(z)/2} \left[1 - \left(\frac{x-(L(z)/2-L_1(z))}{L_1(z)}\right)^2\right]^{\alpha_1} \mathrm{d}x \right\}$$

解得形状因子 α_1,α_3 后,潜艇舵的数学线型表述为

$$y_3(x,z) = b(z) \left[1 - \left(\frac{L_3(z)-x-L(z)/2}{L_3(z)}\right)^2\right]^{\alpha_3}, \quad -\frac{L(z)}{2} \leqslant x \leqslant -\frac{L(z)}{2}+L_3(z)$$

$$y_1(x,z) = b(z) \left[1 - \left(\frac{x+L_1(z)-L(z)/2}{L_1(z)}\right)^2\right]^{\alpha_1}, \quad \frac{L(z)}{2}-L_1(z) \leqslant x \leqslant \frac{L(z)}{2}$$

上述模型也可以表述为

$$\min \nabla = \int_R^{H^T} b(z)L(z) \left\{ \int_{-L(z)/2}^{-L(z)/2+L_3(z)} \left[1 - \left(\frac{(L_3(z)-L(z)/2)-x}{L_3(z)}\right)^2\right]^{\alpha_3} \mathrm{d}x + \right.$$
$$\left. \int_{L(z)/2-L_1(z)}^{L(z)/2} \left[1 - \left(\frac{x-(L(z)/2-L_1(z))}{L_1(z)}\right)^2\right]^{\alpha_1} \mathrm{d}x \right\} \mathrm{d}z$$

s. t.

$$0 = \int_R^{H^T} b(z) \left\{ \int_{-L(z)/2}^{-L(z)/2+L_3(z)} \left[1 - \left(\frac{(L_3(z)-L(z)/2)-x}{L_3(z)}\right)^2\right]^{\alpha_3} x\,\mathrm{d}x + \right.$$
$$\left. \int_{L(z)/2-L_1(z)}^{L(z)/2} \left[1 - \left(\frac{x-(L(z)/2-L_1(z))}{L_1(z)}\right)^2\right]^{\alpha_1} x\,\mathrm{d}x \right\} \mathrm{d}z$$

$$\int_R^{H^T} \frac{1}{2}b(z)L(z)\mathrm{d}z < \int_R^{H^T} b(z)\left\{\int_{-L(z)/2}^{-L(z)/2+L_3(z)}\left[1-\left(\frac{(L_3(z)-L(z)/2)-x}{L_3(z)}\right)^2\right]^{\alpha_3}\mathrm{d}x + \right.$$
$$\left. \int_{L(z)/2-L_1(z)}^{L(z)/2}\left[1-\left(\frac{x-(L(z)/2-L_1(z))}{L_1(z)}\right)^2\right]^{\alpha_1}\mathrm{d}x\right\}\mathrm{d}z$$

计算步骤如下：

步骤 1　估计方向舵（垂直舵）的排水体积 $\nabla\in[a,b]$；

步骤 2　给定 $\nabla\in[a,b]$，求解超越方程组。

$$\frac{\nabla}{2} = \int_R^{H^T} b(z)\frac{L(z)}{2}\left\{\int_{-L(z)/2}^{-L(z)/2+L_3(z)}\left[1-\left(\frac{(L_3(z)-L(z)/2)-x}{L_3(z)}\right)^2\right]^{\alpha_3}\mathrm{d}x + \right.$$
$$\left. \int_{L(z)/2-L_1(z)}^{L(z)/2}\left[1-\left(\frac{x-(L(z)/2-L_1(z))}{L_1(z)}\right)^2\right]^{\alpha_1}\mathrm{d}x\right\}\mathrm{d}z$$

$$0 = \int_R^{H^T} b(z)\left[\frac{L(z)}{2}\right]\left\{\int_{-L(z)/2}^{-L(z)/2+L_3(z)}\left[1-\left(\frac{(L_3(z)-L(z)/2)-x}{L_3(z)}\right)^2\right]^{\alpha_3}x\,\mathrm{d}x + \right.$$
$$\left. \int_{L(z)/2-L_1(z)}^{L(z)/2}\left[1-\left(\frac{x-(L(z)/2-L_1(z))}{L_1(z)}\right)^2\right]^{\alpha_1}x\,\mathrm{d}x\right\}\mathrm{d}z$$

求得 α_1,α_3。

步骤 3　对 ∇ 搜索，求得

$$\min\nabla = \int_R^{H^T} b(z)\left\{\int_{-L(z)/2}^{-L(z)/2+L_3(z)}\left[1-\left(\frac{(L_3(z)-L(z)/2)-x}{L_3(z)}\right)^2\right]^{\alpha_3}\mathrm{d}x + \right.$$
$$\left. \int_{L(z)/2-L_1(z)}^{L(z)/2}\left[1-\left(\frac{x-(L(z)/2-L_1(z))}{L_1(z)}\right)^2\right]^{\alpha_1}\mathrm{d}x\right\}\mathrm{d}z$$

s. t.

$$0 = \int_R^{H^T} b(z)\left\{\int_{-L(z)/2}^{-L(z)/2+L_3(z)}\left[1-\left(\frac{(L_3(z)-L(z)/2)-x}{L_3(z)}\right)^2\right]^{\alpha_3}x\,\mathrm{d}x + \right.$$
$$\left. \int_{L(z)/2-L_1(z)}^{L(z)/2}\left[1-\left(\frac{x-(L(z)/2-L_1(z))}{L_1(z)}\right)^2\right]^{\alpha_1}x\,\mathrm{d}x\right\}\mathrm{d}z$$

$$\frac{1}{2}b(z)L(z) < b(z)\left\{\int_{-L(z)/2}^{-L(z)/2+L_3(z)}\left[1-\left(\frac{(L_3(z)-L(z)/2)-x}{L_3(z)}\right)^2\right]^{\alpha_3}\mathrm{d}x + \right.$$
$$\left. \int_{L(z)/2-L_1(z)}^{L(z)/2}\left[1-\left(\frac{x-(L(z)/2-L_1(z))}{L_1(z)}\right)^2\right]^{\alpha_1}\mathrm{d}x\right\}$$

的 α_1,α_3。此时获得满足弦长和半宽的最小光滑曲面。

利用此设计方法可获得翼型体的数学线型。

潜艇裸艇、指挥塔围壳和舵（方向舵和升降舵）的数学线型如图 6-11 所示。

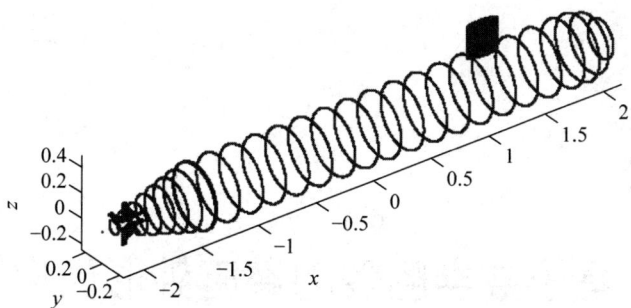

图 6-11　潜艇艇身、指挥塔、方向舵和水平舵

3. 结语

利用翼型的数学线型,结合蒙皮模型,可以获得翼型的外形设计。该外形满足内部布置的结构要求,符合动力学(空气动力学或水动力学)的要求,满足浮心的位置要求。另外,可以利用翼型的数学线型,计算其表面积,从而估计阻力。这种设计方法可用于翼型的概念设计。

第7章 ▶▶▶

基于数学船型的潜艇外形优化

具有水动力学特征的物体,可以用潜艇作为代表。潜艇外形一般选择阻力性能较好的水滴型回转体,从而适当降低长宽比,获得更优良的总布置条件。

7.1 满足静水性要求的潜艇数学船型研究

1. 流线型回转体的数学表达

潜艇裸艇可分为三部分:进流段、舯段和去流段。主要设计参数包括:艇长 L,进流段长 L_1,舯段长 L_2,去流段长 L_3,其中,$L = L_1 + L_2 + L_3$,潜艇最大回转半径为 R。参数的含义如图 5-6 所示。

以 Jackson 船型为基础,它有多种表现形式,主要分为四参数模型、三参数模型和两参数模型三种。

(1) 四参数模型,简记为模型 4-1

引入形状因子 $\alpha_1, \alpha_2, \alpha_3, \alpha_4$,则水滴型回转体潜艇的回转半径函数可表示为

$$R_1(x) = R \left[1 - \left(\frac{L_1 - L/2 + x}{L_1} \right)^{\alpha_2} \right]^{\alpha_1}, \quad x \in [L/2 - L_1, L/2]$$

$$R_2(x) = R, \quad x \in (L_3 - L/2, L/2 - L_1)$$

$$R_3(x) = R \left[1 - \left(\frac{L_3 - L/2 - x}{L_3} \right)^{\alpha_4} \right]^{\alpha_3}, \quad x \in [-L/2, L_3 - L/2]$$

潜艇船型曲线为

$$y_i(x, z) = \pm \sqrt{R_i^2(x) - z^2}, \quad i = 1, 2, 3$$

在 xOy 平面上,潜艇进流段船型曲线:

$$y_1(x,z)=R\left[1-\left(\frac{x-(L/2-L_1)}{L_1}\right)^{\alpha_2}\right]^{\alpha_1}, \quad x\in[L/2-L_1,L/2]$$

潜艇去流段船型曲线:

$$y_3(x,z)=R\left[1-\left(\frac{(L_3-L/2)-x}{L_3}\right)^{\alpha_4}\right]^{\alpha_3}, \quad x\in[-L/2,L_3-L/2]$$

在上述潜艇的数学船型表示下,潜艇的排水体积可以表示为

$$\nabla=\pi R^2\left\{\int_{L/2-L_1}^{L/2}\left[1-\left(\frac{x-(L/2-L_1)}{L_1}\right)^{\alpha_2}\right]^{2\alpha_1}\mathrm{d}x+\right.$$

$$\left.\int_{L_3-L/2}^{L/2-L_1}\mathrm{d}x+\int_{-L/2}^{L_3-L/2}\left[1-\left(\frac{(L_3-L/2)-x}{L_3}\right)^{\alpha_4}\right]^{2\alpha_3}\mathrm{d}x\right\}$$

潜艇的浮心纵坐标可以表示为

$$x_c=\frac{\pi R^2}{\nabla}\left\{\int_{L/2-L_1}^{L/2}\left[1-\left(\frac{x-(L/2-L_1)}{L_1}\right)^{\alpha_2}\right]^{2\alpha_1}x\,\mathrm{d}x+\int_{L_3-L/2}^{L/2-L_1}x\,\mathrm{d}x+\right.$$

$$\left.\int_{-L/2}^{L_3-L/2}\left[1-\left(\frac{(L_3-L/2)-x}{L_3}\right)^{\alpha_4}\right]^{2\alpha_3}x\,\mathrm{d}x\right\}$$

在数学船型中,由于潜艇型线采用函数形式表示,可以用解析方法计算潜艇表面积:

$$S=2\pi R\left\{\int_{L/2-L_1}^{L/2}\left[1-\left(\frac{x-L/2+L_1}{L_1}\right)^{\alpha_2}\right]^{\alpha_1}\mathrm{d}x+\int_{-L/2+L_3}^{L/2-L_1}\mathrm{d}x+\right.$$

$$\left.\int_{-L/2}^{-L/2+L_3}\left[1-\left(\frac{L_3-L/2-x}{L_3}\right)^{\alpha_4}\right]^{\alpha_3}\mathrm{d}x\right\}$$

(2) 三参数模型

- 模型 3-1:在四参数模型的形状因子中,令 $\alpha_4=1$,则回转体潜艇的回转半径函数可表示为

$$R_1(x)=R\left[1-\left(\frac{x-(L/2-L_1)}{L_1}\right)^{\alpha_2}\right]^{\alpha_1}, \quad x\in[L/2-L_1,L/2]$$

$$R_2(x)=R, \quad x\in(L_3-L/2,L/2-L_1)$$

$$R_3(x)=R\left[1-\left(\frac{(L_3-L/2)-x}{L_3}\right)\right]^{\alpha_3}, \quad x\in[-L/2,L_3-L/2]$$

其他公式类似。

- 模型 3-2:在四参数模型的形状因子中,令 $\alpha_4=2$,则回转体潜艇的回转半径函数可表示为

$$R_1(x)=R\left[1-\left(\frac{x-(L/2-L_1)}{L_1}\right)^{\alpha_2}\right]^{\alpha_1}, \quad x\in[L/2-L_1,L/2]$$

$$R_2(x) = R, \quad x \in (L_3 - L/2, L/2 - L_1)$$

$$R_3(x) = R\left[1 - \left(\frac{(L_3 - L/2) - x}{L_3}\right)^2\right]^{\alpha_3}, \quad x \in [-L/2, L_3 - L/2]$$

其他公式类似。

- 模型 3-3：在四参数模型的形状因子中，令 $\alpha_3 = 1$，则回转体潜艇的回转半径函数可表示为

$$R_1(x) = R\left[1 - \left(\frac{x - (L/2 - L_1)}{L_1}\right)^{\alpha_2}\right]^{\alpha_1}, \quad x \in [L/2 - L_1, L/2]$$

$$R_2(x) = R, \quad x \in (L_3 - L/2, L/2 - L_1)$$

$$R_3(x) = R\left[1 - \left(\frac{(L_3 - L/2) - x}{L_3}\right)^{\alpha_4}\right], \quad x \in [-L/2, L_3 - L/2]$$

其他公式类似。

（3）两参数模型，简记为模型 2-1

在四参数模型的形状因子中，令 $\alpha_2 = 2$，$\alpha_4 = 2$，则回转体潜艇的回转半径函数可表示为

$$R_1(x) = R\left[1 - \left(\frac{x - (L/2 - L_1)}{L_1}\right)^2\right]^{\alpha_1}, \quad x \in [L/2 - L_1, L/2]$$

$$R_2(x) = R, \quad x \in (L_3 - L/2, L/2 - L_1)$$

$$R_3(x) = R\left[1 - \left(\frac{(L_3 - L/2) - x}{L_3}\right)^2\right]^{\alpha_3}, \quad x \in [-L/2, L_3 - L/2]$$

其他公式类似。

显然，参数越少越有利于做分析与优化，不利的方面在于调控进流段于去流段的手段越单一。设计中一个重要问题就是在这两者中做一个折中，在满足基本形状调节控制的前提下，尽可能减少设计变量。

2. 潜艇的静水性条件与船型

潜艇的静水性条件主要指排水体积和浮心纵坐标。对于 Jackson 船型的两参数模型，根据这两个设计要求，可以构造超越方程组。通过求解此方程组获得两个形状因子，从而实现潜艇外形的数学描述。可以证明该超越方程组解的存在性与唯一性，并提出逐次逼近的求解方法。

对于两个以上的形状因子，不能构成适定的方程组。可以提出一种优化模型，确定 Jackson 船型的数学描述。以三参数模型中的第二种为例，即模型 3-2。设 $\alpha_4 = 2$，设计变量取为 3 个，分别为进流段形状外因子 α_1，进流段形状内因子 α_2，去流段形状外因子 α_3。优化问题的数学模型可以描述为

$$\max f(\alpha_1, \alpha_2, \alpha_3) = \nabla(\alpha_1, \alpha_2, \alpha_3)$$

s. t.

$$g(\alpha_1, \alpha_2, \alpha_3) = \nabla_0 - \nabla \leqslant 0$$
$$h(\alpha_1, \alpha_2, \alpha_3) = x_c - x_{c0} = 0$$
$$a_k \leqslant \alpha_k \leqslant b_k, \quad k = 1, 2, 3$$

其中，∇_0 为排水体积设计初值，x_{c0} 为浮心纵坐标设计初值，a_k，b_k $(k=1,2,3)$ 分别为设计变量的上下界，由设计要求确定。取 $\alpha_1 = \alpha_1^0$，$\alpha_2 = 2$，$\alpha_3 = \alpha_3^0$，作为优化的初值。

不同的模型可以构造相应的优化问题，进行求解。

3. 实例及不同数量形状因子对船体的影响

例 7-1   选取计算模型为美国 DARPA 潜艇模型 SUBOFF，其参数如表 5-1 所示。利用模型 2 计算得，$\alpha_1 = 0.4$，$\alpha_3 = 1.3$。所以，$\alpha_1 = 0.4$，$\alpha_2 = 2$，$\alpha_3 = 1.3$，$\alpha_4 = 2$ 是一组可行的形状因子，作为优化计算的变量初值。5 种模型对船体的影响比较，见表 7-1。

表 7-1   5 种模型对船体的影响比较

	α_1	α_2	α_3	α_4	∇/m^3	$x_c(\%L)$
模型 2	0.4	2	1.3	2	0.699	2.25
模型 3-1	0.15	3.0	0.2061	1	0.75963	2.25
模型 3-2	0.15	3.0	0.3801	2	0.76147	2.25
模型 3-3	0.1434	1.6764	1	3.5000	0.74667	2.25
模型 4	0.15	3.0	0.6	2.9745	0.76244	2.25

从以上比较看到，以上 Jackson 模型均可获得完全满足静水性条件的潜艇外形数学船型，其中两个形状因子的模型最能体现设计要求，其他模型亦可用于多学科设计优化。

Jackson 线型控制方程广泛用于潜艇、鱼雷、导弹等具有水动力特性的物体外形描述。两形状因子模型可利用排水体积和浮心纵坐标联立方程组获得适定解，其他形式可以利用优化模型获得形状因子。

7.2   潜艇外形多学科设计优化

潜艇的外形设计需要考虑很多方面的因素。例如，考虑到耐压，潜艇外形一般采用回转体，截面是圆形或者椭圆形。考虑其水动力性能，主要是减小阻力（粘滞阻力），纵向采用流线型。在潜艇设计时还需要考虑艏部流噪声，希望其越小越好，使得声呐具有较好的外部环境。而且,潜艇需要安装各种武器装备动力装置及生活用具,所以希望内部容积尽可能大。这些问题的单独研究已有很多成果,综合起来利用多学科优化技术考虑潜艇的外形设计遇到很多的困难,其中主要困难之一是潜艇外形与这些因素耦合在一起,处理起来非常复杂。这里采用数学船型技术和二次响应面技术结合多目标优化研究潜艇的外形设计。

1. 潜艇外形的数学描述

这里为多学科设计优化的便利,采用改进的数学船型来描述。将潜艇裸艇分为三部分:进流段、舯段和去流段。主要设计参数包括:艇长 L,进流段长 L_1,舯段长 L_2,去流段长 L_3,其中,$L=L_1+L_2+L_3$。参数的含义如图 5-3 所示。

对于四参数 Jackson 线型模型,引入形状因子 $\alpha_1,\alpha_2,\alpha_3,\alpha_4$,选取计算模型为美国 DARPA 潜艇模型 SUBOFF,计算得,$\alpha_1=0.4,\alpha_3=1.3$。所以,$\alpha_1=0.4$, $\alpha_2=2,\alpha_3=1.3,\alpha_4=2$ 是一组可行的形状因子。

2. 潜艇阻力预测

潜艇的阻力系数与潜艇的形状及其表面特性有关。阻力系数有两种定义方式,一种利用潜艇表面积,另一种利用潜艇迎流方向正投影面积。这里采用前一种。

记 F 为潜艇阻力(N),ρ 为流体密度(kg/m^3),v 为潜艇速度(m/s),S 为潜艇表面积(m^2),则阻力可表示为

$$F=\frac{1}{2}C_x\rho Sv^2$$

此处取 $\rho=1.08,v=10$。

潜艇阻力系数等于压差阻力系数与摩擦阻力系数之和:

$$C_x=\frac{2\pi}{S}\int_0^L C_p\sin(\gamma)y\,\mathrm{d}x+\frac{2\pi}{S}\int_0^L C_f\cos(\gamma)y\,\mathrm{d}x$$

其中 C_p 表示表面压力系数,C_f 表示表面摩擦切应力系数,γ 表示潜艇线型的切线与 x 轴的夹角。

3. 潜艇表面积的计算

在数学船型中,由于潜艇型线采用函数形式表示,可以用解析方法,计算潜艇表面积。

(1) 截面为圆形的潜艇表面积计算

$$R_1=R\left[1-\left(\frac{x+L_1-L/2}{L_1}\right)^2\right]^{\alpha_1},\quad L/2-L_1\leqslant x\leqslant L/2$$

$$R_2=R,\quad -L/2+L_3<x<L/2-L_1$$

$$R_3 = R\left[1 - \left(\frac{L_3 - L/2 - x}{L_3}\right)^2\right]^{\alpha_3}, \quad -L/2 \leqslant x \leqslant -L/2 + L_3$$

由此,记 S_1, S_2, S_3 分别为去流段、舯段和进流段的表面积,则截面为圆形的潜艇的表面积 S 为

$$S = S_1 + S_2 + S_3$$

$$S_1 = 2\pi R \int_{L/2-L_1}^{L/2} \left\{1 - \left[\frac{x - (L/2 - L_1)}{L_1}\right]^2\right\}^{\alpha_1} \mathrm{d}x$$

$$S_2 = 2\pi R \int_{-L/2+L_3}^{L/2-L_1} \mathrm{d}x = 2\pi R L_2$$

$$S_3 = 2\pi R \int_{-L/2}^{-L/2+L_3} \left\{1 - \left[\frac{L_3 - L/2 - x}{L_3}\right]^2\right\}^{\alpha_3} \mathrm{d}x$$

(2) 对于上半部和下半部均为半椭圆的潜艇表面积的计算

记椭圆长半轴为 a,短半轴为 b,则椭圆周长 l 可以利用积分计算

$$l = 4a \int_0^{\pi/2} \sqrt{1 - e^2 \sin^2\theta}\, \mathrm{d}\theta, \quad \text{其中 } e = \sqrt{1 - \left(\frac{b}{a}\right)^2}$$

记艇身最大高度 H,上半部最大高度记为 B_1,下半部最大高度记为 B_2,最大宽度 R,则上半部短半轴函数 $b_1^1(x), b_2^1(x), b_3^1(x)$ 分别为

$$b_1^1(x) = B_1\left[1 - \left(\frac{x - (L/2 - L_1)}{L_1}\right)^2\right]^{\alpha_1}, \quad L/2 - L_1 \leqslant x \leqslant L/2$$

$$b_2^1(x) = B_1, \quad L_3 - L/2 < x < L/2 - L_1$$

$$b_3^1(x) = B_1\left[1 - \left(\frac{L_3 - L/2 - x}{L_3}\right)^2\right]^{\alpha_3}, \quad -L/2 \leqslant x \leqslant L_3 - L/2$$

椭圆长半轴函数 $a_1(x), a_2(x), a_3(x)$ 分别为

$$a_1(x) = R\left[1 - \left(\frac{x - (L/2 - L_1)}{L_1}\right)^2\right]^{\alpha_1}, \quad L/2 - L_1 \leqslant x \leqslant L/2$$

$$a_2(x) = R, \quad L_3 - L/2 < x < L/2 - L_1$$

$$a_3(x) = R\left[1 - \left(\frac{L_3 - L/2 - x}{L_3}\right)^2\right]^{\alpha_3}, \quad -L/2 \leqslant x \leqslant L_3 - L/2$$

下半部短半轴函数 $b_1^2(x), b_2^2(x), b_3^2(x)$ 分别为

$$b_1^2(x) = B_2\left[1 - \left(\frac{x - (L/2 - L_1)}{L_1}\right)^2\right]^{\alpha_1}, \quad L/2 - L_1 \leqslant x \leqslant L/2$$

$$b_2^2(x) = R, \quad L_3 - L/2 < x < L/2 - L_1$$

$$b_3^2(x) = B_2\left[1 - \left(\frac{(L_3 - L/2) - x}{L_3}\right)^2\right]^{\alpha_3}, \quad -L/2 \leqslant x \leqslant L_3 - L/2$$

所以,进流段表面积为

$$S_1 = \frac{1}{2}\int_{L/2-L_1}^{L/2} 4a_1(x)\left\{\int_0^{\pi/2}\sqrt{1-\left[1-\left(\frac{b_1^1(x)}{a_1(x)}\right)\right]^2\sin^2\theta}\,\mathrm{d}\theta + \right.$$

$$\left.\int_0^{\pi/2}\sqrt{1-\left[1-\left(\frac{b_1^2(x)}{a_1(x)}\right)\right]^2\sin^2\theta}\,\mathrm{d}\theta\right\}\mathrm{d}x$$

舯段表面积为

$$S_2 = 2\pi R L_2$$

去流段表面积为

$$S_3 = \frac{1}{2}\int_{-L/2}^{-L/2+L_3} 4a_3(x)\left\{\int_0^{\pi/2}\sqrt{1-\left[1-\left(\frac{b_3^1(x)}{a_3(x)}\right)\right]^2\sin^2\theta}\,\mathrm{d}\theta + \right.$$

$$\left.\int_0^{\pi/2}\sqrt{1-\left[1-\left(\frac{b_3^2(x)}{a_3(x)}\right)\right]^2\sin^2\theta}\,\mathrm{d}\theta\right\}\mathrm{d}x$$

潜艇表面积为

$$S = S_1 + S_2 + S_3$$

例 7-2 截面为圆形的回转型潜艇表面积计算

SUBOFF 潜艇是回转体水池试验模型,其参数如表 5-1 所示。

第一步:求 α_1,α_3 的联立方程组,解得 $\alpha_1=0.33$,$\alpha_3=1.56$。

第二步:半径函数的表达式为:

$$R_1(x) = 0.254\left[1-\left(\frac{x-1.162}{1.016}\right)^2\right]^{0.33},$$

$$R_2(x) = 0.254,\quad R_3(x) = 0.254\left[1-\left(\frac{-1.067-x}{1.111}\right)^2\right]^{1.56}$$

对于例 5-1 中的实例

$$S_1 = 2\pi \times 0.254 \times \int_{1.162}^{2.178}\left[1-\left(\frac{x-1.162}{1.016}\right)^2\right]^{0.33}\mathrm{d}x = 0.6698(\mathrm{m}^2)$$

$$S_2 = 2\pi \times 0.254 \times 2.229 = 3.5555(\mathrm{m}^2)$$

$$S_3 = 2\pi \times 0.254 \times \int_{-2.178}^{-1.067}\left[1-\left(\frac{-1.067-x}{1.111}\right)^2\right]^{1.56}\mathrm{d}x = 0.2784(\mathrm{m}^2)$$

$$S = S_1 + S_2 + S_3 = 4.5037(\mathrm{m}^2)$$

4. 潜艇艏部声学模型

潜艇噪声主要分为自噪声(流噪声)和辐射噪声。辐射噪声影响潜艇的隐身性。辐射噪声大容易被敌方发现。潜艇的自噪声影响潜艇的内部工作环境,艏部噪声对潜艇声呐的影响很大。对回转体艏部噪声的研究是潜艇设计的一个热点。

潜艇艏部的边界层如图 7-1 所示。

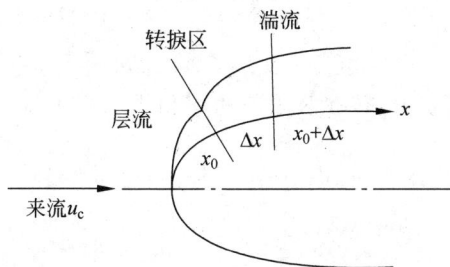

图 7-1　回转体边界层示意图

回转体流噪声是指回转体转捩区和湍流边界层向其头部驻点处所辐射的噪声。大量实验表明,转捩区的声辐射是构成回转体流噪声的主要组成部分。

$$G(r,f) = \frac{W\rho^2 u u_c^2 (\Delta\delta^*)^2 (k_c\Delta x)^2}{8\pi^2 r^2 \left[1 + (k_c\Delta x)^2 (t_i U_c/\Delta x)^2\right]} F(k_c\Delta x)$$

$$F(k_c\Delta x) = (k_c\Delta x)^2 \int_0^1 \int_{-z}^{1-z} \frac{z N^* \cos(k_c\Delta x y)\gamma e^{-a^*\Delta x|y|}}{4N^{*2}(u/u_c)^2 + (k_c\Delta x)^2} \, \mathrm{d}y\,\mathrm{d}z$$

$$N^* = \frac{N\Delta x}{u_c}, \quad a^* = \frac{1 + 83.35z^8}{\Delta x}, \quad k_c = \frac{\omega}{u_c},$$

系数 $F(k_c\Delta x)$ 仅与转捩区长度 Δx、来流速度 u_c 以及声波角频率 $\omega = 2\pi f$ 有关。转捩区向头部驻点处辐射的声压谱 N 为

$$N = 10\log G(r,f) + 10\log\Delta f$$

ρ 为流体密度,γ 表示转捩区内湍斑的间歇影子,S 表示潜艇表面积,f 为声波频率。

由于转捩区噪声模型的计算复杂性,对构造响应面模型进行近似。由于只涉及两个变量 x_1 和 x_3,选择采用拉丁方设计(latin hypercube designs)试验,对计算得到的数据进行回归,得到流噪声的二次响应面模型

$$\text{voice} = \beta_0 + \beta_1 x_1 + \beta_2 x_3 + \beta_3 x_1^2 + \beta_4 x_3^2 + \beta_5 x_1 x_3$$

5. 多学科设计优化

潜艇设计时,艇型设计是阻力最小、艏部噪声最小、包络体积最大的多目标优化问题。设计变量取为 4 个,分别为进流段形状外因子 x_1,进流段形状内因子 x_2,去流段形状外因子 x_3,去流段形状内因子 x_4。多目标优化问题的数学模型可以描述为

$$\min f(x_1,x_2,x_3,x_4) = \lambda_1 f_1(x_1,x_2,x_3,x_4) + \lambda_2 f_2(x_1,x_2,x_3,x_4) +$$
$$\lambda_3 [-f_3(x_1,x_2,x_3,x_4)]$$

$$g_i(x_1,x_2,x_3,x_4) \leqslant 0, \quad i=1,2,\cdots,n$$

$$h_j(x_1,x_2,x_3,x_4) = 0, \quad j=1,2,\cdots,m$$

$$a_k \leqslant x_k \leqslant b_k, \quad k=1,2,3,4$$

f_1,f_2,f_3 分别为潜艇阻力、转捩区噪声功率和排水体积，$\lambda_1,\lambda_2,\lambda_3$ 为权重，满足

$$0 \leqslant \lambda_1,\lambda_2,\lambda_3 \leqslant 1, \quad \sum_{i=1}^{3}\lambda_i = 1$$

7.3　潜艇外形多学科设计优化实例

例 7-3　选取的计算模型为美国 DARPA 潜艇模型 SUBOFF，这里，仅考虑裸艇，不考虑附件。生成的潜艇（裸艇）数学船型如图 7-2 所示。

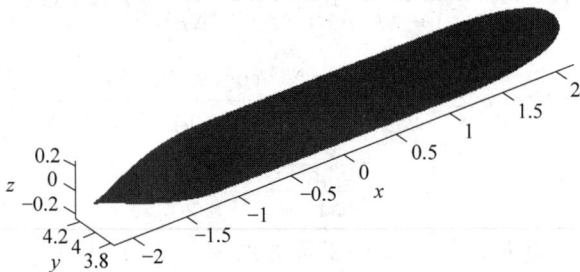

图 7-2　潜艇（裸艇）的数学船型

这里为多学科设计优化的便利，采用两参数的数学船型来描述。

潜艇船型曲线为

$$y_i(x,z) = \pm\sqrt{R_i^2(x) - z^2}, \quad i=1,2,3$$

在 xOy 平面上，潜艇进流段船型曲线为

$$y = R\left[1 - \left(\frac{x+L_1-L/2}{L_1}\right)^2\right]^{\alpha_1}, \quad \frac{L}{2}-L_1 \leqslant x \leqslant \frac{L}{2}$$

潜艇去流段船型曲线为

$$y = R\left[1 - \left(\frac{L_3-L/2-x}{L_3}\right)^2\right]^{\alpha_3}, \quad -\frac{L}{2} \leqslant x \leqslant -\frac{L}{2}+L_3$$

在上述潜艇的数学船型表示下，潜艇的排水体积可以表示为

$$\nabla = \pi R^2 \left\{ \int_{-L/2}^{-L/2+L_3}\left[1 - \left(\frac{L_3-L/2-x}{L_3}\right)^2\right]^{2\alpha_3}\mathrm{d}x + \int_{-L/2+L_3}^{L/2-L_1}\mathrm{d}x + \right.$$

$$\left. \int_{L/2-L_1}^{L/2}\left[1 - \left(\frac{x-L/2+L_1}{L_1}\right)^2\right]^{2\alpha_1}\mathrm{d}x \right\}$$

潜艇的浮心纵坐标可以表示为

$$x_c = \pi R^2 \left\{ \int_{-L/2}^{-L/2+L_3} \left[1 - \left(\frac{L_3 - L/2 - x}{L_3} \right)^2 \right]^{2\alpha_3} x \, dx + \int_{-L/2+L_3}^{L/2-L_1} x \, dx + \right.$$

$$\left. \int_{L/2-L_1}^{L/2} \left[1 - \left(\frac{x - L/2 + L_1}{L_1} \right)^2 \right]^{2\alpha_1} x \, dx \right\}$$

在数学船型中,由于潜艇型线采用函数形式表示,可以用解析方法计算潜艇表面积:

$$S = 2\pi R \left\{ \int_{-L/2}^{-L/2+L_3} \left[1 - \left(\frac{L_3 - L/2 - x}{L_3} \right)^2 \right]^{\alpha_3} dx + \int_{-L/2+L_3}^{L/2-L_1} dx + \right.$$

$$\left. \int_{L/2-L_1}^{L/2} \left[1 - \left(\frac{x - L/2 + L_1}{L_1} \right)^2 \right]^{\alpha_1} dx \right\}$$

潜艇设计时,艇型设计是阻力最小、艏部噪声最小、包络体积最大的多目标优化问题。多目标优化问题的数学模型可以描述为

$$\min f(x) = \lambda_1 f_1(x) + \lambda_2 f_2(x) - \lambda_3 f_3(x)$$

$$g_i(x) \leqslant 0, \quad i = 1, 2, \cdots, n$$

$$h_j(x) = 0, \quad j = 1, 2, \cdots, m$$

$$a_k \leqslant x_k \leqslant b_k, \quad k = 1, 2, \cdots, K$$

f_1, f_2, f_3 分别为潜艇阻力、转捩区噪声功率和排水体积,$\lambda_1, \lambda_2, \lambda_3$ 为权重,满足

$$0 \leqslant \lambda_1, \lambda_2, \lambda_3 \leqslant 1, \quad \sum_{i=1}^{3} \lambda_i = 1。$$

这里取 $\lambda_1 = 0.5, \lambda_2 = 0.3, \lambda_3 = 0.2$。其中,等式约束 $h_j(x) = 0$ 取为设计中要求的浮心纵向相对坐标满足的设计值。变量约束的上、下限由设计要求决定。

设计变量取为 4 个,分别为进流段长度与总长度的比值 x_1,去流段长度与总长度的比值 x_2,进流段外形状因子 x_3,去流段外形状因子 x_4。流噪声的二次响应面模型为

$$\text{voice} = \beta_0 + \beta_1 x_1 + \beta_2 x_3 + \beta_3 x_1^2 + \beta_4 x_3^2 + \beta_5 x_1 x_3。$$

其中

$$\beta_0 = 66.4626, \quad \beta_1 = -82.4412, \quad \beta_2 = -26.6860,$$

$$\beta_3 = 17.3660, \quad \beta_4 = -27.7350, \quad \beta_5 = 44.0050。$$

多目标优化的初值取为:$x_1 = 0.2296, x_2 = 0.2525, x_3 = 0.4000, x_4 = 1.3000$,初始排水体积 $0.70880(\text{m}^3)$,初始表面积 $6.07169(\text{m}^2)$,初始阻力系数 0.00036,初始粘滞阻力 $0.1180(\text{N})$,初始转捩区噪声功率 $102.19351(\text{db}(\text{A}))$。

优化结果为:$x_1 = 0.30, x_2 = 0.24, x_3 = 0.10, x_4 = 0.50$,优化后的排水体积 $0.74997(\text{m}^3)$,表面积 $6.33830(\text{m}^2)$,阻力系数 0.00034,粘滞阻力 $0.1164(\text{N})$,转

掫区噪声功率 94.56880(db(A))。

优化计算的结果表明,容积增大 5.81%,表面积增大 4.39%,阻力系数减小 5.556%,转掫区噪声减小 7.46%,阻力减小 1.36%。优化结果与经验一致,对改进设计提供了参考。

结语

潜艇的设计越来越多地采用现代的科学技术。这里以水滴型潜艇外形设计为例,利用了回转型潜艇外形的数学船型,研究了多学科设计优化。其中,考虑了改善潜艇自身工作环境的转掫区噪声问题,并采取二次响应面方法进行近似。在数学船型基础上研究潜艇外形的多学科设计优化,大大简化了计算的复杂性。这里提供的多种技术的综合应用方法,能够为改善工程设计提供有益的支持。

第8章 ▶▶▶

基于型线几何特征的数学船型

本章和第 10 章分别用两种方法讨论水面船舶的数学船型。第一种方法是依据船体型线几何特征的水面船舶数学船型,第二种方法是利用流线型函数得到船体型线。

8.1 船体的描述

船舶构造是由船壳、船体、骨架、甲板、船舱和上层建筑所组成。船壳又称船壳板,船的外壳,它包括船侧板和船底板。船体的几何形状是由船壳板的形状决定的。船体承受的纵向弯曲力、水压力、波浪冲击力等各种外力首先作用在船壳板上。

船体骨架是由龙骨、旁龙骨、肋骨、龙筋、舭龙骨、船艏柱和船艉柱构成,它们共同组成了船舶骨架,如图 8-1 所示。

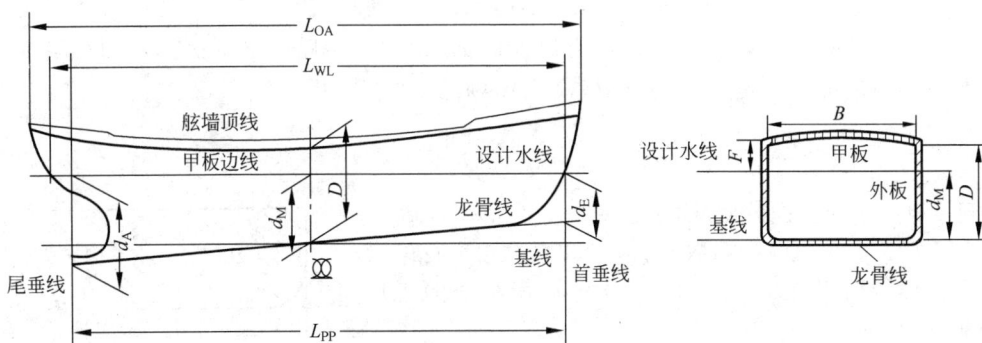

图 8-1　水面船舶的基本结构

其中,龙骨是在船体的基底中央连接船艏柱和船艉柱的一个纵向构件。它主要承受船体的纵向弯曲力矩。旁龙骨是在龙骨两侧的纵向构件,它承受部分纵向弯曲力矩,并且提高船体承受外力的强度。肋骨是船体内的横向构件,它承受横向水压力,保持船体的几何形状。龙筋是船体两侧的纵向构件,它和肋骨一起形成网状结构,以便固定船侧板,并能增大船体的结构强度。有些船体还装有舭龙骨,它是装在船侧和船底交界的一种纵向构件。它能减弱船舶在波浪中航行时的摇摆现象。船艏柱和船艉柱分别安装在船体的艏端和艉部,下部与龙骨连接,它们能增强船体承受波浪冲击力和水压力,还能承受纵向碰撞和螺旋桨工作时的震动。

甲板位于内底板以上的平面结构,用于封盖船内空间,并将其水平分隔成层。甲板是船梁上的钢板,将船体分隔成上、中、下层。甲板对保证船体强度及不沉性有重要作用,而且提供了布置面积,用于布置各种舱室、安置武器装备和机械设备。

描述船舶的系数有两类,一类是主尺度,包括船长 L、型宽 B 和吃水 T,描述船舶的大小。还有一类是描述船体水下部分的面积或体积的肥瘦程度(或称丰满程度)的无因次系数(无因次(dimensionless)系数是由若干个量相乘、相除、乘方、开方等组合而成的一个综合体,且各量的因次刚好完全抵消,所以无因次量是没有单位的物理量)。

第一类系数中,船长 L,通常选用的船长有三种:总长 L_{OA}(包括上层建筑在内,船体型表面最前端和最后段之间的水平距离)、垂线间长 L_{PP}(或 L_{bP},艏垂线和艉垂线之间的水平距离)以及设计水线长 L_{WL}(设计水线在艏柱前缘和艉柱后缘之间的水平距离)。这里研究船舶水线以下部分的设计,如果没有特别说明,所说的船长 L 就是指设计水线长 L_{WL}。

型宽 B,是船体两侧型表面之间的垂直于中线面的水平距离,一般指中横剖面设计水线处的宽度。型深 D,在上甲板边线最低点处,自龙骨线上表面(基线)至上甲板边线的垂直距离。

第二类系数与面积或体积有关,反映船体的肥瘦程度。

(1) 中横剖面系数 C_M,也称为最大横剖面系数,指船中横剖面浸水面积 A_M 与其相对应的水线宽 B 和吃水 d(或 T)的乘积的比值,即

$$C_M = \frac{A_M}{BT}$$

C_M 表示中横剖面的肥瘦程度,如图 8-2 所示。

(2) 水线面面积系数 C_{WP},指和表面相平行的沿一水线面的面积 A_W 与船长 L,船宽 B 所构成的矩形面积之比,即

$$C_{WP} = \frac{A_W}{LB}$$

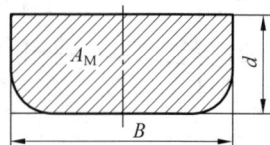

图 8-2 中横剖面系数
示意图

C_{WP} 表示水线面的肥瘦程度,如图 8-3 所示。

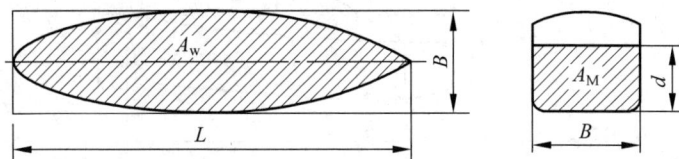

图 8-3 水线面面积系数示意图

(3) 方形系数 C_B,指船体水线以下的型排水体积 ∇ 和船长 L、船宽 B 和吃水 d(或 T)所构成的长方体的体积之比,即

$$C_B = \frac{\nabla}{LBT}$$

C_W 表示船体水下型排水体积的总体肥瘦程度,如图 8-4 所示。

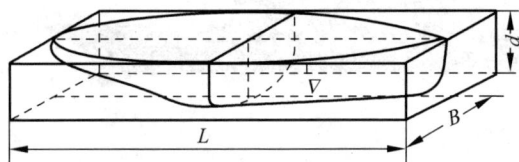

图 8-4 方形系数示意图

(4) 棱形系数 C_P,是船体水线以下的型排水体积 ∇ 和相应的中横剖面的面积 A_M、船长 L 所构成的柱体的体积之比,即

$$C_P = \frac{\nabla}{A_M L}$$

C_P 表示船体水下型排水体积沿船长方向的分布情况,如图 8-5 所示。

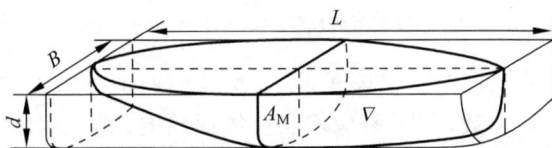

图 8-5 棱形系数示意图

(5) 垂向棱形系数 C_{VP},是水线以下的型排水体积 ∇ 和相应的水线面的面积 A_W、吃水 d(或 T)所构成的柱体的体积之比,即

$$C_{VP} = \frac{\nabla}{A_W T}$$

C_{VP} 表示船体水下型排水体积沿吃水方向的分布情况,如图 8-6 所示。

船舶设计中的重要部分是水线(图 8-7 侧视图中的深浅分界直线)以下部分,

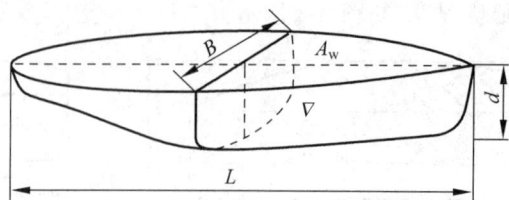

图 8-6　垂向棱形系数示意图

我们称之为船体。它没在水中，与船舶的阻力以及船舶的稳性关系很大。船体分为三段：进流段、舯段和去流段。如图 8-7 所示。

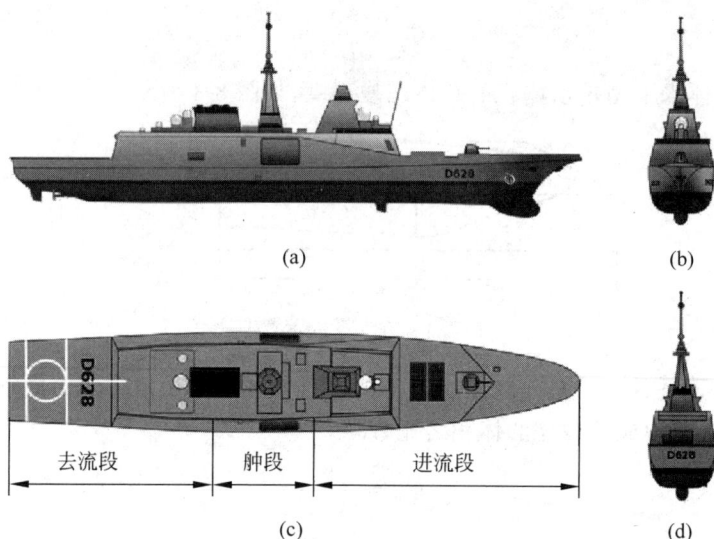

(a)

(b)

去流段　　舯段　　进流段

(c)

(d)

图 8-7　水面船舶三视图

（a）侧视图；（b）前视图；（c）俯视图；（d）后视图

　　船型包括船体主尺度与排水体积，以及型线图两部分。主尺度与排水体积是表征船舶大小的特征参数，型线图是表征船体形状的几何图形。两者描述的实船船体大小和形状，称为船型。当主尺度一定时，满足给定排水体积和总布置要求的船体形状有无数种，满足给定航速 V_s 要求的最小阻力船型是其中的一种。船型设计的目的之一就是寻求满足给定主尺度、排水体积和航速要求的最小阻力船型。

　　现有船型设计采用母型或者系列图谱，先确定型值，然后应用 CAD 技术对型值进行光顺。但是这样得到的船型不一定就是最小阻力船型。而且，利用型值进行光顺的技术，不易与计算流体力学相结合进行船型阻力优选。要克服这些缺点，必须要寻求一种能够利用计算机技术自动生成船舶型线的新的船舶设计方法。这只有对船舶型线进行数学建模，以得出利用数学函数表达船体形状的方法。

8.2 型线的几何特征分析与数学建模

型线图是二维平面曲线。用二维平面曲线表达三维曲面形状是型线自动生成方法的出发点。这里,首先要解决的问题是:如何根据船体型线的几何特征推导出描述设计船舶各型线的形状函数。另一个要解决的问题是:如何将描述型线的二维平面函数转化为表达设计船舶三维船体曲面的船体形状函数,即"数学船型"。

驱护舰是高速排水型水面船舶,兴波阻力占总阻力的比重大。L,B,T 分别为船长、船宽和吃水。为减小兴波阻力,船体设计成瘦长型,长宽比 L/B 大,宽吃水比 B/T 小,并且前体比后体瘦,浮心 C 位于舯后,是一种细长船。船体的横剖面曲线如图 8-8 所示,左右分别表示船体前视图中进流段至舯段和舯段至去流段的船体线型。

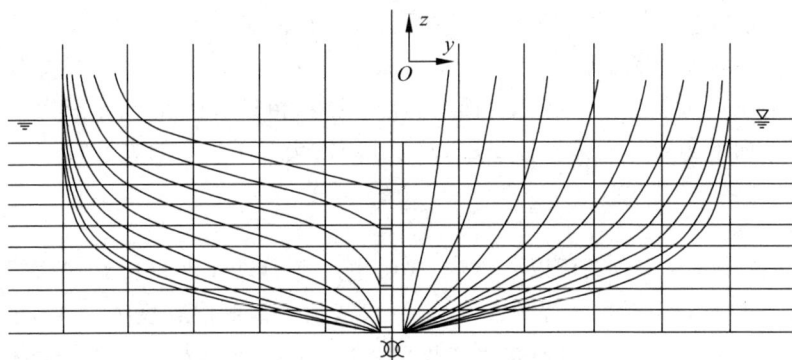

图 8-8 船舶的横剖面曲线

从图 8-8 可见,以位于舯后的最大横剖面为界,之前的进流段横剖面曲线呈抛物型曲线,之后的去流段横剖面曲线呈 S 型曲线,具有拐点。上述船型曲线特征与几何性质是建立船体型线数学模型的依据,而设计水线、平板龙骨半宽曲线、纵舯剖线以及横剖面面积曲线等特征轮廓线、浮心位置等是确定船体形状的定解条件。

1. 型曲线的建模原理

现有的寻求船体型线的船型设计方法需要型值。型值由母型船或者船型图谱提供,本质上是基于代数方法的解析几何法。这里研究采用微分几何分析法来构造设计船舶的型曲线和曲面。基本步骤是三部分:首先,根据船舶用途,提出船舶的原型设想,确定船舶的型曲线的几何性质,建立数学模型,确定定解条件。曲线的几何性质包括用一阶微分,即一阶导数,表达的斜率,以及利用二阶微分或导数描述的曲线的凸凹性,建立曲线函数的一阶和二阶微分方程模型。定解条件包括曲线应满足的初始条件和边界条件。其次,对微分方程模型求解,得出解函数,即积分曲线族。最后,应用定解条件确定表达设计船型曲线的形状函数或者型值函数,将二维横剖面型线转化为三维的船体曲面。

上述建模原理与过程,对水线、纵剖线、横剖线等都适用。实际上,只需要对横剖线建模。因为用函数 $y=y(x,z)$ 表达的船体曲面,可以得出任意型剖线。

2. 数学船型设计方法

"数学船型"设计分为三个部分。第一部分给出由选定的船型及其主尺度、系数(棱形系数、中横剖面系数、水线面面积系数等)和排水体积等。第二部分应用型曲线建模原理导出特征曲线函数(包括横剖面面积曲线和船型轮廓曲线函数),作为确定横剖线的定解条件。第三部分根据型曲线建模原理得出进流段和去流段的横剖面形状函数。

驱护舰的坐标系采用右手法则,取无因次(变量归一化处理,工程中常常这样处理)平面直角坐标系,原点 o 位于设计水平线中点,$o\xi$ 轴与设计水线面中线重合,向艏为正;$o\eta$ 轴位于设计水线面内,且与 $o\xi$ 轴相互垂直,指向左舷为正;$o\zeta$ 轴铅直向上,向上为正。实体坐标 x,y,z 与无因次坐标 ξ,η,ζ 的关系为

$$\xi=\frac{2x}{L},\quad \eta=\frac{2y}{B},\quad \zeta=\frac{z}{T} \tag{8-1}$$

船舶设计的基本参数可以归纳为:(1)主尺度为设计水线长 L,型宽 B,吃水 T;棱性系数 C_P,中横剖面系数 C_M,进流段长度 L_1,舯段长度 L_2(对于驱护舰,$L_2=0$)和去流段长度 L_3;(2)排水体积 ∇ 及重心 G 的纵坐标 x_G;(3)设计水线面面积系数 C_{WP},漂心 F 的纵坐标 x_F。

为描述方便起见,令 $\mu_1=\dfrac{L_1}{L},\mu_3=\dfrac{L_3}{L}$。

3. 去流段型曲线的建模

(1)型曲线的几何性质与定解条件

以去流段 $\xi=\dfrac{2x}{L}$ 处的横剖线为例,说明型曲线的建模原理。驱护舰去流段的横剖线如图 8-9 所示。

从图 8-9 可见,艉半部分横剖线是一条具有拐点 C 的 S 形曲线,但是不同剖面中拐点 C 的位置也不同。拐点 C 随坐标 ξ 而改变。船型曲线具有分段特点,位于船体表面上时横剖线为 S 形曲线,落在船体外时,横剖线是一条无拐点的平面曲线。

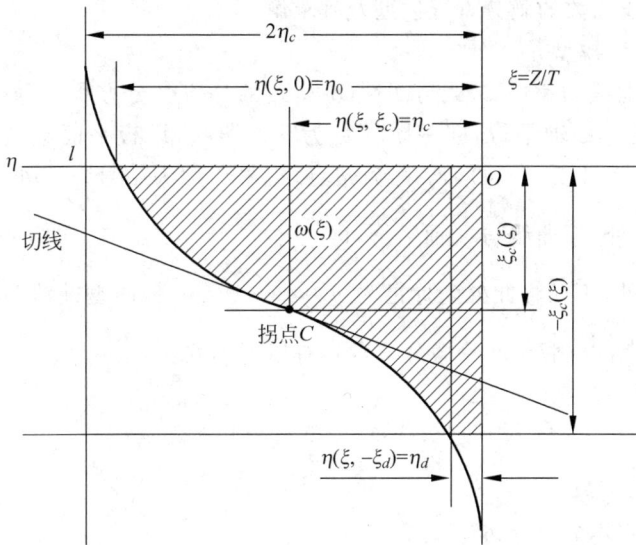

图 8-9　水面船舶设计中基本参数的含义

图 8-9 中的 η_c 为虚拟甲板边线半宽,η_0 为设计水线半宽,η_d 为底部平板龙骨半宽,ζ_d 为平板龙骨高度,(η_c,ζ_c) 为拐点 C 的坐标。$\omega(\xi)$ 为无因次横剖面面积(归一化后的面积),它等于横剖面面积 $A(x)$ 除以最大横剖面面积 $A_M = C_M BT$,其中 C_M 为中横剖面系数,即

$$\omega(\xi) = \frac{A(x)}{A_M} = \frac{A(x)}{C_M BT}。$$

① 横剖线的几何性质

设 ξ 剖面处的横剖线形状函数为 $y = y(x,z) = b\eta(\xi,\zeta)$,则在图 8-9 所示坐标系下,横剖线的斜率与凹性分别为

$$\eta_\zeta = \frac{\partial \eta}{\partial \zeta} \geqslant 0 \tag{8-2}$$

$$\eta_{\zeta\zeta} = \frac{\partial^2 \eta}{\partial \zeta^2} \begin{cases} > 0, & \zeta < \zeta_c \\ = 0, & \zeta = \zeta_c \\ < 0, & \zeta > \zeta_c \end{cases} \tag{8-3}$$

② 定解条件

边界条件

$$\eta(\xi,0) = \eta_0, \quad \eta(\xi,-\zeta_d) = \eta_d \tag{8-4}$$

横剖面面积约束条件

$$\omega(\xi) = \frac{1}{C_M} \int_{-\zeta_d}^0 \eta(\xi,\zeta)\,\mathrm{d}\zeta \tag{8-5}$$

（2）型曲线函数的微分方程模型及其求解

① 微分方程模型

考虑满足曲线斜率(8-2)式与凹性(8-3)式的一阶微分方程。分析在两个特殊的点处，型曲线与 z 轴平行，即一阶导数为零。第一，甲板平面上站点（将船长 L 离散化，取 $x_i(i=1,2,\cdots,n)$，x_i 称为站点，编号 i 称为站号）x_k 处的甲板边线半宽 $y(x_k)=y_k$ 处，型曲线与 z 轴平行，即 $\dfrac{\partial y}{\partial x}\Big|_{y=y_k}=0$；第二，在船的底部，在中轴线的另一侧某处，不妨将此处坐标记为 $y=y_s=-\Delta y$，此时型曲线与 z 轴平行，即 $\dfrac{\partial y}{\partial x}\Big|_{y=y_s}=0$。所以，假设一阶微分方程具有以下形式：

$$\frac{\partial y}{\partial z}=A(y_k-y)(y+\Delta y) \tag{8-6}$$

式中，A 为待定常数。

相应的二阶微分方程为

$$\frac{\partial^2 y}{\partial z^2}=A^2(y_k-y)(y+\Delta y)[(y_k+\Delta y)-2(y+\Delta y)] \tag{8-7}$$

因为，$y=\dfrac{B}{2}\eta$，$z=T\zeta$，$b=\dfrac{B}{2}$，所以相应的无因次一阶、二阶微分方程模型分别为

$$\frac{\partial \eta}{\partial \zeta}=AbT(\eta_k-\eta)(\eta+\Delta\eta) \tag{8-8}$$

$$\frac{\partial^2 \eta}{\partial \zeta^2}=A^2 b^2 T^2(\eta_K-\eta)(\eta+\Delta\eta)[(\eta_k+\Delta\eta)-2(\eta+\Delta\eta)] \tag{8-9}$$

因为 $\eta\leqslant\eta_k$，所以(8-2)式满足(8-8)式。又因为 $\eta_c+\Delta\eta=\dfrac{1}{2}(\eta_k+\Delta\eta)$，所以，当 $\eta>\eta_c$ 时，$\dfrac{\partial^2\eta}{\partial\zeta^2}<0$，$\zeta>\zeta_c$；当 $\eta=\eta_c$ 时，$\dfrac{\partial^2\eta}{\partial\zeta^2}=0$，$\zeta=\zeta_c$；当 $\eta<\eta_c$ 时，$\dfrac{\partial^2\eta}{\partial\zeta^2}>0$，$\zeta<\zeta_c$。这表明(8-9)式满足(8-3)式的凹性要求。这也表明，(8-6)式或(8-8)式的解函数 $y=b\eta(\xi,\zeta)$ 能够用来描述驱护舰去流段横剖面型曲线的几何特征。

② 一阶微分方程模型的解函数

仅考虑某横剖面上的型线，即固定 ξ，这时 η 仅仅是 ζ 的函数。对(8-8)式分离变量，两边取积分，得

$$\int\frac{\mathrm{d}\eta}{(\eta_k-\eta)(\eta+\Delta\eta)}=AbT\int\mathrm{d}\zeta=AbT\zeta+C \tag{8-10}$$

其中 C 为积分常数。将被积函数写成部分分式，有

$$\frac{A_1}{\eta_k-\eta}+\frac{B_1}{\eta+\Delta\eta}=\frac{A_1(\eta+\Delta\eta)+B_1(\eta_k-\eta)}{(\eta_k-\eta)(\eta+\Delta\eta)}$$

比较系数,得

$$A_1(\eta + \Delta\eta) + B_1(\eta_k - \eta) = 1$$

上式对任意 η 值都成立。取 $\eta = \eta_k$，$\eta = -\Delta\eta$ 代入，得

$$A_1 = B_1 = \frac{1}{\eta_k + \Delta\eta}$$

代入部分分式积分表达式得

$$\int \frac{\mathrm{d}\eta}{(\eta_k - \eta)(\eta + \Delta\eta)} = \frac{1}{\eta_k + \Delta\eta}\left(\int \frac{\mathrm{d}\eta}{\eta_k - \eta} + \int \frac{\mathrm{d}\eta}{\eta + \Delta\eta}\right) = \frac{1}{\eta_k + \Delta\eta}\ln\frac{\eta + \Delta\eta}{\eta_k - \eta} + D$$

$$(8\text{-}11)$$

其中 D 为积分常数。所以

$$AbT\zeta + C = \frac{1}{\eta_k + \Delta\eta}\ln\frac{\eta + \Delta\eta}{\eta_k - \eta}, \quad (AbT\zeta + C)(\eta_k + \Delta\eta) = \ln\frac{\eta + \Delta\eta}{\eta_k - \eta}$$

令

$$K = Ab(\eta_k + \Delta\eta), \quad E = \mathrm{e}^{C(\eta_k + \Delta\eta)}$$

则得

$$\frac{\eta + \Delta\eta}{\eta_k - \eta} = E\,\mathrm{e}^{KT\zeta} \tag{8-12}$$

应用拐点上的二阶偏导数 $\dfrac{\partial^2 \eta}{\partial \zeta^2}(\xi, \zeta_c) = 0$ 的特性,由(8-9)式得到

$$\frac{\partial^2 \eta}{\partial \zeta^2}\bigg|_{\zeta = \zeta_c} = A^2 b^2 T^2 (\eta_k - \eta_c)(\eta_c + \Delta\eta)[(\eta_k + \Delta\eta) - 2(\eta_c + \Delta\eta)] = 0$$

$$\eta_c + \Delta\eta = \frac{1}{2}(\eta_k + \Delta\eta),$$

整理,得

$$2\eta_c + 2\Delta\eta = \eta_k + \Delta\eta, \quad 2\eta_c + \Delta\eta = \eta_k,$$

所以

$$\eta_c + \Delta\eta = \eta_k - \eta_c$$

代入(8-12)式得

$$\frac{\eta_c + \Delta\eta}{\eta_k - \eta_c} = 1, \quad E = \mathrm{e}^{-KT\zeta_c}$$

故

$$\frac{\eta + \Delta\eta}{\eta_k - \eta} = \mathrm{e}^{-KT(\zeta_c - \zeta)}$$

整理得一阶微分方程的解为

$$\eta(\xi,\zeta) = \frac{\eta_k \mathrm{e}^{-KT(\zeta_c-\zeta)} - \Delta\eta}{1 + \mathrm{e}^{-KT(\zeta_c-\zeta)}} = \eta_k - (\eta_k + \Delta\eta)\frac{1}{1 + \mathrm{e}^{-KT(\zeta_c-\zeta)}} \tag{8-13}$$

解中含有 3 个未知参变量 K、ζ_c、$\Delta\eta$，需要寻找 3 个补充方程才能确定解曲线。

③ 设计参数对型线的影响及确定

在上述模型中，也可以选取图 8-9 中的 η_c、η_0 和 η_d 为设计参数，三参数是 x（或者在离散情况下，根据 x_i，取站数 i）的函数。其中 η_c 为虚拟甲板边线半宽，η_0 为设计水线半宽，η_d 为底部平板龙骨半宽。虚拟甲板边线半宽 η_c 由布局决定，设计水线半宽 η_0 由吃水决定，底部平板龙骨半宽 η_d 对船型的关系密切。图 8-10 是船舶底部图形。

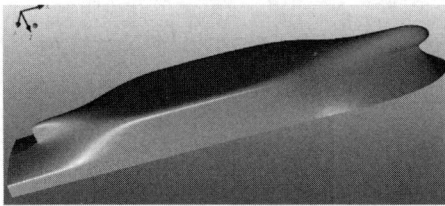

图 8-10　船舶底部图形

将图 8-10 与图 8-9 相比较，当底部平板龙骨半宽 η_d 大于零时，底部为平底；当底部平板龙骨半宽 η_d 等于零时，底部为 V 型。

（3）满足设计船舶要求的横剖线形状函数

由定解条件中的边值条件(8-4)式和横剖面面积约束条件(8-5)式，可得如下的一些方程。

① 设计水线半宽边值条件方程

由(8-4)式的第一式和(8-13)式得，在 $\zeta=0$ 的设计水线面上有

$$\eta_0 = \eta(\xi,0) = \eta_k - (\eta_k + \Delta\eta)\frac{1}{1 + \mathrm{e}^{-KT\zeta_c}} \tag{8-14}$$

② 平板龙骨半宽条件方程

由(8-4)式的第二式和(8-13)式得，在 $\zeta=-\zeta_d$ 的吃水线处有

$$\eta_d = \eta(\xi,-\zeta_d) = \eta_k - (\eta_k + \Delta\eta)\frac{1}{1 + \mathrm{e}^{-KT(\zeta_c-\zeta_d)}} \tag{8-15}$$

③ 横剖面面积约束条件方程

将(8-13)式代入(8-5)式，积分得

$$\omega(\xi) = \frac{1}{C_{\mathrm{M}}} \int_{-\zeta_d}^{0} \eta(\xi,\zeta)\,\mathrm{d}\zeta$$

$$C_{\mathrm{M}}\omega(\xi) = \int_{-\zeta_d}^{0}\left[\eta_k - (\eta_k + \Delta\eta)\frac{1}{1+\mathrm{e}^{-KT(\zeta_c - \zeta)}}\right]\mathrm{d}\zeta$$

$$= \frac{\eta_k + \Delta\eta}{KT}\ln\frac{1+\mathrm{e}^{-KT\zeta_c}}{1+\mathrm{e}^{-KT(\zeta_c - \zeta_d)}} - \Delta\eta\zeta_d \qquad (8\text{-}16)$$

式中，$\zeta_d > 0$。

由(8-14)式至(8-16)式 3 个条件方程构成联立方程组，只有 $\xi_c(\xi)$，$\Delta\eta(\xi)$，$K(\xi)$ 3 个未知量，方程组是封闭的。从 3 个联立方程中解出 $\xi_c(\xi)$，$\Delta\eta(\xi)$，$K(\xi)$，代入(8-13)式，则坐标 ξ 处横剖面型线曲线就被唯一确定。

由此，实际设计中，只需要对横剖面面积曲线 $\omega(\xi)$，设计水线 $\eta(\xi,0)$，平板龙骨半宽线 $\eta(\xi,-\zeta_d)$，纵中剖线 $\zeta(\xi,0)$ 和横剖线 $\eta(\xi,\zeta)$ 建立数学表达式，就可以获得一条完整的"数学船型"。

8.3　高速船舶的数学船型

用函数表示船体形状的船型设计属于设计理论，基本原理是应用切片理论将船体分成若干横截面片体，每一截面片体的横截面形状用二维平面函数表达，然后应用船型曲线建模原理得出横截面形状函数 $y = y(x_i,z)$，x_i 表示切片体坐标，i 表示切片号数(在绘制船体型线图时，i 也称为站号，$\Delta x_i = x_{i+1} - x_i$ 称为站距)。当 i 趋于无穷大时，离散函数 $y = y(x_i,z)$ 就趋于连续函数 $y = y(x,z)$。这样就将二维船型曲线函数 $y = y(x_i,z)$ 转化为三维船型曲面函数 $y = y(x,z)$。

由于切片体的船型曲线函数 $y = y(x_i,z) = b\eta(\xi_i,\zeta)$ 的性质(斜率和凹性)除了满足驱护舰横剖面的形状几何性质要求外，还保证了设计水线、平板龙骨边线、设计吃水边线等边值条件及横剖面面积要求，因此保证了设计船舶主尺度、系数与排水体积要求。

1. 所需已知条件

设计船型缩需要的条件包括：主尺度和系数

(1) 主尺度为设计水线长 L、型宽 B、吃水 T；系数为梭形系数 C_{P}、中横剖面系数 C_{M}；进流段长度 L_1、去流段长度 L_3。

(2) 排水体积 ∇ 及重心 G 的纵坐标 x_G。

(3) 设计水线面面积系数 C_{WP}，漂心 F 的纵坐标 x_F。

2. 特征曲线形状函数表达式

应用船型曲线建模原理可以导出各种曲线的函数表达式。下面给出具体函数表达式,以及定解条件。

(1) 横剖面面积曲线函数

进流段横剖面面积曲线函数

$$A_1(x) = A_M \omega_1(\xi) = A_M \cos\left(\frac{\xi + 2\mu_1 - 1}{2\mu_1} \frac{\pi}{2}\right) e^{-K_1^2\left(\frac{\xi + 2\mu_1 - 1}{2\mu_1}\right)^2} \tag{8-17}$$

去流段横剖面面积曲线函数

$$A_3(x) = A_M \omega_3(\xi) = A_M \cos\left(\frac{\xi - 2\mu_3 + 1}{2\mu_3} \frac{\pi}{2}\right) e^{-K_3^2\left(\frac{\xi - 2\mu_3 + 1}{2\mu_3}\right)^2} \tag{8-18}$$

式中,$\omega_1(\xi) = A_1(x)/A_M$,$\omega_3(\xi) = A_3(x)/A_M$,$A_M = C_M BT$ 为最大横截面面积。对于高速船(例如驱护舰),一般有 $L_2 = 0$,即只考虑进流段与去流段。

上式中,有 K_1,K_3 为两个待定常数,定解条件有排水体积条件和纵向浮心位置约束条件。① 排水体积条件:设已知排水体积为 $\nabla_0 = \dfrac{W}{r_W}$,其中 W 为船舶总重量,r_W 为海水比重。则排水体积条件为

$$\nabla_0 = \int_{-L/2}^{-\Delta L} A_3(x)\mathrm{d}x + \int_{-\Delta L}^{L/2} A_1(x)\mathrm{d}x$$

$$= \frac{1}{2} A_M L \left\{ \int_{-1}^{2\mu_3 - 1} \cos\left(\frac{\xi - 2\mu_3 + 1}{2\mu_3} \frac{\pi}{2}\right) e^{-K_3^2\left(\frac{\xi - 2\mu_3 + 1}{2\mu_3}\right)^2} \mathrm{d}\xi + \right.$$

$$\left. \int_{1 - 2\mu_1}^{1} \cos\left(\frac{\xi + 2\mu_1 - 1}{2\mu_1} \frac{\pi}{2}\right) e^{-K_1^2\left(\frac{\xi + 2\mu_1 - 1}{2\mu_1}\right)^2} \mathrm{d}\xi \right\} \tag{8-19}$$

式中,ΔL 为最大横剖面面积 A_M 到船舯的距离。因为是高速船,A_M 位于船舯之后,所以积分限取 $-\Delta L$。又因为 $\dfrac{\Delta L}{L} = \dfrac{L_1 - L/2}{L} = \mu_1 - \dfrac{1}{2} = \dfrac{1}{2}(2\mu_1 - 1)$,故 $\dfrac{2\Delta L}{L} = 2\mu_1 - 1 = 1 - 2\mu_3$。

② 纵向浮心位置约束条件

船舶处于正浮状态时,重心 G 的纵坐标 x_G 等于浮心 C 的纵坐标 x_C。所以,浮心纵向位置约束条件为

$$x_{G0} = \frac{1}{\nabla_0} \int_{-L/2}^{-\Delta L} A_3(x) x \mathrm{d}x + \int_{-\Delta L}^{L/2} A_1(x) x \mathrm{d}x$$

$$= \frac{A_M L^2}{4 \nabla_0^2} \left\{ \int_{-1}^{2\mu_3 - 1} \cos\left(\frac{\xi - 2\mu_3 + 1}{2\mu_3} \frac{\pi}{2}\right) e^{-K_3^2\left(\frac{\xi - 2\mu_3 + 1}{2\mu_3}\right)^2} \xi \mathrm{d}\xi + \right.$$

$$\left. \int_{1 - 2\mu_1}^{1} \cos\left(\frac{\xi + 2\mu_1 - 1}{2\mu_1} \frac{\pi}{2}\right) e^{-K_1^2\left(\frac{\xi + 2\mu_1 - 1}{2\mu_1}\right)^2} \xi \mathrm{d}\xi \right\} \tag{8-20}$$

将(8-19)式和(8-20)式联立,求解出 K_1,K_3,代入(8-17)式和(8-18)式,即可确定横剖面面积曲线函数。

横剖面面积曲线有两种表达。

① 第一种表达

$$\eta(\xi,\zeta) = \frac{\eta_k e^{-KT(\zeta_c-\zeta)} - \Delta\eta}{1 + e^{-KT(\zeta_c-\zeta)}} = \eta_k - (\eta_k + \Delta\eta)\frac{1}{1 + e^{-KT(\zeta_c-\zeta)}}$$

解中含有 3 个未知参变量 K,ζ_c,$\Delta\eta$,需要寻找 3 个补充方程才能确定解曲线。所以,面积函数为

$$A_1(\xi) = \int_{\zeta_0}^0 \left[\eta_k - (\eta_k + \Delta\eta)\frac{1}{1 + e^{-KT(\zeta_c-\zeta)}}\right] d\zeta$$

② 第二种表达

根据设计,参考母型船数据,有横剖面面积数据,如表 8-1 所示。

表 8-1 横剖面面积数据

ξ	-1.0	-0.9	-0.8	-0.7	-0.6	-0.5	-0.4	-0.3	-0.2	-0.1	
$\omega(\xi)$	0	0.1200	0.2577	0.4061	0.5563	0.6984	0.8221	0.9182	0.9791	1.0000	
ξ	0	0.1	0.2	0.3	0.4	0.5	0.6	0.7	0.8	0.9	1.0
$\omega(\xi)$	0.9862	0.9456	0.8802	0.7935	0.6898	0.5742	0.4520	0.3288	0.2096	0.0988	0

根据横剖面面积数据可绘制横剖面,如图 8-11 所示。

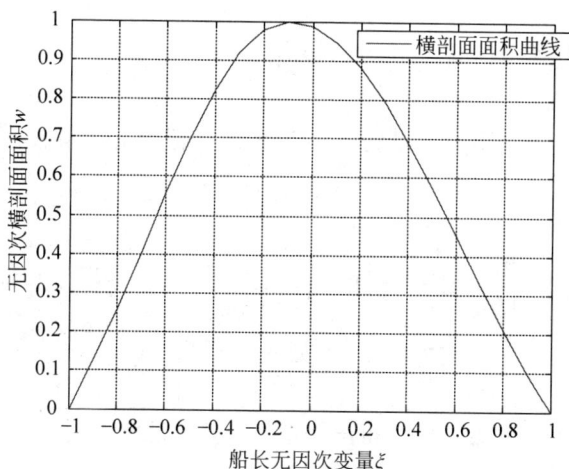

图 8-11 横剖面面积曲线

横剖面面积中有 K_1，K_3 两个待定常量，需要由定解条件确定。

（2）船型轮廓线函数

船型轮廓线函数包括设计水线、平板龙骨半宽曲线、纵舯剖线以及甲板边线。由于使用要求不同，甲板边线的设置也将不同，没有一种固定模式。为了方便地根据需要改变设计的甲板边线，采用虚拟甲板边线来表示。改变甲板边线并不影响水线以下的船体形状，即不影响设计船舶的阻力性能。

① 设计水线形状函数

根据型曲线建模原理，高速船设计水线函数表达式为

进流段：

$$y_{01} = y_1(x,0) = b\eta_1(\xi,0) = b\left[1-\left(\frac{\xi+2\mu_1-1}{2\mu_1}\right)^{2.1}\right]^{\alpha_1} \tag{8-21}$$

去流段

$$y_{03} = y_3(x,0) = b\eta_3(\xi,0) = b\left[1-\left(\frac{\xi-2\mu_3+1}{2\mu_3}\right)^{2.35}\right]^{\alpha_3} \tag{8-22}$$

上式中，α_1，α_3 为待定常数，由定解条件确定。

设根据布置和稳性要求的设计水线面面积为 A_{W0}，则设计水线面面积约束条件为

$$\begin{aligned}
A_{W0} &= 2\left[\int_{-L/2}^{-\Delta L} y_3(x,0)\mathrm{d}x + \int_{-\Delta L}^{L/2} y_1(x,0)\mathrm{d}x\right] \\
&= \frac{1}{2}BL\left\{\int_{-1}^{2\mu_3-1}\left[1-\left(\frac{\xi-2\mu_3+1}{2\mu_3}\right)^{2.35}\right]^{\alpha_3}\mathrm{d}\xi +\right. \\
&\quad \left.\int_{1-2\mu_1}^{1}\left[1-\left(\frac{\xi+2\mu_1-1}{2\mu_1}\right)^{2.1}\right]^{\alpha_1}\mathrm{d}\xi\right\}
\end{aligned} \tag{8-23}$$

这里，$A_{W0} = C_W BL$。

根据初稳性要求和阻力要求的漂心 F 的纵坐标为 x_F，则漂心位置约束条件为

$$\begin{aligned}
x_F &= \frac{2}{A_W}\left[\int_{-L/2}^{-\Delta L} y_3(x,0)x\mathrm{d}x + \int_{-\Delta L}^{L/2} y_1(x,0)x\mathrm{d}x\right] \\
&= \frac{BL^2}{4A_W}\left\{\int_{-1}^{2\mu_3-1}\left[1-\left(\frac{\xi-2\mu_3+1}{2\mu_3}\right)^{2.35}\right]^{\alpha_3}\xi\mathrm{d}\xi +\right. \\
&\quad \left.\int_{1-2\mu_1}^{1}\left[1-\left(\frac{\xi+2\mu_1-1}{2\mu_1}\right)^{2.1}\right]^{\alpha_1}\xi\mathrm{d}\xi\right\}
\end{aligned} \tag{8-24}$$

求解超越方程组后，根据 α_1，α_3 可得出任意坐标处的设计水线半宽：$y_0 = y(x,0) = b\eta(\xi,0)$ 供计算横剖线用。

② 平板龙骨半宽边线形状函数

平板龙骨边线 $y_d = y(x,z_d)$ 是一条空间曲线，但是平板龙骨最大宽度 B_d 与

型宽 B 之比 $\dfrac{B_d}{B}$ 为小量,为简化设计,取

$$y_d = b\eta(\xi, -\zeta_d) = \frac{B_d}{2} \tag{8-25}$$

实际上,靠近船艏端部分的两站有 $y_d < \dfrac{B_d}{2}$,除此之外,其余各站都有 $y_d = \dfrac{B_d}{2}$。

③ 纵中剖面轮廓线函数

高速船舶的纵中剖线虽然形状各不相同,但是大部分都由四段曲线所组成,如图 8-12 所示。

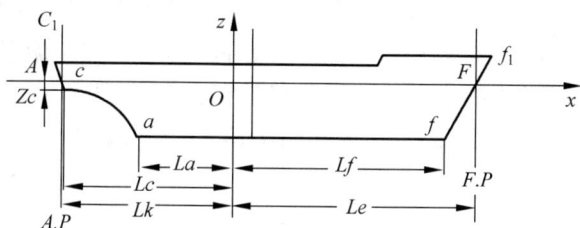

图 8-12　纵中剖面轮廓线示意图

这四段曲线分别为:艏柱斜直线 $f_1 f$,艉柱斜直线 $c_1 c$,艉端底部抛物曲线 ca,平底线和甲板中线 af。无论是曲线还是直线,只要根据设计要求确定出等节点坐标,就可以应用型曲线建模原理得到各段弧线或直线的函数表达式。

对于只注重设计水线以下的船体形状来说,甲板中线不必建立函数模型。下面是如图 8-12 所示的纵中剖线形状函数:

$$z_d(x,0) = T\zeta_d(\xi,0) = T\begin{cases} \dfrac{1+\xi}{1+\xi_c}\xi_c, & -1 \leqslant \xi \leqslant \xi_c \\ -\exp\left[\dfrac{\xi-\xi_a}{\xi_c-\xi_a}\ln(-\xi_c)\right], & \xi_c < \xi < \xi_a \\ -1, & \xi_a \leqslant \xi \leqslant \xi_f \\ \dfrac{1-\xi}{\xi_f-1}, & \xi_f < \xi \leqslant 1 \end{cases} \tag{8-26}$$

ξ_c,ξ_a,ξ_f 是图 8-12 中 c,a,f 三点的无因次(归一化处理)坐标。

④ 虚拟甲板边线形状函数

虚拟甲板边线形状函数 $y_k = y(x,z_k)$ 可由设计水线形状函数得出,表达式分为进流段和去流段。由于考虑的是甲板边线,z_k 固定,因此边线形状仅仅是 x 的函数,即 $y_k = y(x)$。

① 进流段

$$y_{k1} = b\eta_{k1}(\xi) = b\left[1 - \left(\frac{\xi - 2\mu_1 + 1}{2\mu_1\beta_1}\right)^{2.1}\right]^{\alpha_1} \tag{8-27}$$

② 去流段

$$y_{k3} = b\eta_{k3}(\xi) = b\left[1 - \left(-\frac{\xi + 2\mu_3 - 1}{2\mu_3\beta_3}\right)^{2.35}\right]^{\alpha_3} \tag{8-28}$$

式中的 α_1, α_3 已经由设计水线定解条件确定。确定虚拟甲板边线形状函数的定解条件有两个：

甲板半宽主要取决于甲板面上总布置的要求，由虚拟甲板边线形状函数的表达可以看出，在 $\xi = 2\mu_1 - 1$ 的最大剖面上，甲板半宽等于型宽 b，但是艏艉两端的甲板半宽 $y_k = y(x, z_k)$ 将大于设计水线半宽 $y_0(x, 0)$。如果艏半部 $\xi = 0.8$ 和艉半部 $\xi = -0.8$ 站处的甲板半宽能满足总布置要求，则一般情况下能满足所需的甲板面积要求。所以，取艏半部 $\xi = 0.8$ 和艉半部 $\xi = -0.8$ 站处的甲板半宽作为约束条件来确定 β_1, β_3。这样定解条件为

$$y_{k1}(0.8, z_k) = b\left[1 - \left(\frac{1.8 - 2\mu_1}{2\mu_1\beta_1}\right)^{2.1}\right]^{\alpha_1} \tag{8-29}$$

$$y_{k3}(-0.8, z_k) = b\left[1 - \left(-\frac{2\mu_3 - 1.8}{2\mu_3\beta_3}\right)^{2.35}\right]^{\alpha_3} \tag{8-30}$$

由(8-29)式和(8-30)式确定 β_1, β_3 后，即可确定虚拟甲板边线形状函数(8-27)式和(8-28)式。实际上，也可以根据所需要的甲板面积 A_K 与形心纵坐标 x_K 作为约束条件，确定 β_1, β_3。

3. 横剖面形状函数

(1) 形状函数表达式

应用型曲线建模原理，高速船的横剖面形状函数表达式：

对于进流段

$$y_1(x, z) = b\eta_1(\xi, \zeta) = b\left\{\eta_d(\xi) + [\eta_{k1}(\xi) - \eta_d(\xi)]\left[1 - \left(\frac{\Delta\zeta(\xi) - \zeta}{\zeta_d(\xi) + \Delta\zeta(\xi)}\right)^{\alpha(\xi)}\right]\right\},$$

$$2\mu_1 - 1 \leqslant \xi \leqslant 1 \tag{8-31}$$

对于去流段

$$y_3(x, z) = b\eta_3(\xi, \zeta)$$

$$= b\left\{\eta_{k3}(\xi) - [\eta_{k3}(\xi) + \Delta\eta(\xi)]\frac{1}{1 + e^{-K(\xi)T[\zeta_c(\xi) - \zeta]}}\right\}, \quad -1 \leqslant \xi \leqslant 2\mu_1 - 1 \tag{8-32}$$

(8-31)式中有两个参变量 $\alpha(\xi), \Delta\zeta(\xi)$ 随坐标 ξ 变化，(8-32)式中有三个参变量

$K(\xi),\zeta_c(\xi),\Delta\eta(\xi)$ 随坐标 ξ 变化。这 5 个参变量描述了 5 条特定的空间曲线。这 5 个函数与前面导出的特征曲线,即横截面面积曲线 $\omega(\xi)$、设计水线 $\eta_0=\eta(\xi,0)$、平板龙骨边线 $\eta_d=\eta(\xi,-\zeta_d)$、虚拟甲板边线 $\eta_k=\eta(\xi,\zeta_k)$ 以及吃水 T 密切相关。因此,在确定 $K(\xi),\zeta_c(\xi),\Delta\eta(\xi),\alpha(\xi),\Delta\zeta(\xi)$ 时,可以用这 5 个特征参变量作为定解条件。

(2) 定解条件

首先,讨论确定去流段参变量的函数方程。

① 关于 $K(\xi)$ 的方程

将 $\omega(\xi),\eta(\xi,0),\eta(\xi,\zeta_d),\zeta_d(\xi),\eta(\xi,\zeta_k)$ 分别简写为 $\omega,\eta_0,\eta_d,\zeta_d,\eta_k$,则

$$A(\xi)K(\xi)e^{-K(\xi)T\zeta_d} + B(\xi)e^{-K(\xi)T\zeta_d} + C(\xi)K(\xi) + D(\xi) = 0, \quad (8\text{-}33)$$

其中,$A(\xi),B(\xi),C(\xi),D(\xi)$ 为系数,由下式给出:

$$A(\xi) = (\eta_k - \eta_d)(\eta_0\zeta_d - C_M\omega)T \quad (8\text{-}34)$$

$$B(\xi) = (\eta_k - \eta_0)(\eta_k - \eta_d)\ln\frac{\eta_k - \eta_d}{\eta_k - \eta_0} \quad (8\text{-}35)$$

$$C(\xi) = (\eta_k - \eta_0)(C_M\omega - \eta_d\zeta_d)T \quad (8\text{-}36)$$

$$D(\xi) = -B(\xi) \quad (8\text{-}37)$$

② 关于 ζ_c 的方程

$$\zeta_c(\xi) = -\frac{1}{K(\xi)T}\ln\frac{\eta_0 - \eta_d}{(\eta_k - \eta_0) - (\eta_k - \eta_d)e^{-K(\xi)T\zeta_d}} \quad (8\text{-}38)$$

③ 关于的 $\Delta\eta$ 的方程

$$\Delta\eta(\xi) = (\eta_k - \eta_0)e^{-K(\xi)T\zeta_c(\xi)} - \eta_0 \quad (8\text{-}39)$$

采用迭代法或作图法由(8-33)式求出 $K(\xi)$ 值,代入(8-38)式计算出 $\zeta_c(\xi)$。将求得的 $K(\xi)$ 和 $\zeta_c(\xi)$ 代入(8-39)式计算 $\Delta\eta(\xi)$,则去流段的船体形状便被确定。并且,由(8-31)式可以确定去流段任意坐标点 (ξ,ζ) 的型值 $y_3(x,z)=b\eta_3(\xi,\zeta)$。

其次,讨论确定进流段参变量的函数方程。

① 关于 $\alpha(\xi)$ 的方程

$$[1+\alpha(\xi)] - \frac{\left[(\eta_k - \eta_0)^{\frac{1+\alpha(\xi)}{\alpha(\xi)}} - (\eta_k - \eta_d)^{\frac{1+\alpha(\xi)}{\alpha(\xi)}}\right]\zeta_d}{(C_M\omega - \eta_k\zeta_d)\left[(\eta_k - \eta_d)^{\frac{1}{\alpha(\xi)}} - (\eta_k - \eta_0)^{\frac{1}{\alpha(\xi)}}\right]} = 0 \quad (8\text{-}40)$$

② 关于 $\Delta\zeta(\xi)$ 的方程

$$\Delta\zeta(\xi) = \frac{(\eta_k - \eta_0)^{\frac{1}{\alpha(\xi)}}\zeta_d}{(\eta_k - \eta_d)^{\frac{1}{\alpha(\xi)}} - (\eta_k - \eta_0)^{\frac{1}{\alpha(\xi)}}} \quad (8\text{-}41)$$

采用迭代法求出 $\alpha(\xi)$ 值后代入(8-41)式,计算 $\Delta\zeta(\xi)$ 值,由此就可以确定进流段的

船体形状。并且,由(8-32)式可以确定进流段任意坐标(ξ,ζ)的型值 $y_1(x,z)=b\eta_1(\xi,\zeta)$。

根据去流段和进流段的形状函数(8-31)式和(8-32)式,就可以确定船型。

4. 数学船型的特点

用函数(8-31)式和(8-32)式表达的数学船型具有如下优点:

(1) 只需要给出由设计任务书规定的船型参数与航速,就可以用函数表达式给出船型,而不需要事先给出型值。借助计算机即可绘制出任意站距下的型线图、立体网格图以及任意视角下的立体图。

(2) 得到的数学船型不仅能严格满足主尺度、排水体积等几何参数要求,而且能满足初稳性、快速性等物理性能要求,比现有的船型设计方法中需要等到型线图出来后才能进行稳性等校核更具有优越性。

(3) 无须人工干预修改型值来改变船型,只需输入不同的船型参数就能利用计算机获得新的船型,大量节省了改型设计的工作量。

(4) 将数学船型与船舶计算流体力学相结合建立数值水池,可以得到水动力性能最优的高速船型。

(5) 可以将结构设计等融入船型设计中,建立一体化的数学船型设计系统。

(6) 可为船舶的多学科设计优化提供理论依据和方法。

由于船体形状复杂,要想得出使用的数学船型,特别是像平头涡艉那样复杂的三维数学船型,在数学建模上确实有相当大的难度。但是,在概念设计阶段,数学船型可以满足基本要求。

8.4   高速水面船舶的数学线型设计实例

对某型号的高速水面船舶进行验证。设计船舶的船型参数如表 8-2 所示。

表 8-2   船型参数

参数名称	设计水线长 L/m	型宽 B/m	吃水 T/m	去流段长 L_3/m	进流段长 L_1/m	排水体积 ∇/m^3
数值	96.000	9.400	2.944	43.200	52.800	1385.503

参数名称	梭形系数 C_P	中横剖面系数 C_M	水线面面积系数 C_W	浮心纵向相对坐标 $x_\mathrm{C}/\%L$	漂心纵向相对坐标 $x_\mathrm{F}/\%L$	平板骨相对半宽 $b_a/\%b$
数值	0.586	0.785	0.745	-1.5	-6.379	3.75

1. 特征曲线函数表达式

应用定解条件(8-19)式与(8-20)式,解得:$K_1^2 = 0.468$,$K_2^2 = 0.442$,$\mu_1 = L_1/L =$
0.45,$\mu_3 = L_3/L = 0.55$,代入(8-17)式和(8-18)式得到设计船舶的剖面面积函数为

$$A(x) = A_M \omega(\xi) = \begin{cases} C_M BT \cos\left(\dfrac{\xi + 0.1}{0.9} \cdot \dfrac{\pi}{2}\right) e^{-0.468\left(\frac{\xi + 0.1}{0.9}\right)^2}, & -1 \leqslant \xi < -0.1 \\[3mm] C_M BT \cos\left(\dfrac{\xi + 0.1}{1.1} \cdot \dfrac{\pi}{2}\right) e^{-0.442\left(\frac{\xi + 0.1}{1.1}\right)^2}, & -0.1 \leqslant \xi \leqslant 1 \end{cases}$$

$$(8\text{-}42)$$

根据(8-42)式计算出的 $\omega(\xi)$ 值如表 8-1 所示。图形如图 8-11 所示。

检验计算结果。

(1) 排水体积:由表 8-1 得

$$\nabla = \int_{-L/2}^{L/2} A(x) \mathrm{d}x = \frac{1}{2} L C_M BT \left(\sum_i \omega_i \times 0.1\right) = 1351.7104 (\mathrm{m}^3)$$

$$\Delta = 1.025 \nabla = 1385.5 (\mathrm{t})$$

(2) 浮心纵向相对坐标,由表 8-1 得

$$\xi_C = \frac{x_C}{L} = \frac{1}{2} \cdot \frac{\displaystyle\sum_i \omega_i \xi_i}{\displaystyle\sum_i \omega_i} = -0.015 = -1.5\%$$

$$x_C = -1.5\% L$$

检验结果表明,横剖面面积函数式满足给定的排水体积 $\Delta = 1385.5(\mathrm{t})$ 和浮心纵向相对坐标 $x_C = -1.5\% L$ 的要求。

2. 特征轮廓线函数

(1) 设计水线形状函数

由表 8-2 数据 $C_M = 0.745$,$L = 96\mathrm{m}$,$B = 10.4\mathrm{m}$,得到设计水线面面积为

$$A_W = C_W LB = 0.745 \times 96 \times 10.4 = 743.808 (\mathrm{m}^2)$$

漂心 F 坐标:

$$x_F = -6.379\% L = -0.6124 (\mathrm{m})$$

连同 $L = 96\mathrm{m}$,$B = 10.4\mathrm{m}$,$\mu_1 = 0.45$,$\mu_3 = 0.55$,解得

$$\alpha_1 = 0.206, \quad \alpha_3 = 1.25$$

得到设计水线形状函数为

$$y_0 = y(x, 0) = b\eta(\xi, 0) = \begin{cases} b\left[1 - \left(\dfrac{-\xi + 0.1}{0.9}\right)^{2.35}\right]^{0.206}, & -1 \leqslant \xi < -0.1 \\[3mm] b\left[1 - \left(\dfrac{\xi + 0.1}{1.1}\right)^{2.1}\right]^{1.25}, & -0.1 \leqslant \xi \leqslant 1 \end{cases}$$

$$(8\text{-}43)$$

将上式计算出的 $\eta_0 = \eta(\xi, 0)$ 型值列于表 8-3 中,图形如图 8-13 所示。

表 8-3　设计水线型值表

ξ	−1.0	−0.9	−0.8	−0.7	−0.6	−0.5	−0.4	−0.3	−0.2	−0.1	
$\eta(\xi, 0)$	0	0.7464	0.8468	0.9045	0.9421	0.9674	0.9839	0.9939	0.9988	1.00	
ξ	0	0.1	0.2	0.3	0.4	0.5	0.6	0.7	0.8	0.9	1.0
$\eta(\xi, 0)$	0.9919	0.9653	0.9190	0.8529	0.7673	0.6632	0.5423	0.4335	0.2633	0.1184	0

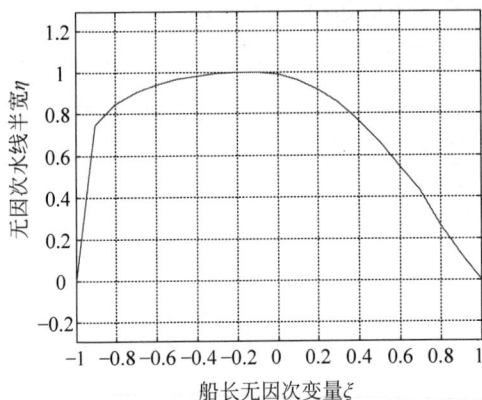

(a) 无因次水线半宽η随船长无因次变量ξ的变化曲线

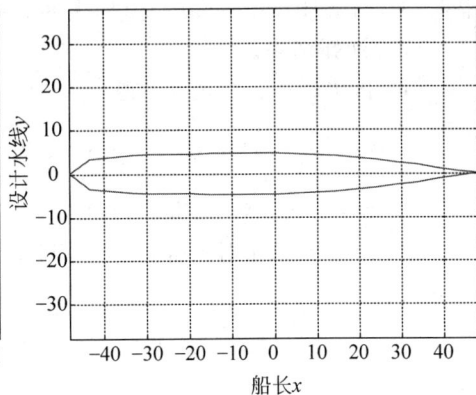

(b) 设计水线面

图 8-13　水线面的半宽变化及全局图

利用表 8-3,用辛普森积分公式计算得到水线面面积:

$$A_W = 743.8529 \, (\text{m}^2)$$

由此得到水线面面积系数为

$$C_W = \frac{A_W}{LB} = 0.745$$

求得漂心坐标为

$$x_F = -6.378\% L$$

均满足表 8-2 的给定值要求,表明设计水线函数式是正确的。

(2) 平板龙骨半宽

由表 8-2,平板龙骨半宽为

$$y_d = y(x, -z_d) = b\eta_d = 0.0375b = 0.39 \, (\text{m}) \tag{8-44}$$

(3) 纵中剖面轮廓线函数

取 $\xi_C = -0.99, \zeta_C = -0.2, \xi_a = -0.67, \xi_f = 0.9667$,得到纵中剖面轮廓线函数为

$$z_d(x,0) = T\zeta_d(\xi,0) = T\begin{cases} -2(1+\xi), & -1 \leqslant \xi \leqslant -0.99 \\ -\exp\left(\dfrac{-\xi+0.67}{0.32}\ln 0.2\right), & -0.99 < \xi \leqslant -0.67 \\ -1, & -0.67 < \xi \leqslant 0.9667 \\ -30(1-\xi), & 0.9667 < \xi \leqslant 1 \end{cases}$$

$$(8\text{-}45)$$

（4）虚拟甲板边线半宽函数

取 $y_{k3} = y_k(-0.8) = 3.5896(\text{m})$，$y_{k1} = y_k(0.8) = 1.9854(\text{m})$，得到 $\beta_1 = 1.08$，$\beta_3 = 1.1$，虚拟甲板边线半宽函数为

$$y_k = y_k(x, z_k) = b\eta_k(\xi) = 5.2\begin{cases} \left[1-\left(\dfrac{-\xi+0.1}{0.972}\right)^{2.35}\right]^{0.206}, & -1 \leqslant \xi \leqslant -0.1 \\ \left[1-\left(\dfrac{\xi+0.1}{1.21}\right)^{2.1}\right]^{1.25}, & -0.1 < \xi \leqslant 1 \end{cases}$$

$$(8\text{-}46)$$

图形如图 8-14 所示。

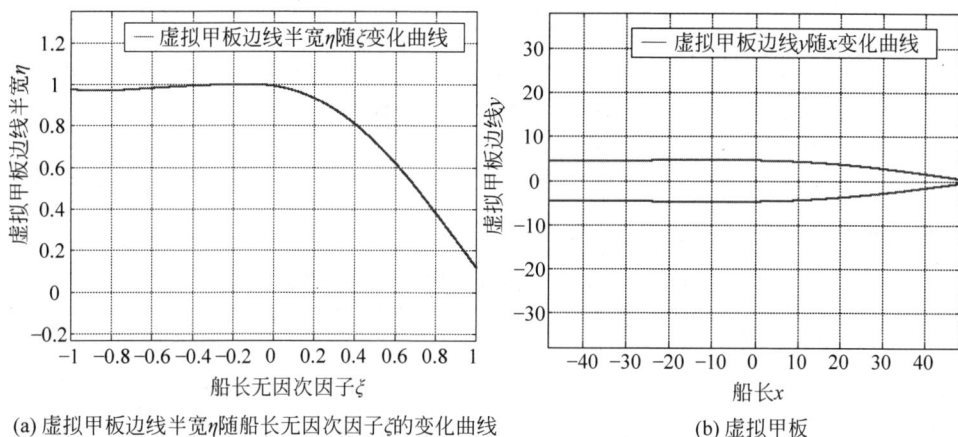

(a) 虚拟甲板边线半宽η随船长无因次因子ξ的变化曲线

(b) 虚拟甲板

图 8-14　虚拟甲板的半宽变化及全局图

8.5　船体形状函数及型线自动生成方法

1. 横剖面形状函数计算

为了清楚求解横剖面型曲线过程，以 $\xi = -0.4$ 的去流段和 $\xi = 0.5$ 的进流段两个剖面为例，说明构建横剖面型曲线的具体方法。

（1）去流段 $\xi=-0.4$ 处的横剖面形状函数

第一步　由(8-42)式至(8-46)式分别计算出 $\xi=-0.4$ 的初始值 $\omega(-0.4)$ 及边界条件值,计算结果为

$$\omega(-0.4)=0.8221, \eta_0=\eta(-0.4,0)=0.9839, \eta_d=\eta(-0.4,-\zeta_d)=0.0375$$

$$\eta_k=\eta(-0.4,\zeta_k)=0.9867, \xi_d=-\zeta(-0.4,0)=1$$

第二步　由(8-34)式至(8-37)式计算(8-33)式的系数,计算结果为

$$A(-0.4)=0.94606,\quad B(-0.4)=-0.015484,\quad C(-0.4)=0.005011,$$

$$D(-0.4)=-B(-0.4)=-0.015484$$

第三步　由(8-33)式得 $\xi=-0.4$ 时 $K(-0.4)$ 满足的方程:

$$0.94606K(-0.4)e^{-2.944K(-0.4)}+0.015484e^{-2.944K(-0.4)}+0.005011K(-0.4)-0.015484=0$$

解得

$$K(-0.4)=3.0089$$

第四步　将 $K(-0.4)$ 代入(8-38)式,得

$$\zeta_C(-0.4)=-0.6629$$

第五步　将 $K(-0.4)=3.0089, \zeta_C(-0.4)=-0.6629$ 代入(8-39)式,得

$$\Delta\eta(-0.4)=0.01008\approx0.0101$$

第六步　将 $K(-0.4)=3.0089, \zeta_C(-0.4)=-0.6629, \Delta\eta(-0.4)=0.0101$ 代入(8-31)式,得到 $\xi=-0.4$ 处的横剖面形状函数为

$$y(-19.2,\zeta)=5.2\left[0.9867-0.9968\cdot\frac{1}{1+e^{8.8582(0.6629+\zeta)}}\right] \tag{8-47}$$

得到的横剖面型曲线数值如表 8-4 所示。

表 8-4　$\xi=-0.4$ 的横剖面型曲线数值表

ζ	0	−0.1	−0.2	−0.3	−0.4	−0.5	−0.6	−0.7	−0.8	−0.9	−1.0
$\eta(-0.4,\zeta)$	0.9853	0.9799	0.9705	0.9482	0.8982	0.7692	0.6237	0.4071	0.2181	0.0986	0.0378
$y(-19.2,z)$	5.1163	5.0955	5.0466	4.9306	4.6706	4.1402	3.2432	2.1169	1.1341	0.5127	0.1965

$\xi=-0.4$ 的横剖面型曲线如图 8-15 所示。

（2）对于去流段 $\xi=-0.4$ 处横剖面型曲线计算结果的检验与分析

第一步　由图 8-14 可以看出, $\xi=-0.4$ 的横剖面型曲线是一条具有拐点的 S 形曲线,形状满足高速船去流段横剖线的型线特征。

第二步　满足吃水 $\zeta=0$ 和 $\zeta=-\zeta_d$ 的上半宽边值条件,即在该剖面上满足: $\eta_0=\eta(-0.4,0)=0.9839$ 和 $\eta_d=\eta(-0.4,-\zeta_d)\approx0.0375$ 的要求。其中, η_0 没有误差, η_d 的误差为

$$E_d=\frac{0.0378-0.0375}{0.0375}\times100\%=0.8\%$$

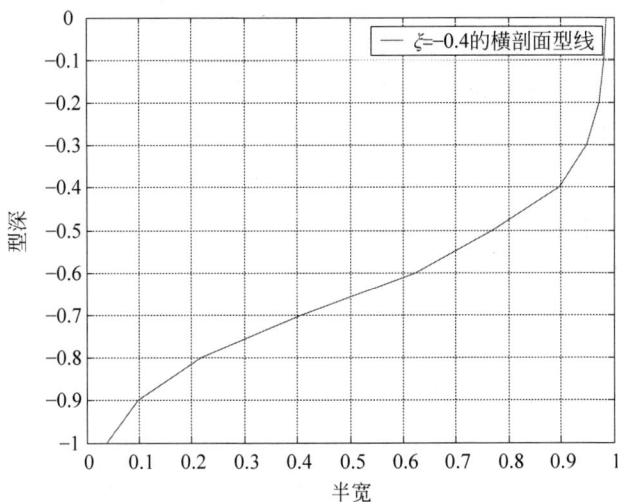

图 8-15 $\xi=-0.4$ 的横剖面型曲线

误差很小。这误差是计算时只取小数点后 4 位引起的计算误差。

第三步 满足给定的横剖面面积的要求

对(8-47)式的横剖面形状函数沿 z 积分,横剖面面积 $A(-19.2)$ 为

$$A(-0.2L)=2\int_{-T}^{0}y(-0.2L,z)\mathrm{d}z=BT\int_{-1}^{0}\eta(-0.4,\zeta)\mathrm{d}\zeta$$

$$=10.4\times2.944\left\{0.9867\int_{-1}^{0}\mathrm{d}\zeta-0.9968\int_{-1}^{0}\frac{1}{1+154.994\mathrm{e}^{8.8582\zeta}}\mathrm{d}\zeta\right\}$$

$$=30.6167\left\{0.9867\zeta-0.9968\left[\zeta-\frac{1}{8.8582}\ln(1+354.994\mathrm{e}^{8.8582\zeta})\right]\right\}$$

$$=19.758(\mathrm{m}^2)$$

无因次面积为

$$\omega(-0.4)=\frac{A(-0.2L)}{A_{\mathrm{M}}}=\frac{19.758}{C_{\mathrm{M}}BT}=0.8821$$

与表 8-1 中给定的 $\omega(-0.4)=0.8821$ 一致。由表 8-3 按照辛普生公式积分求出的 $\omega(-0.4)=0.8218$ 的误差为

$$E_A=\frac{0.8218-0.8221}{0.8221}\times100\%=-0.0365\%$$

这一误差很小,是由于辛普生积分方法引起的计算误差。

通过以上验证,能够保证横剖面面积没有误差,说明该方法得出的"数学船型"能够严格满足给定的排水体积要求以及浮心纵向位置要求;能保证设计水线半宽值不变,说明能保证设计水线面面积大小和水线面漂心位置的要求,从而可以做到

所设定的初稳型要求。

（3）进流段 $\xi=0.5$ 处的横剖面形状函数

第一步 由(8-42)式至(8-46)式计算边界条件值及横剖面面积 $\omega(0.5)$：

$$\omega(0.5)=0.5742, \quad \eta_0=\eta(0.5,0)=0.6632, \quad \eta_d=\eta(0.5,-\zeta_d)=0.0375,$$

$$\eta_k=\eta(0.5,\zeta_k)=0.7222, \quad \zeta_d=-\zeta(0.5,0)=1$$

第二步 将计算出的上述参数代入(8-40)式的 $\alpha(\xi)$ 方程求 $\alpha(0.5)$ 的值。$\alpha(0.5)$ 的方程为

$$1+\alpha(0.5)-\frac{[0.059\mathrm{e}^{\frac{1+\alpha(0.5)}{\alpha(0.5)}}-0.6847^{\frac{1+\alpha(0.5)}{\alpha(0.5)}}]}{-0.271453[0.6847^{\frac{1}{\alpha(0.5)}}-0.059^{\frac{1}{\alpha(0.5)}}]}=0 \tag{8-48}$$

迭代,解得 $\xi=0.5$ 时的 $\alpha(0.5)=7.273$。

第三步 由(8-41)式的 $\Delta\zeta(\xi)$ 方程计算 $\Delta\zeta(0.5)$ 的值：

$$\Delta\zeta(0.5)=\frac{0.059^{\frac{1}{7.273}}}{0.6847^{\frac{1}{7.273}}-0.059^{\frac{1}{7.273}}}=2.4949 \tag{8-49}$$

将计算出的 $\alpha(0.5)=7.273$ 和 $\Delta\zeta(0.5)=2.4949$ 代入(8-32)式,得横剖面形状函数：

$$y(24,z)=b\eta(0.5,\zeta)=5.2\left\{0.0375+0.6847\left[1-\left(\frac{2.4949-\zeta}{3.4949}\right)^{7.273}\right]\right\} \tag{8-50}$$

计算出的 $\xi=0.5$ 的横剖面型曲线数值如表 8-5 所示。

表 8-5 $\xi=0.5$ 的横剖面型曲线数值表

ζ	0	−0.1	−0.2	−0.3	−0.4	−0.5	−0.6	−0.7	−0.8	−0.9	−1.0
$\eta(0.5,\zeta)$	0.6632	0.6437	0.6188	0.5875	0.5482	0.4994	0.4393	0.3657	0.2762	0.1678	0.0375
$y(24,z)$	3.4486	3.3472	3.2178	3.055	2.8506	2.5969	2.2844	1.9016	1.4362	0.8726	0.1950

$\xi=0.5$ 的横剖面型曲线如图 8-16 所示。

（4）对于进流段 $\xi=0.5$ 处横剖面型曲线计算结果的检验与分析

第一步 由图 8-16 可以看出,$\xi=0.5$ 处的横剖面型曲线的形状是一条无拐点的下凹曲线,满足高速船进流段横剖线的型线特征性质。

第二步 满足吃水 $\zeta=0$ 和 $\zeta=-\zeta_d$ 上给定的半宽边值条件,即在该剖面上满足 $\eta_0=\eta(0.5,0)=0.6632$ 和 $\eta_d(0.5,-1)=0.0375$ 的型值要求,且没有计算误差。

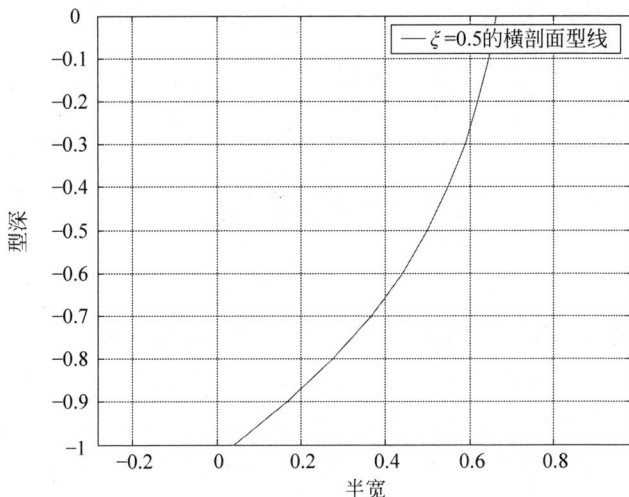

图 8-16 $\xi=0.5$ 的横剖面型曲线图形

第三步 满足给定的横剖面面积要求。

对 (8-47) 式的横剖面形状函数沿 z 方向积分, $\xi=0.5$ 处的横剖面面积为

$$A(0.25L) = 2\int_{-T}^{0} y(0.25L, z)\mathrm{d}z = BT\int_{-1}^{0}\eta(0.5, \zeta)\mathrm{d}\zeta$$

$$= 30.6176\int_{-1}^{0}\left\{0.0375 + 0.6847\left[1 - \left(\frac{2.4949 - \zeta}{3.4949}\right)^{7.273}\right]\right\}\mathrm{d}\zeta$$

$$= 13.8007(\mathrm{m}^2)$$

无因次面积为

$$\omega(0.5) = \frac{A(0.25L)}{C_{\mathrm{M}}BT} = \frac{13.8007}{24.0348} = 0.5742$$

与表 8-2 中的给定值相同。

上述计算结果表明,高速船"数学船型"设计方法能够进行实船设计,所得出的船型能够严格满足给定的主尺度系数和排水体积要求,满足初稳性条件。该方法与计算流体力学方法相结合能够得出最佳阻力船型。

2. 船体形状函数

将 $b=5.2(\mathrm{m})$, $\eta_d(\xi)=0.0375$ 代入,得到设计船的形状函数:

$$y = f(x, z) = b\eta(\xi, \zeta)$$

$$= 5.2\begin{cases}\eta_k(\xi) - \dfrac{\eta_k(\xi) + \Delta\eta(\xi)}{1 + \exp[-2.944K(\xi)(\zeta_c(\xi) - \zeta)]}, & -1 \leqslant \xi \leqslant 2\mu_1 - 1 \\[4mm] 0.0375 + (\eta_k(\xi) - 0.0375)\left[1 - \left(\dfrac{\Delta\zeta(\xi) - \zeta}{\zeta_d(\xi) + \Delta\zeta(\xi)}\right)^{\alpha(\xi)}\right], & \begin{aligned}&1 - 2\mu_2 \leqslant \xi \leqslant 1, \\ &-\zeta_d(\xi) \leqslant \zeta \leqslant 0\end{aligned}\end{cases}$$

$$(8\text{-}51)$$

$$z = g(x, y) = T\zeta(\xi, \eta)$$

$$= \begin{cases} 2.944\zeta_C(\xi) + \dfrac{1}{K(\xi)}\ln\dfrac{\eta + \Delta\eta(\xi)}{\eta_k(\xi) - \eta}, & -1 \leqslant \xi \leqslant 2\mu_1 - 1 \\[3mm] & 1 - 2\mu_2 \leqslant \xi \leqslant 1 \\[1mm] 2.944\left\{\Delta\zeta(\xi) - [\Delta\zeta(\xi) + \zeta_d(\xi)]\left(\dfrac{\eta_k(\xi) - \eta}{\eta_k(\xi) - \eta_d}\right)^{\frac{1}{a(\xi)}}\right\}, & \eta_d \leqslant \eta \leqslant \eta(\xi, 0) \\[1mm] & \eta_d = 0.0375 \end{cases}$$

$$\text{(8-52)}$$

上两式都表达设计船的船体形状函数。所不同的是(8-51)式表达的是以 ξ, ζ 为自变量的船体半宽型值函数,而(8-52)式表达的是以 ξ, η 为自变量的船体吃水型值函数。当固定 ξ 坐标时,两式描述的是同一条横剖线。(8-51)式用来计算横剖线和任意 $z = T\zeta$ 下的半宽水线,(8-52)式用来计算任意 $y = b\eta$ 下的纵剖线。

3. 型线自动生成方法

实际上,只要能做到用函数表达实船形状,就能借助 CAD 技术,无须人工干预型值而自动得到设计船舶的型值表、型线图和任意视向的立体图,这就是数学船型的优点。

型线自动生成需要对给出的横剖面面积函数、设计水线、平板龙骨半宽线、纵中剖线及虚拟甲板边线等 5 个函数、横剖面形状函数等数学模型进行编程计算和绘制型线图。事实上,这与数理方程的过程一脉相承。如果将(8-51)式和(8-52)式看做泛函方程,将特征曲线函数及已知的初始条件作为定解条件来解定解问题,所得结果就是“数字船型”。将“数字”按船型剖线规律排序所图示的曲线图就是我们需要的型线图。具体生成过程如下。

第一步　对船体按设计水线长 L 进行分站。设总站数为 $2N+1$,则站距就为 $\Delta L = \dfrac{L}{2N}$。两边同除以 $\dfrac{L}{2}$,得无因次站距为 $\Delta l = \dfrac{1}{N}$。在定义的船舯坐标下,各站的无因次纵坐标 ξ 用下式表示:

$$\xi_i = (i - N)\Delta l = \frac{i - N}{N}, \quad i = 0, 1, 2, \cdots, 2N \tag{8-53}$$

这里的 i 为从艉端 0 站号数起的站号。

第二步　将 ξ_i 的值($i = 0, 1, 2, \cdots, 2N$)代入(8-42)式至(8-46)式,逐一算出 $\omega(\xi_i), \eta_0(\xi_i, 0), \eta_d(\xi_i, 0), \eta_k(\xi_i)$ 及 $\zeta_d = -\zeta_d(\xi_i, 0)$ 的数据集。

第三步　由(8-34)式至(8-37)式计算(8-33)式的系数 $A(\xi_i), B(\xi_i), C(\xi_i),$ $D(\xi_i)$,代入(8-33)式,确定 $K(\xi_i)$,并按照(8-38)式和(8-39)式确定 $\zeta_c(\xi_i),$ $\Delta\eta(\xi_i)$。则去流段的船体型值函数为

$$y = f(x_i, z) = b\eta(\xi_i, \zeta)$$

$$= b\left\{\eta_k(\xi_i) - \frac{\eta_k(\xi_i) + \Delta\eta(\xi_i)}{1 + \exp\left[-K(\xi_i)T(\zeta_c(\xi_i) - \zeta)\right]}\right\}, \quad -1 \leqslant \xi_i \leqslant 2\mu_1 - 1$$

$$(8\text{-}54)$$

将求出的数据代入(8-40)式的 $\alpha(\xi)$ 方程,求出 $\alpha(\xi_i)$;根据(8-41)式的 $\Delta\zeta(\xi)$ 方程,求出 $\Delta\zeta(\xi_i)$,则进流段的船体型值函数由(8-55)式确定:

$$y = f(x, z) = b\eta(\xi, \zeta)$$

$$= b\left[\left(\eta_k(\xi) - 0.0375\right)\left(1 - \left(\frac{\Delta\zeta(\xi) - \zeta}{\zeta_d(\xi) + \Delta\zeta(\xi)}\right)^{\alpha(\xi)}\right)\right], \quad 1 - 2\mu_2 \leqslant \xi_i \leqslant 1$$

$$(8\text{-}55)$$

$$y = f(x, z) = b\eta(\xi, \zeta)$$

$$= b\left[\left(\eta_k(\xi) - 0.0375\right)\left(1 - \left(\frac{\Delta\zeta(\xi) - \zeta}{\zeta_d(\xi) + \Delta\zeta(\xi)}\right)^{\alpha(\xi)}\right)\right], \quad 1 - 2\mu_2 \leqslant \xi_i \leqslant 1$$

第四步 将(8-52)式沿站号 i 离散得

$$z = g(x_i, y) = T\zeta(\xi_i, \eta)$$

$$= T\begin{cases} \zeta_C(\xi_i) + \dfrac{1}{K(\xi_i)T}\ln\dfrac{\eta + \Delta\eta(\xi_i)}{\eta_k(\xi_i) - \eta}, & -1 \leqslant \xi_i \leqslant 2\mu_1 - 1 \\[3mm] \Delta\zeta(\xi_i) - (\Delta\zeta(\xi_i) + \zeta_d(\xi_i))\left(\dfrac{\eta_k(\xi_i) - \eta}{\eta_k(\xi_i) - \eta_d(\xi_i)}\right)^{\frac{1}{\alpha(\xi_i)}}, & \begin{matrix}1 - 2\mu_2 \leqslant \xi_i \leqslant 1 \\ \eta_d \leqslant \eta \leqslant \eta(\xi_i, 0)\end{matrix} \end{cases}$$

$$(8\text{-}56)$$

第五步 编程与绘图,根据(8-54)式和(8-55)式计算得到设计船的船体表面型值与型线图:

(1) 固定 ξ_i 变化 ζ 便得到第 i 个站号的连续型值 $y = f(x_i, z) = b\eta(\xi_i, \zeta)$,由型值 $y = b\eta(\xi_i, \zeta)$ 可得出各站的横剖线。

(2) 固定 ζ_k(下标 $k = 0, 1, 2, \cdots, 2J$ 为水线号,共有 $2J + 1$ 条水线)变化 ξ_i ($i = 0, 1, \cdots, 2N$)便得到第 k 条水线的型值 $y = f(x_i, z_k) = b\eta(\xi_i, \zeta_k)$。

第六步 重复上述步骤,可得出各个水线号上的半宽水线型值及型线。

对(8-56)式,固定 η_j ($j = 0, 1, 2, \cdots, 2M$ 为纵剖线号,半宽范围内共有 $2M + 1$ 条纵剖线)变化 ξ_i 可得出第 j 号纵剖面上的纵剖线型值 $z = T\zeta(\xi_i, \eta_j)$ ($i = 0, 1, \cdots, 2N$) $z = g(x_i, y_j)$。将 j 从 0 到 $2M$ 做重复计算,可得到各纵剖线型值及纵剖线。横剖线图、半宽水线图及纵剖线图合起来,就得设计船的型线图,如图 8-17 和图 8-8 所示。

生成的船型如图 8-18 所示。

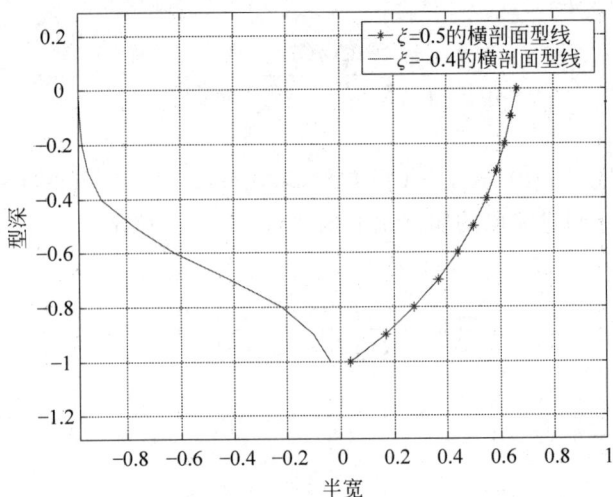

图 8-17　进流段与去流段的型线

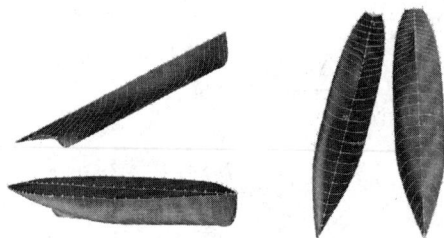

图 8-18　"数学模型"生成的船型

　　这种由船型函数利用计算机进行数值计算与绘图技术自动生成型值与型线图的设计方法,称为"数学船型"设计法。实际上,由函数式表达的"数学船型"并不需要生成型线图,因为它可直接得出任意一条横剖线、水线和纵剖线以及立体图形,比现有用型线表达的图形更直观,也更灵活和方便。由算例得出的"数学船型"横剖线图为带网格的立体视图。

　　这种应用微分方程表达船体型线几何特性的型曲线建模原理,以及利用该原理构建的高速船舶"数学船型"的船型设计方法,无须型值,只要改变船型参数,就可以得出保持排水体积不变而其他参数不同的新的船型,有利于在概念设计阶段,在船型论证(包括主尺度选择和船型分析)时,就能考虑进行船型优选。该方法与计算流体力学结合构建"数值水池"能够对船型进行数值试验,获得最佳船型。

第 9 章 ▶▶▶

Wigley 数学船型

　　船舶性能包括浮性、稳性、抗沉性、快速性、耐波性、操纵性等。快速性是其中的重要性能之一。快速性的优劣,对民用船舶来说将在一定程度上影响船舶的使用性和经济性,对军用舰艇而言,快速性与提高舰艇的战斗力和生命力密切相关。因此,几乎每一艘船舶,在设计初始阶段就给定明确的快速性指标。当船舶建成后,测定是否达到原快速性设计指标是交船试航的一个重要内容。

　　船舶快速性包含船舶阻力和船舶推进两方面。研究船舶航行中的阻力问题对改善船舶快速性具有重大作用。经过多年的发展,关于船舶阻力研究的手段和方法越来越多,内容越来越深入,准确性越来越高,其对船舶设计和建造的贡献也是越来越突出。合理的船型设计可以显著地减小阻力,提高航速,节约成本。

9.1　船舶阻力理论

　　船舶阻力是影响船舶快速性的重要内容之一。阻力性能良好的船舶可以提高运输效率,节约能源,也直接关系到船舶的经济性能。船舶阻力性能评估是船型优化的重要依据,阻力的预报方法也一直是船舶工程界永恒的研究主题之一,因此船舶阻力计算和预报研究同时具有重要的学术意义和工程实用价值。

1. 船舶阻力分类

　　船在静止水中作稳定运动所受到的阻力 R_t 可分为摩擦阻力 R_f 和以兴波阻力(由于物体在自由液面运动而产生波浪所引起的阻力)为主要成分的剩余阻力 R_r 两个独立分量,前者是雷诺数(Reynolds number)R_e 的函数,后者是傅汝德数(Froude Number)F_r 的函数。阻力分类方法取决于使用的目的和所根据的近似假定的不同而不同。对阻力进行分类的主要目的有两个:①将船模试验值换算到实船上以预估船舶阻力；②弄清各阻力成分与船型特征量的相关关系，以便改进船型。前者基本上采用量纲分析法划分阻力，而后者多采用向量分析法或物理现象分析法划分阻力。

（1）按量纲分析法划分阻力

傅汝德法奠定了船舶试验科学的基础。傅汝德根据直觉、试验和推理得出划分船舶阻力的假说，虽然没有引入雷诺数 R_e、傅汝德数 F_r 以及无量纲的概念，但他的阻力分类假说基本上符合量纲分析原则，假设中忽略了两种阻力成分之间的干扰。傅汝德将两种不同性质的阻力，即兴波阻力 R_W（与 F_r 有关）和一部分黏性阻力（即所谓的涡旋阻力）合并为剩余阻力按同一比例法则换算。

（2）按向量分析法划分阻力

船在平静水中运动时会受到水的阻力。这种水阻力可由湿表面单元面积上的水作用力 p 对船的整个湿表面积积分求出。单元面积上的水作用力 p 可以分解为沿船体表面切线方向的分量 p_r 和法线方向的分量 p_n。假定船体保持水平，则 p_r 在运动方向上的分量为 $p_r \cos(r,x)$，将它对整个湿表面积积分就得到"表面摩擦阻力"。同样，将 p_n 在运动方向上的分量 $p_n \cos(n,x)$ 对湿表面积积分可得"压阻力"，两者相加就得到船的"总阻力"。

压阻力不同于傅汝德的所谓剩余阻力，船体在具有自由面的水中航行时所受到的压阻力包括两个部分：黏性压阻力和兴波阻力。

黏性压阻力又分为诱导阻力和形状阻力。诱导阻力是由沿流向的涡迹所产生的。对于飞机和利用水动升力的特殊船如水翼艇来说，诱导阻力的存在是不可避免的。对于一般的排水船来说，在理论上不会产生漩涡，因而不存在诱导阻力。但在实际上，如果船艏部的圆角过小，就会在进流段上产生漩涡，对于方形系数较大的肥大船型，这个问题更为严重。形状阻力分为附面层排水阻力和分离阻力。附面层排水阻力是船在黏性流体中运动时船体表面由于黏性作用而形成一层附面层。分离阻力是由于船艉部附面层分离而产生压力降所形成的阻力。

兴波阻力是消耗于产生重力波能量的一种压阻力分量。对高速水面排水型船舶来说是一种主要的阻力成分。在对肥大船型的研究中发现了一种碎波阻力 R_{WB}，它是兴波阻力的一部分。所谓碎波阻力是由于船艏处波浪破碎产生湍流而形成的一种阻力。这里主要研究中、高速船舶的兴波阻力问题。

（3）按现象分析法划分阻力

所谓按现象分析分析法划分阻力就是根据波的形成及黏性伴流发展这两种物理现象来区分阻力。船体总阻力分类如表 9-1～表 9-3 所示。

表 9-1　总阻力按作用力方向分类

总阻力			
切应力：表面摩擦力	正应力：压阻力		
		黏性压阻力	兴波阻力
		形状阻力 | 诱导阻力	

表 9-2　总阻力按流体种类分类

船舶阻力		
空气阻力	水阻力	
	静水阻力	汹涌阻力
	裸船阻力 | 附体阻力	

表 9-3　总阻力按流动现象和产生原因分类

总阻力		
摩擦阻力	压阻力	
	黏压阻力	兴波阻力
黏性阻力		

2. 船舶阻力研究方法

目前,关于船舶阻力的研究方法有三种：理论方法、试验方法和数值模拟。

（1）理论方法

理论方法是根据观察实际现象,进行力学抽象,从而利用流体力学的基本理论和数学工具来分析、研究和计算船舶阻力和推进问题。这种方法近年来虽有很大的进展,但目前尚未被普遍用到船舶设计和制造中去,原因在于：一是船体形状及其运动情况极为复杂；二是为简化分析起见,有的问题引进了一些近似假定,但与实际情况有一定出入,因此所得的结果准确性较差。

应该指出,理论研究方法虽然目前在定量方面存在差距,但常可用来解释现象,指出研究方向。近年来流体力学、数学,特别是计算机技术的发展,有力地推动了理论研究工作的进一步开展。通过理论研究可发现试验中难以发现的问题,可为旧船型的性能改进和新船型开发等指明方向。

（2）试验方法

试验方法包括船模试验和实船试验。船模试验是通过一定缩尺比的船模在船模试验水池中的运动来模拟实船运动,并在试验中观察船体周围的流动现象,测量有关数据,探讨有关机理等。因船模试验中流动现象直观、清晰,且可得到较准确的结果,所以是船舶阻力研究中不可缺少的方法。

应用船模试验来研究船舶快速性的优点在于:简单、经济,而且可以为造船工程提供定量数据。与实船实验相比,船模试验不受外界环境的限制,花费的人力、物力相对少得多,因此是主要的试验方法。

实际上任何船舶在进行设计时,即使在初步设计阶段,总要利用这方面的系统研究所取得的结果。船模试验目前在国内外应用得较为广泛,一些较重要的船舶几乎没有未作船模试验就进行建造的,很多优良船型几乎都是通过大量模型试验而得到的。

但是,船模试验受到试验条件、试验设备等限制,同时船模和实船有尺度上的差异,因此船模试验中难以保证船模和实船周围的流动完全相似,即船模试验不能完全取代实船试验。因此实船试验仍然是船舶阻力研究中不可缺少的方法。

实船试验的目的是鉴定船舶的各种性能是否达到设计要求,并验证根据船模试验结果所预测的实船航行情况的准确性,也就是研究船模与实船之间的相关问题。但因实船试验在经济上花费较大,所以除了新船进行例行试航外,通常很少进行。

(3) 数值模拟

实际中的船舶形状非常复杂,导致其周围流动情况也很复杂,不是单纯的层流或者紊流,根据边界层理论可以知道,船体周围流动状态取决于雷诺数,在船体前端部分,由于局部雷诺数较小,所以产生层流。随着局部雷诺数的增大,层流逐步发展成过渡流,直到最后的完全紊流状态。若船体的雷诺数 Re 较大,则紊流所占的部分很大,基本上是紊流阻力。前端的层流和过渡流对整个船体的阻力影响较小。反之,如果 Re 较小的话,则会导致前端尾流和过渡流占整个船体的较大部分,使得整个船体的平均阻力产生明显影响。所以,在商用流体软件中,针对流速的不同,如何选择合适的方式进行数值模拟是广大船舶流体工作者很关心的一个问题。

如今,各种数值模拟技术发展很快,但是在现有的技术条件下,船舶阻力的数值模拟还不能完全的脱离水池试验独当一面。在船模试验时,总是按照一定的比例将实船进行缩小来比较。由于实船和船模在尺度上的差异,总是会存在傅汝德数和雷诺数不一致的情况,实际上,单一的雷诺数相等也是不可能的,因此,只能在保持傅汝德数相等的情况下组织试验。而为了能在试验时达到紊流的效果,通常的做法是在船模的某一站上加激流势,这样来激起紊流。而作为数值模拟的话,要起到用激流增加阻力效果的话,就只有改变其局部粗糙度,这样来使得局部变得不光滑,从而使得阻力增加。在数值模拟的情况下,可以采用实尺度进行数值模拟,而不像船模试验时,受限于水池尺寸的大小。不管是理论分析,还是船模试验和数值模拟,所有的工作都是为了实船服务的。

在船舶阻力研究中上述三种方法是缺一不可、相辅相成的。如果没有理论研究来建立物理模型,就无法进行数值模拟;没有试验研究来验证理论计算结果,就无法证明理论研究的正确性。同时,理论研究和数值模拟可为试验研究提供理论指导。在船模试验前,可以预先用数值模拟对试验中大量的重复性的试验进行优化研究,减少重复试验,节省试验中的人力和物力。同时,通过数值模拟可以发现试验中难以发现的现象,可以对有危险的无法进行试验的现象进行模拟等。正是通过这三种方法的相辅相成,才推动了船舶阻力研究的不断深入。

3. 兴波阻力

船舶在水中航行,在水面上激起水波时船舶受到的一种阻力,叫做兴波阻力。船舶阻力研究中的重要内容是行波(某一物理量的空间分布形态随着时间的推移,振幅不变的情况下向一定的方向行进(不断向前推进)所形成、传播方向为无限,称为行波,traveling wave)。船行波分船首波和船尾波,在船行波传播中,如果船首波与船尾波在船尾处互相叠加,兴波阻力就大;如果船首波和船尾波在船尾处互相抵消,兴波阻力就小。所以兴波阻力的大小,主要与航速和船长有关。航速越快,兴波阻力越大,在一定的设计航速下,适当选择船的长度,可以减少兴波阻力。远洋船多采用球鼻船艏型,就是为了调整船长,以达到减少兴波阻力的目的。

线性兴波阻力理论的研究要追溯到 1898 年的 Michell。尽管用线性兴波阻力理论计算的结果与试验的比较还有较大的差异,但用它来指导船型设计已取得了显著的效果。研究线性兴波阻力理论,内容包括线性兴波阻力理论的基本假设、边界条件、奇点系速度势,以及船在稳定运动中的兴波阻力,具有重要的理论与实践意义。

(1) 基本假设

在研究船舶兴波阻力理论时将作如下基本假设。

① 假定船在无限深广的流体静止面上作稳定运动,即船一直保持匀速直线运动。按船舶的航行状态通常可分为排水型船舶(包括浮行船和潜水船)、滑行船(快艇、摩托艇、水翼艇)和腾空船(气垫船)。这里仅限于讨论排水型船型。排水型船是航行于水面或水中,其重量全部靠水的浮力支承的船,也称浮行船。

取固定于船体上的右手直角坐标系,原点 o 取在未被扰动的静止面上,且处于载重水线面的船舯处,ox 轴、oy 轴与静止水面重合。船沿轴的负方向以速度 U 做匀速直线运动。

② 假定水是非压缩的、均质的和无黏性的理想流体。因此不讨论黏性对兴波阻力的干扰作用,这样使问题大为简化。

③ 假定水的运动是无旋的,故存在着速度势 $\Phi(x,y,z,t)$,满足方程:

$$\nabla^2 \Phi = 0 \tag{9-1}$$

无旋流场中各场点处的速度矢量 $\bar{V}$ 可用速度势 Φ 来表示:

$$\bar{V} = \nabla \Phi, \quad u = \frac{\partial \Phi}{\partial x}, \quad v = \frac{\partial \Phi}{\partial y}, \quad w = \frac{\partial \Phi}{\partial z} \tag{9-2}$$

式中,$\bar{V}$ 为合成速度矢量,u, v, w 分别为 $\bar{V}$ 在 x, y, z 轴方向的分量。

④ 假定船体所兴起的波高与波长相比是极小的。换句话说,只讨论微幅波的情况。

⑤ 假定流体是无限深和无限广的。也就是说,不讨论浅水和狭窄航道中的兴波阻力问题。在无限水深($z \rightarrow \infty$)的海底处流体无运动,故 $\Phi = 0$。

(2) 边界条件

边界条件可分为运动学边界条件和动力学边界条件。

运动学边界条件是:在稳定运动情况下,流体边界面无论是固体表面还是自由面上任意一点的法向速度为 0,即 $V_n = 0$,或者 $\frac{\partial \Phi}{\partial n} = 0$。

设边界面方程为

$$F(x, y, z) = 0 \tag{9-3}$$

边界面外法线的方向余弦为 l, m, n。则法向速度为零的条件可写成:

$$V_n = ul + vm + wn \tag{9-4}$$

其中

$$l = \frac{\partial F/\partial x}{\sqrt{\left(\frac{\partial F}{\partial x}\right)^2 + \left(\frac{\partial F}{\partial y}\right)^2 + \left(\frac{\partial F}{\partial z}\right)^2}},$$

$$m = \frac{\partial F/\partial y}{\sqrt{\left(\frac{\partial F}{\partial x}\right)^2 + \left(\frac{\partial F}{\partial y}\right)^2 + \left(\frac{\partial F}{\partial z}\right)^2}},$$

$$n = \frac{\partial F/\partial z}{\sqrt{\left(\frac{\partial F}{\partial x}\right)^2 + \left(\frac{\partial F}{\partial y}\right)^2 + \left(\frac{\partial F}{\partial z}\right)^2}}$$

所以有

$$u\frac{\partial F}{\partial x} + v\frac{\partial F}{\partial y} + w\frac{\partial F}{\partial z} = 0 \tag{9-5}$$

或者

$$\frac{\partial \Phi}{\partial x}\frac{\partial F}{\partial x} + \frac{\partial \Phi}{\partial y}\frac{\partial F}{\partial y} + \frac{\partial \Phi}{\partial z}\frac{\partial F}{\partial z} = 0 \tag{9-6}$$

即为运动学边界条件。

动力学边界条件是指:对固定边界面,其表面方程(9-3)式是已知的,所以(9-5)式或(9-6)式就成为关于速度势中的线性方程式。但对自由表面边界来说,其边界面方程,(9-3)式只有在求出速度后才能由(9-5)式确定。为此,还必须加上自由面上压力相等的条件,也就是动力学边界条件。

在船的无限远前方由于船体对水流的影响可以忽略不计,ρ 是水的密度,g 是重力加速度,大气压为 p_0,由伯努利方程

$$p_0 + \frac{\rho U^2}{2} = p + \frac{1}{2}\rho(u^2 + v^2 + w^2) + \rho g\zeta, \quad z = \zeta \tag{9-7}$$

式中 ζ 为波高。在自由面上,$p = p_0$。于是,上式变为

$$\frac{1}{2}(u^2 + v^2 + w^2 - U^2) + g\zeta = 0, \quad z = \zeta \tag{9-8}$$

或

$$\frac{1}{2}\left[\left(\frac{\partial \Phi}{\partial x}\right)^2 + \left(\frac{\partial \Phi}{\partial y}\right)^2 + \left(\frac{\partial \Phi}{\partial z}\right)^2\right] + \frac{\partial \Phi}{\partial x} + g\zeta = 0, \quad z = \zeta \tag{9-9}$$

以上二式即为自由面上的动力学条件。

另外自由面方程为

$$F(x,y,z) = \zeta(x,y) - z = 0 \tag{9-10}$$

分别对 x,y,z 求偏导后代入(9-6)式,得到

$$\frac{\partial \Phi}{\partial x}\frac{\partial \zeta}{\partial x} + \frac{\partial \Phi}{\partial y}\frac{\partial \zeta}{\partial y} - \frac{\partial \Phi}{\partial z} = 0 \tag{9-11}$$

对上述方程求解,可得 $z = \zeta(x,y)$。在(9-9)式及(9-10)式这两种边界条件中,(9-8)式是极为复杂的非线性边界条件,按原样处理是不可能的。而且,满足这种非线性边界条件的解是否存在还值得怀疑。且不说船波,就连水面波中最简单的向一个方向传播的进行波都不能确定存在稳定解,船波更是如此。因此,要对自由面边界条件进行线性化处理。

4. 薄船理论

当船型参数中船宽 B 与长度 L 之比和船宽 B 与吃水 T 之比都很小时,就称此船型为薄船,如图 9-1 所示。

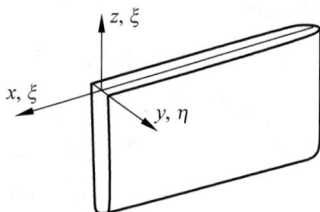

由薄船所建立的兴波阻力理论称为薄船理论。设薄船船体表面方程为

图 9-1 薄船示意图

$$F(x,y,z) = f(x,z) - y = 0 \tag{9-12}$$

或

$$y = f(x,z) \tag{9-13}$$

面对于船体表面边界条件,进行线性化处理。令 $B/L = \varepsilon$ 为微小量,则可将 y 展成如下级数:

$$y = f(x,z,\varepsilon) = f(x,z,0) + \varepsilon f_1(x,z) + \varepsilon^2 f_2(x,z) + \cdots$$
$$= \varepsilon f_1(x,z) + \varepsilon^2 f_2(x,z) + \cdots \tag{9-14}$$

当 $\dfrac{B}{L}=\varepsilon=0$ 时,船体表面与船舶纵中剖面重合,所以 $y=f(x,z,0)=0$,因而上列等式成立。代入边界条件:

$$\nabla\Phi \cdot \nabla F = 0$$

即

$$\frac{\partial\Phi}{\partial x}\frac{\partial F}{\partial x}+\frac{\partial\Phi}{\partial y}\frac{\partial F}{\partial y}+\frac{\partial\Phi}{\partial z}\frac{\partial F}{\partial z}=0$$

并对(9-14)式只取 ε 的一阶项,得到

$$\frac{\partial\Phi}{\partial x}\varepsilon\frac{\partial f_1}{\partial x}-\frac{\partial\Phi}{\partial y}+\frac{\partial\Phi}{\partial z}\frac{\partial f_1}{\partial z}=0$$

在 $B/L=\varepsilon$ 为微小量的条件下,扰动速度势可取下式:

$$\Phi(x,y,z,\varepsilon)=\varepsilon\phi_1(x,y,z)+\varepsilon^2\phi_2(x,y,z)+\cdots \tag{9-15}$$

代入(9-14)式并保留 ε 的一阶项,则得

$$\frac{\partial\phi_1(x,y,z)}{\partial y}=\frac{\partial f_1(x,z)}{\partial x} \tag{9-16}$$

将(9-15)式右边各项展成 $y=0$ 的泰勒级数代入(9-15)式后,再代入(9-16)式,保留 ε 的一阶项,去掉 ϕ_1 和 f_1 的下标,得到 $y=0$ 的条件。在船舯纵剖面上,有

$$\frac{\partial\Phi(x,0,z)}{\partial y}=\frac{\partial f(x,z)}{\partial x}=V_n,\quad y=0$$

在薄船理论中,用该条件代替薄船的船体表面边界条件。如果船体对于 xz 平面,即 $y=0$ 的纵中剖面是对称的,则 $f(x,z)$ 在左右舷的值大小相等而符号相反,上式意味着 $y=0$ 的纵中剖面是法向速度 V_n 不连续的面。

5. 船舶计算流体力学技术

计算流体力学(CFD)是一种计算流体的计算机技术,是在计算机上对描述流体运动、传质和传热的偏微分方程组进行求解的技术,同时对相应的现象进行过程模拟。在船舶阻力的数值计算方面,虽然存在自由表面和高雷诺数等多种难题,但研究人员通过不懈努力,从线性势流理论到非线性势流理论计算,从理想流体到黏性流体,从边界层到全 Navier-Stokes 方程的求解,再到考虑自由面的 Navier-Stokes 方程的求解,计算流体力学方法发生了巨大的变化。随着 CFD 技术的发展,数值模拟黏性流场的技术已经日趋成熟。与实验方法相比,CFD 技术有着明显的优势,其费用较低,且能够避免实验现场各种因素带来的误差,因此计算流体力学技术在船舶水动力性能研究方面的应用得到较广泛的发展。

兴波理论大部分是势流理论方法,忽略了黏性(或称为粘滞性)、碎波等影响,并假设流动是无旋的。由于自由表面和物面条件的非线性,使得数学处理比较困难。因此对物面条件和自由面条件进行了进一步的简化,产生了线性理论,比较典

型的有薄船理论、扁船理论和细长体理论。Dawson 型方法后来发展的,包括线性的和非线性的方法。

6. Michell 积分

阻力理论和二次规划技术在船型优化设计中的应用只考虑兴波阻力和摩擦阻力,兴波阻力采用线性兴波阻力理论的 Michell 积分计算,摩擦阻力采用国际船模试验水池会议(ITTC)所推荐的公式计算。

此方法的特点是引入一组单位 tent 函数逼近船体函数。帐篷映射(tent map),在数学中是指一种分段的线性映射,因其函数图像类似帐篷而得名。这样把兴波阻力和摩擦阻力计算公式简化为用船体型值表示的仅仅关于(x,z)坐标的函数,将船形表面(x,y,z)坐标离散为网格上的点,固定x,z坐标不变,y坐标作为设计变量,另外附加约束条件,可以用最优化方法获得阻力最小船型。在指导船型设计中应用较为广泛的是 Michell 积分的数值计算方法。

设均匀流动为基本流动,叠加在此基本流动上的波动势满足线性自由面条件。在薄船体、无限水深、对称绕流的条件下,Michell 采用分离变量法得到如下的相应的速度势和相应的兴波阻力公式:

$$R_W = \frac{4\rho g K_0}{\pi} \int_0^{\pi/2} (I^2 + J^2) \sec^3\theta \, d\theta$$

$$I + J\mathrm{i} = \int_{-T}^0 dz \int_{-L/2}^{L/2} f_x(x,z) \, e^{K_0 z \sec^2\theta + \mathrm{i} K_0 x \sec\theta} \, dx$$

$$I = \int_{-T}^0 e^{K_0 z \sec^2\theta} dz \int_{-L/2}^{L/2} f_x(x,z) \cos(K_0 x \sec\theta) \, dx$$

$$J = \int_{-T}^0 e^{K_0 z \sec^2\theta} dz \int_{-L/2}^{L/2} f_x(x,z) \sin(K_0 x \sec\theta) \, dx$$

式中,$K_0 = \dfrac{g}{v^2}$;g 是重力加速度,单位 m/s^2;v 是船速,单位 m/s。

上两式可以写为

$$I = \int_{-L/2}^{L/2} \cos(K_0 x \sec\theta) \, dx \int_{-T}^0 \frac{\partial f}{\partial x} e^{K_0 z \sec^2\theta} \, dz$$

$$J = \int_{-L/2}^{L/2} \sin(K_0 x \sec\theta) \, dx \int_{-T}^0 \frac{\partial f}{\partial x} e^{K_0 z \sec^2\theta} \, dz$$

假定横截面积 $S(x)$ 的面积中心 C 的垂向坐标为$-z_C$(近似浮心垂向坐标)。如果将$-z_C$ 看作 $S(x)$ 面内分布的垂向坐标,则

$$\int_{-T}^0 \frac{\partial f(x,z)}{\partial x} e^{K_0 z \sec^2\theta} \, dz = e^{-K_0 z_C \sec^2\theta} \frac{\partial}{\partial x} \int_{-T}^0 f(x,z) \, dz = \frac{1}{2} e^{-K_0 z_C \sec^2\theta} \frac{\partial S(x)}{\partial x}$$

代回原式,得

$$I = \frac{1}{2} \int_{-L/2}^{L/2} \cos(K_0 x \sec\theta) \mathrm{e}^{-K_0 z_C \sec^2\theta} \frac{\partial S(x)}{\partial x} \mathrm{d}x$$

$$J = \frac{1}{2} \int_{-L/2}^{L/2} \sin(K_0 x \sec\theta) \mathrm{e}^{-K_0 z_C \sec^2\theta} \frac{\partial S(x)}{\partial x} \mathrm{d}x$$

由上式可知,Michell 积分可以在已知横剖面面积曲线 $S(x)$ 与其面积重心的垂向坐标 z_C 的条件下,计算得到兴波阻力。我们在优化横剖面面积曲线时,尚未计算型值,z_C 未知,而在横剖面面积曲线变化区间内,用同样的生成方法生成的型线,z_C 变化应是一小量,因此我们取 z_C 为定值来进行横剖面面积进行优化。计算时用曲线对 $S(x)$ 进行拟合,然后求出其导数。对于积分采用梯形积分。

设均匀流动为基本流动,叠加在此基本流动上的波动势满足线性自由面条件。在薄船体、无限水深、对称绕流的条件下,采用分离变量法得到相应的速度势和相应的兴波阻力公式。积分的兴波阻力公式变为

$$R_w = \frac{8\rho g}{\pi} \cdot \frac{B^2 T^2}{L} \cdot \frac{r_0}{2} \int_0^\infty \frac{(u^2+1)^2}{\sqrt{u^2+2}} \left[P^2(u) + Q^2(u) \right] \mathrm{d}u$$

其中

$$P(\lambda) = \int_0^1 \mathrm{e}^{-2\gamma_0 \frac{T}{L} \lambda^2 (1-z)} \int_0^1 h_x(x,z) \cos(2\gamma_0 \lambda x) \mathrm{d}x\,\mathrm{d}z$$

$$Q(\lambda) = \int_0^1 \mathrm{e}^{-2\gamma_0 \frac{T}{L} \lambda^2 (1-z)} \int_0^1 h_x(x,z) \sin(2\gamma_0 \lambda x) \mathrm{d}x\,\mathrm{d}z$$

9.2　利用 Wigley 数学船型的阻力分析

Wigley 船型是国际上通用的一种数学船型,船型瘦长,符合线性理论小扰动假定,有大量的试验数据和计算结果,便于比较。该船型是由一族简单的抛物线组成。型值可由数学公式得出。由于 Wigley 船型的数学表达简单,分析处理方便,在研究船型和阻力的关系的时候用到比较多。Wigley 船型的数学表达为

$$y = \frac{B}{2} \left(1 - \left(\frac{2x}{L} \right)^2 \right) \left(1 - \left(\frac{z}{T} \right)^2 \right)$$

取船型主要参数为 $L = 4.88\mathrm{m}$,$T = 0.305\mathrm{m}$,$B = 0.457\mathrm{m}$,$D = 382\mathrm{kg}$,则船型如图 9-2 所示。

利用 Michell 积分计算兴波阻力,$B/L = 0.1$,$T/L = 0.0625$,其中 (x,y,z) 代表 (L,B,T),船体的控制方程为(单位:m):

$$\begin{cases} -1.0 \leqslant x \leqslant 1.0 \\ 0.0 \leqslant z \leqslant 0.125 \\ y = \pm 0.1(1-x^2)(1-64z^2) \end{cases}$$

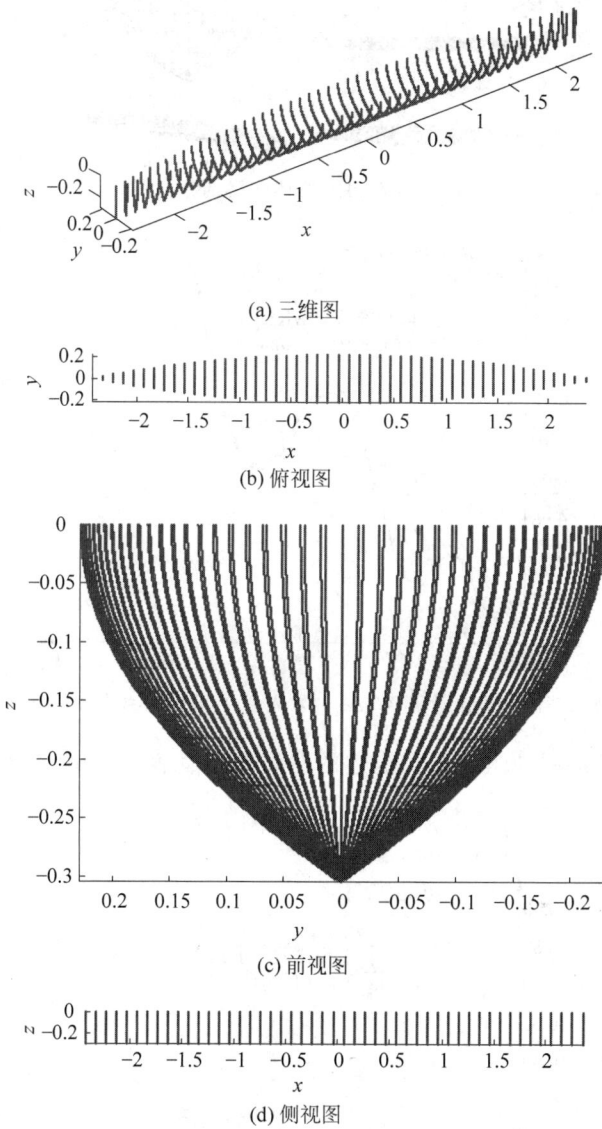

(a) 三维图

(b) 俯视图

(c) 前视图

(d) 侧视图

图 9-2 wigley 数学船型

船体表面网格共划分结点 21×9＝189 个,合计有 160 个长方形面元。考虑数学船型变化均匀,采用等间距划分网格。图 9-3 表示了船型的船体的网格剖分情况。

用 Michell 积分方法计算兴波阻力系数,曲线如图 9-4 中曲线 2 所示。

将用同种方法计算的兴波阻力曲线(如图 9-4 中曲线 1 所示)与之比较可以看出二者极其接近。

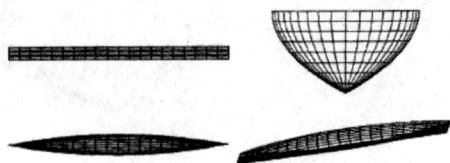

图 9-3 Wigley 船体网格剖分草图

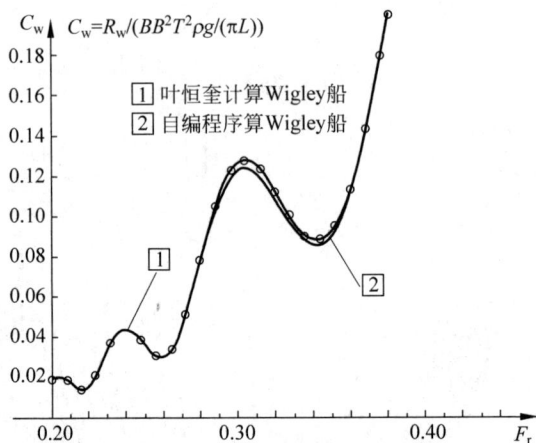

图 9-4 同种方法计算 Wigley 船(W-0)兴波阻力系数曲线比较图

将积分计算的兴波阻力系数描述的曲线与已发表的船模试验结果进行比较,如图 9-5 所示。

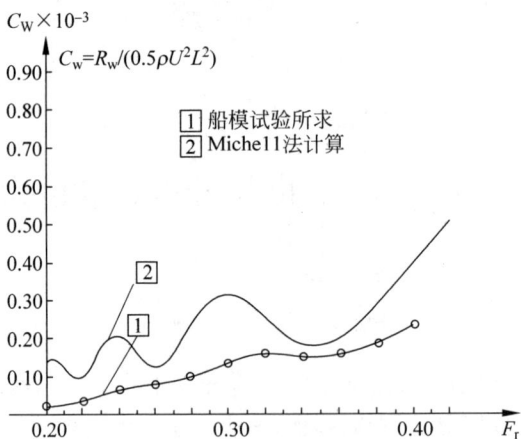

图 9-5 Michell 积分法与船模试验的兴波阻力系数曲线比较

通过船模试验可以看出 Wigley 船型的兴波阻力随着速度的升高缓慢升高(当 $0.20 \leqslant F_r \leqslant 0.40$ 时)。积分数值计算的结果带有很大的近似性,从图 9-5 上可以看出,Michell 积分计算的兴波阻力系数呈现波动的上升。但是,当 $0.20{\leqslant}F_r{\leqslant}0.40$ 时,两条曲线的趋势是一致的。从曲线上可以看出在航速设计点处 Michell 积分计算的兴波阻力能够粗略地反映船型的阻力情况,但是计算值较试验值偏离大。

9.3　Wigley 船型的优化研究

历史上船舶设计是一种非常繁重的工作,手工制图、手工描图,首尾放样,等等。计算机的出现、发展几乎取代了过去的所有手工绘制工作,可以说是船舶设计的一大进步,但还是没有完全脱离传统的设计方法,这个过程对一艘或几艘的船舶设计来说是一种行之有效的最安全的方法。然而,高效的现代化发展日益要求船舶生产的节奏加快,比如除了造船实力之外的优良船型的快速生成对船舶的报价至关重要。国际上的竞争也需要提高生产效率。如果有一种行之有效的快速船型生成技术,会为国内企业在国内外众多生产厂家的竞争中立于不败之地起到举足轻重的作用。

船体型线设计是船舶总体设计的一部分。型线图是性能计算、结构设计、各种布置和型线放样的根据,它的准确程度影响到以后很多方面的工作,乃至最后的船舶经济性。初步设计阶段中的型线设计通常是在船舶主尺度(L,B,D,d,C_B)确定后与总布置设计配合进行的,但在设计方案构思和选择主尺度时,就要对船体型线有所考虑,并在型线设计中加以体现和检验。

型线设计的结果是以型线图来表达船体外形的几何形状,控制船体型线的要素主要是横剖面面积曲线、设计水线和甲板边线、横剖线形状、侧面轮廓图。因素选择好了,可以使型线得到有效的控制。

优化技术的运用在造船界可谓一场革命性质的力量,已经有多种成熟的优化器进行工程处理。在船体型线设计优化中,因为优化要求不同,所涉及的变量、约束、目标函数有些区别。这里就优化三要素(目标函数、设计变量、约束条件)分别予以说明。

① 目标函数。

选取兴波阻力 R_W 和相当平板摩擦阻力 R_{f0} 之和为目标函数 $I=R_W+R_{f0}$,其中

$$R_W=\frac{4\rho g^2}{\pi U_\infty^2}\int_0^\infty\frac{\lambda^2}{(\lambda^2-1)^{1/2}}[P^2(\lambda)+Q^2(\lambda)]\mathrm{d}\lambda,$$

$$R_{f0}=\frac{1}{2}\rho U_\infty^2 SC_{f0},$$

$$P(\lambda)=\int_0^d\int_0^L F_x(x,z)\cos\left(\frac{g}{U_\infty^2}\lambda x\right)\exp\left(\frac{g}{U_\infty^2}\lambda^2(z-d)\right)\mathrm{d}x\,\mathrm{d}z$$

$$Q(\lambda) = \int_0^d \int_0^L F_x(x,z) \sin\left(\frac{g}{U_\infty^2}\lambda x\right) \exp\left(\frac{g}{U_\infty^2}\lambda^2(z-d)\right) dx\,dz$$

$F_x(x,z) = \dfrac{g}{2}f(\xi,\zeta)$ 为船水线的纵向斜率,U_∞ 是航速,ρ 是水的密度,g 是重力加速度,S 是船体湿表面积。

② 设计变量:船体表面的坐标值。

③ 约束条件:主要考虑几何形状的限制和排水体积的要求,主要取为:所有型值:均应为非负值 $\eta_{ij} \geqslant 0$;保证必要的排水体积 $\nabla \geqslant \nabla_0$。$\nabla$ 和 ∇_0 分别为设计船和母型船的排水体积。

船型优化是船舶设计的传统方法之一,其中包括船体型线优化。型线设计与兴波阻力密切相关。

例 9-1 以 Wigley 船型(W-0)作为算例,利用 Michell 积分方法计算兴波阻力。船体表面网格划分共有结点 $21 \times 9 = 189$ 个,船体的控制方程为

$$\begin{cases} -1.0 \leqslant x \leqslant 1.0 \\ 0.0 \leqslant z \leqslant 0.125 \\ y = \pm 0.1(1-x^2)(1-64z^2) \end{cases}$$

(1) 建立优化模型

选取兴波阻力 R_w 和相当平板摩擦阻力 R_f 之和为目标函数,即

$$I = R_w + R_f$$

摩擦阻力系数 C_f 采用标准公式(ITTC 1997)相当于平板公式:

$$C_f = 0.075/(\log R_e - 2)^2, \quad R_e = U_\infty L/v$$

$$R_f = \frac{1}{2}\rho U_\infty^2 S C_f,$$

式中,R_e 是雷诺数,L 是船长,v 是流体的黏性系数,U_∞ 是航速,S 是湿表面积,是船体表面坐标的函数。设计变量取船体表面坐标值(型值)为 y_{ij}。

(2) 约束条件

主要考虑满足几何形状的限制和排水体积的要求,具体如下:

① 所有型值均为非负值,即 $y_{ij} \geqslant 0$,其中 $(x_{ij}, y_{ij} z_{ij})$ 为船体表面坐标点,$i = 1,2,\cdots,20, j=1,2,\cdots,7$。

② 保证必要的排水体积,即 $\nabla \geqslant \nabla_0$,其中 ∇, ∇_0 分别为船型改良后与改良前的排水体积。

③ 根据需要,当要控制船体表面尺度时,可以附加尺度限制条件。

采用 Hooke-Jeeves 方法,分别对船首部的 2、3、4、5 个横剖面以及前半体进行优化,如图 9-6 和图 9-7 所示。

采用 Powell 的加速下降法优化 Wigley 船型(W-0),以 21×9＝189 网格的 W-0 船型为例。

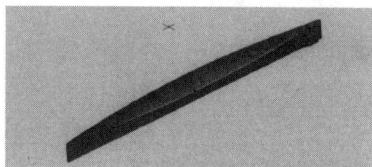

图 9-6 20×7 结点 W-0 船型 5 站
优化结果效果图

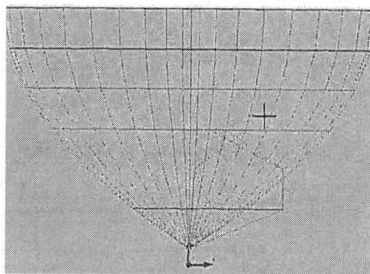

图 9-7 20×7 结点 W-0 船型 5 站
优化结果横剖线

从约束条件角度考虑,研究载重线水线面处的坐标约束,局部曲面斜率的约束。建模局限于首部,其数学模型如下:

目标函数

$$\min RT = a_1 R_w + a_2 R_f$$

其中,a_1,a_2 为修正系数。根据船模试验取值 $a_1=1.33$,$a_2=1.00$。

变量取为

$$\begin{bmatrix} y_{22} & y_{23} & y_{24} & y_{25} \\ y_{32} & y_{33} & y_{34} & y_{35} \\ \vdots & \vdots & \vdots & \vdots \\ y_{92} & y_{93} & y_{94} & y_{95} \end{bmatrix}$$

$y_{ij} \geqslant 0$,$i=2,3,\cdots,9$,$j=2,3,4,5$。

增加体积约束条件:$v_f - v_{f0} + \delta \geqslant 0$,其中 $\delta > 0$。考虑载重线水线面处 y 坐标不作为约束条件,增加载重线水线面处的 y 坐标,并加入约束条件:$y_{9j} \geqslant 0$,$j= 2,3,4,5$。优化结果如表 9-4。

表 9-4 Wiglet 船优化后模型约束比较表

项 目		水线面处 y 坐标不作为约束条件	水线面处 y 坐标作为约束条件
船型优化前后的比值	总阻力:R_T/R_{T0}	0.908616	0.904401
	兴波阻力:R_W/R_{W0}	0.645927	0.640023
	摩擦阻力:R_F/R_{F0}	1.022434	1.018951
	体积:V_F/V_{F0}	1.016415	1.018425
	表面积:S_F/S_{F0}	1.100479	1.084880

续表

项　　目	水线面处 y 坐标不作为约束条件	水线面处 y 坐标作为约束条件
横剖面图	右边两图说明： 　　当水线面坐标自由，即将 y 坐标值作为变量，自由面光顺程度更好，阻力更小	
吃水处水线图	右边两图说明： 　　考虑不同吃水水线的来流角，需要酌情约束吃水水线	下面的两个图（上下两图）分别代表上面左右两种情况：

　　计算表明，增加载重线水线处的约束对船舶型线产生较大影响，必须调整约束。

　　用数值计算方法优化了实际船型，并对优化船型用两种方法计算，既实现了优化的减阻目的，又保证了数值计算的准确性与有效性。采用两种方法能够定性分析船舶的兴波阻力情况，可以快速地评估船舶的兴波阻力，从而为快速准确的型线制作提供了保证。

第 10 章 ▶▶▶

基于流线型函数的数学船型

数学船型问题,由于船体曲面的不可展及其复杂性,也由于数学技术与计算机技术的困难,研究一直举步维艰。自 1915 年 D. W. Taylor 提出利用数学计算求解船型以来,很多人研究了数学船型型线设计方法。当前在复杂曲面的表达上,国际上的主流是利用非均匀有理 B 样条。1971 年国际标准化组织(International Standardization Organization,ISO)颁布了关于工业产品数据交换的国际标准,把 NURBS 作为定义工业产品几何形状的唯一数学方法。但是,利用 NURBS 在船体设计和飞行器机体设计上的两个重要问题是:①必须先知道型值点,也就是说,必须先有母型船或样机的外形数据,才能做进一步的设计与改进。这极大地制约了创新设计。特别是发达国家对我国实行保密,并不提供给我国先进的船舶外形的数据库的情况下,极大地制约了我国先进船舶的外形设计;②在多学科设计优化的背景下,由于 NURBS 以非均匀有理样条为基础,在优化设计时,变量太多,收敛速度慢,甚至不能保证收敛,也不能保证收敛到最优点。目前在利用 NURBS 做多学科设计优化时,往往是固定其他点,仅仅对局部某几个参数进行优化,因此只能做局部优化,而无法对全局或者船型大尺度的优化。

当今重新重视数学船型问题出于三方面的需求:①在虚拟采办的形势下,需要快速地确定船体基本形状,为总体布置、经费预算、工期估计等问题打下基础;②在缺乏船型库的情况下,能够快速确定满足基本设计要求(包括静水性条件和动力特性)的船型,满足概要设计的要求;③在两阶段的多学科设计优化中,能够减少优化变量,方便地对船型进行大尺度优化。

水面船舶的数学船型研究,是在概要设计阶段,采用数学船型方法,提供满足静水性条件的初始船型,并在水动力学模型下,对数学船型进行优化,获得既满足静水性条件,又具有低噪低阻的初始船型,作为精细设计优化的基础。以此为基础可以实现三个目标:①满足在虚拟采办背景下的概念设计要求,快速地提供满足静水性条件和低阻低噪要求的初始船型;②便于在概念设计中,考虑布局与舾装,对船舶进行性能分析、结构分析、造价分析,对精细优化提供了优化的初始船型;③便于对船舶的外形做大尺度的优化,对整体外形进行优化设计,而不是只对局部的少数型值点进行优化。

目前对水面船舶数学船型的研究,主要是对水面船舶按照纵向分为若干站点,对每一站点的船舶型线采用曲线近似,以 2～3 个参数控制曲线的拐点等因素,虽然可以描述船型,但是仍然只是在每一个站点的局部近似船型曲线,没有与设计的整体相关联,即与设计的静水性条件无关。存在的另一个问题就是在多学科设计优化中,如果要对船型整体进行优化,优化变量太多,无法满足多学科设计优化的要求。

因此,在多学科设计优化中,无论是水下航行器还是水面船舶,需要利用数学船型实现全参数化船型设计。

10.1 基于流线型函数的数学船型构建

1. 船体型线的近似描述

数学船型研究就是利用近似理论,研究船型曲线的带有形状因子的指数函数近似,进而利用设计要求中的排水量和浮心纵向坐标,构造超越方程组。通过求解形状因子,获得船体型线的数学表达,从而获得满足静水性条件的初始船型,最终利用多学科设计优化技术,以水面船舶的水线以下部分的水动力学特性与声学特性为优化目标,获得满足概念设计的低阻低噪的初始船型。

前期研究结果表明,利用带有形状因子的指数曲线可以较好地拟合流线(对于潜艇和鱼雷),以及变化的型线(对于水面船舶)。xOy 平面上,在近似曲线族中,以曲线 $y = R\left[1 - \left(\dfrac{x-K}{K}\right)^2\right]^{\alpha}$ 为例,过 $(0,0)$,(K,R) 两点,且当形状因子 α 逐步增大时,近似曲线逐步从 V 型演变为 S 型和 U 型曲线。如图 10-1 所示,为 $\alpha = 0.2 \sim 14$ 时的图形。

因此,如果选取 K 为水线面半宽,D 为吃水深度,通过调整形状因子 $\alpha(x)$,该近似曲线可以用于拟合水面船舶的船型曲线。因此,可以选择函数 $z(x,y) = D(x)\left[1 - \left(\dfrac{y-K(x)}{K(x)}\right)^2\right]^{\alpha(x)}$ 作为在纵向函数中的船型函数。其中,根据形状因子是纵坐标分段线性函数的设计假设,形状因子船体的形状因子取决于舯段和艉端的形状因子,而这两个参数可以根据排水量和浮心纵坐标的方程组确定,从而使得设计的船舶满足静水性和初稳性条件。

船型函数α=0.2~14

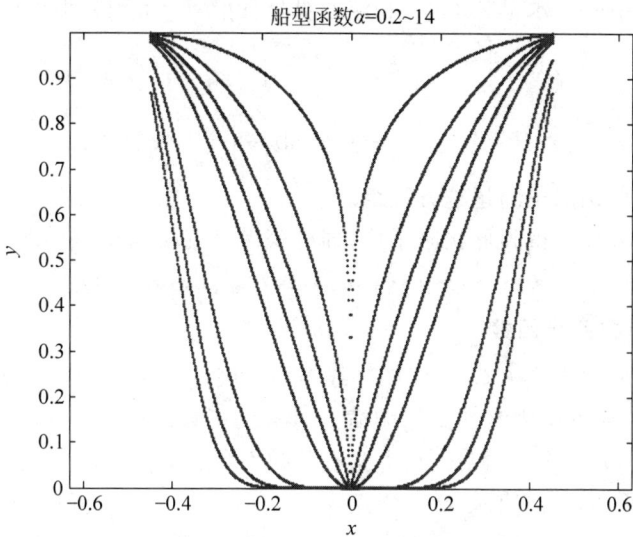

图 10-1 具有形状因子的曲线图形

对于水面船舶,当利用近似曲线拟合船型纵向函数时,如果对于进流段、平行舯段和去流段,近似曲线分别为 $z_1 = f_1(x, y, \alpha_1(x))$，$z_2 = f_2(x, y, \alpha_2)$，$z_3 = f_3(x, y, \alpha_3(x))$，其中 $\alpha_1(x)$，α_2，$\alpha_3(x)$ 分别为三段近似曲线的形状因子。显然,对于平行舯段,其形状因子为常数,可以通过设计要求拟合得到。但是对于进流段和去流段,形状因子 $\alpha_1(x)$ 和 $\alpha_3(x)$ 均为 x 的连续函数。

2. 超越方程组的求解与计算

如果令船长为 L，进流段、舯段和去流段的长度分别为 $L_1, L_2, L_3, \sum\limits_{i=1}^{3} L_i = L$，$K_1(x), K_2, K_3(x)$ 分别为进流段、舯段和去流段的水线面的半宽,显然在进流段和去流段的水线面半宽随 x 坐标的变化而变化。记 $H_1(x), H_2, H_3(x)$ 分别为基线至进流段、舯段和去流段的型线底部的高度,记进流段、舯段和去流段型线的近似曲线分别为

$$z_1 = f_1(x, y, \alpha_1(x)), \quad z_2 = f_2(x, y, \alpha_2), \quad z_3 = f_3(x, y, \alpha_3(x)),$$

则有

$$S_1(x, \alpha_1(x)) = (R - H_1(x))K_1(x) - \int_0^{K_1(x)} f_1(y, \alpha_1(x)) \mathrm{d}y$$

$$S_2(\alpha_2) = (R - H_2)K_2 - \int_0^{K} f_2(y, \alpha_2) \mathrm{d}y$$

$$S_3(x, \alpha_3(x)) = (R - H_3(x))K_3(x) - \int_0^{K_3(x)} f_3(y, \alpha_3(x)) \mathrm{d}y$$

利用设计指标中的排水量 $\nabla_0(\mathrm{m}^3)$ 和浮心纵坐标($\%L$)得到方程组

$$\int_{-L/2}^{-L/2+L_3} S_3(x,a_3(x))\mathrm{d}x + \int_{-L/2+L_3}^{L/2-L_1} S_2(a_2)\mathrm{d}x + \int_{L/2-L_1}^{L/2} S_1(x,a_1(x))\mathrm{d}x = \nabla_0/2$$

$$\int_{-L/2}^{-L/2+L_3} S_3(x,a_3(x))x\mathrm{d}x + \int_{-L/2+L_3}^{L/2-L_1} S_2(a_2)x\mathrm{d}x + \int_{L/2-L_1}^{L/2} S_1(x,a_1(x))x\mathrm{d}x = x_{c0}\,\nabla_0/2$$

可以得到关于形状因子的超越方程组。

求解超越方程组得到形状因子后，即可获得进流段、舯段和去流段型线的近似曲线：$z_1 = f_1(y,a_1(x))$，$z_2 = f_2(y,a_2)$，$z_3 = f_3(y,a_3(x))$。

3. 基本参数变化函数

型线与水面线半宽 $K(x)$、船舶基线至型线底部的高度 $H(x)$、形状因子 $a(x)$ 三个因素有关，而三个因素都是船舶横坐标 x 的函数。

在 x 方向，有 7 个关键点：与半宽有关的 4 个点 x_1,x_2,x_3,x_4，与船舶基线至型线底部的高度 $H(x)$ 有关的 4 个点 x_1,x_5,x_6,x_4，在进流段与型线有关的点 x_7。x_1 是船艏，x_4 是船艉；x_2 是船艏与舯段的连接点，x_3 是舯段与艉段的连接点；x_5 是进流段船艏的基线至型线底部高度从 H_1^0 变化至零的转折点，x_6 是去流段船艉的基线至型线底部高度从零变化至 H_3^0 的转折点；x_7 是进流段船型从 V 型过渡到 S 型的转换点(x_7 在 x_1 船艏与 x_2 船艏与舯段的连接点之间)。

基本尺度：(1)船舶长度为 L，进流段长度 L_1、舯段长度 L_2、去流段长度 L_3；(2)舯段水线面半宽 K、艉段水线面半宽 K_3；(3)吃水 H、船艏的基线至水线面型线底部高度(船艏底高)H_1^0、船艉的基线至水线面型线底部高度(船艉底高)H_3^0；(4)x 轴上 7 个重要转折点，其中 x_1,x_2,x_3,x_4 由船舶长度 L、进流段长度 L_1、去流段长度 L_3 所决定(取船舶中点为坐标原点，则船头坐标为 $x_1=L/2$，进流段与舯段连接点坐标 $x_2=L/2-L_1$，舯段与去流段连接点坐标 $x_3=-L/2+L_3$，船尾坐标 $x_4=-L/2$)；x_5,x_6 为设计参数，取 $x_5=L/2-\dfrac{1}{4}L_1$，$x_6=-L/2+\dfrac{1}{3}L_3$；$x_7=x_1-\dfrac{1}{2}(x_1-x_2)$，或者 $x_7=x_1-\dfrac{2}{3}(x_1-x_2)$，即在进流段中点或者 2/3 处，前面保持 V 型，后面从 S 型转为 U 型。(5)排水体积 ∇、浮心坐标 x_{0c}；船舶中线是 x 轴，称为纵向，指向船艏的方向为正向；选取右手螺旋法则，即重横向是 y 轴，纵向是 z 轴。坐标系原点取为 x 轴中点，y 轴中点，z 轴基线底部。

水线面半宽 $K(x)$ 的变化规律

记 $K_1(x)$，$K_2=K$，$K_3(x)$ 分别为进流段、舯段和去流段的水线面的半宽。

① 进流段半宽取曲线经过两点 (x_2,K)，$(x_1,0)$ 的二次曲线，令 $K_1(x)=b-ax^2$，则 $a=K/(LL_1-L_1^2)$，$b=\dfrac{KL^2}{4L_1(L-L_1)}$，所以，$K_1(x)=\dfrac{KL^2}{4L_1(L-L_1)}-$

$\dfrac{K}{L_1(L-L_1)}x^2$。

② 去流段半宽取曲线经过两点(x_3,K)，(x_4,K_3)的二次曲线，令$y=b+ax^2$，则$K=b+a\left(-\dfrac{L}{2}+L_3\right)^2$，$K_3=b+a\left(-\dfrac{L}{2}\right)^2$，$a=-\dfrac{K-K_3}{L_3(L-L_3)}$，$b=K_3+\dfrac{L^2(K-K_3)}{4L_3(L-L_3)}$，所以，$y=K_3+\dfrac{L^2(K-K_3)}{4L_3(L-L_3)}-\dfrac{K-K_3}{L_3(L-L_3)}x^2$。

船舶基线至型线底部的高度(底高)$H(x)$的变化规律

取$H_1(x)$，H_2，$H_3(x)$分别为进流段、舯段和去流段的基线至水线面型线底部高度(底高)。

① 进流段，基线至型线底部高度$H_1(x)$，经过两点(x_1,H_1^0)，$(x_5,0)$。

进流段基线至型线底部高度的曲线取为经过两点(x_1,H_1^0)，$(x_5,0)$的二次曲线，令$H_1(x)=b-ax^2$，则$H_1^0=b-a\left(\dfrac{L}{2}\right)^2$，$0=b-ax_5^2$，$a=\dfrac{-4H_1^0}{L^2-4x_5^2}$，$b=\dfrac{-4H_1^0}{L^2-4x_5^2}x_5^2$，所以，$H_1(x)=\dfrac{-4H_1^0}{L^2-4x_5^2}x_5^2+\dfrac{4H_1^0}{L^2-4x_5^2}x^2$。

② 舯段，$H_2=0$。

③ 去流段，基线至型线底部高度$H_3(x)$取为经过两点$(x_6,0)$，(x_4,H_3^0)的二次曲线。

令$H_3(x)=b-ax^2$，则$H_3^0=b-a\left(-\dfrac{L}{2}\right)^2$，$0=b-ax_6^2$，$a=\dfrac{H_3^0}{x_6^2-L^2/4}$，$b=\dfrac{H_3^0x_6^2}{x_6^2-L^2/4}$，所以，$H_3(x)=\dfrac{H_3^0x_6^2}{x_6^2-L^2/4}-\dfrac{H_3^0}{x_6^2-L^2/4}x^2$。

形状因子$\alpha(x)$的变化规律

① 进流段：设船艏的形状因子为α_1^0，则进流段形状因子变化曲线为过两点(x_1,α_1^0)，(x_2,α_2)的直线，则$\alpha_1(x)=\left(\alpha_2-\dfrac{\alpha_2-\alpha_1^0}{x_2-x_1}x_2\right)+\dfrac{\alpha_2-\alpha_1^0}{x_2-x_1}x$。

② 舯段：$\alpha_2(x)=\alpha_2$。

③ 去流段：设船艉的形状因子为α_3^0，则去流段形状因子变化曲线为过两点(x_4,α_3^0)，(x_3,α_2)的直线，则$\alpha_3(x)=\left(\alpha_2-\dfrac{\alpha_2-\alpha_3^0}{x_3-x_4}x_3\right)+\dfrac{\alpha_2-\alpha_3^0}{x_3-x_4}x$。

当参数$K(x)$，$H(x)$，$\alpha(x)$都取为纵坐标x的分段线性函数时，获得的数学船型的三维图、俯视图、前视图和侧视图如图10-2所示。

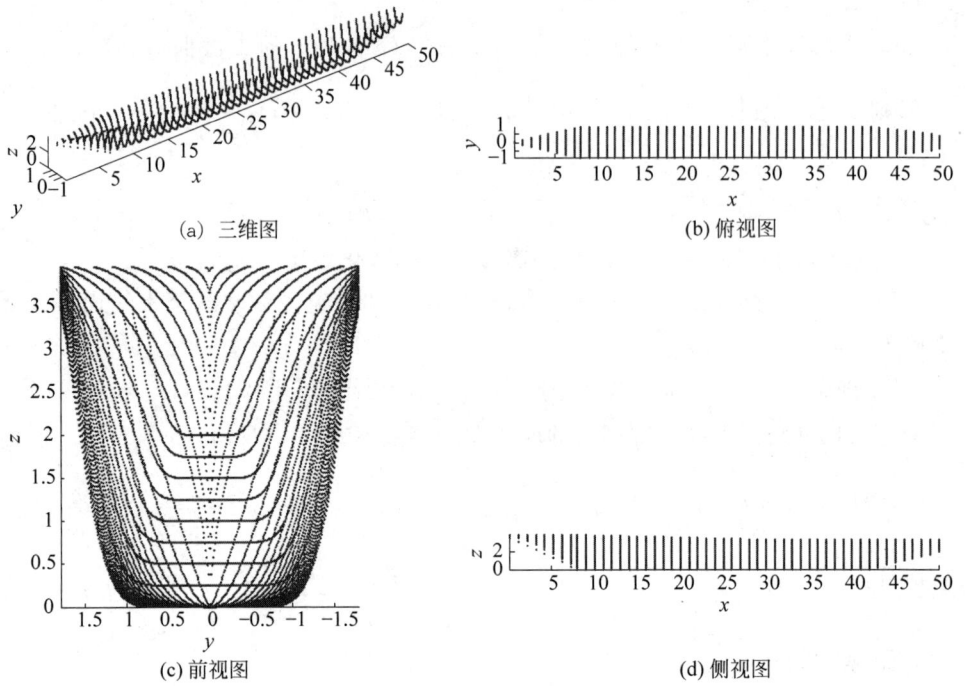

(a) 三维图   (b) 俯视图

(c) 前视图   (d) 侧视图

图 10-2   流线型函数法获得的数学船型

图 10-3 为进流段的数学船型。

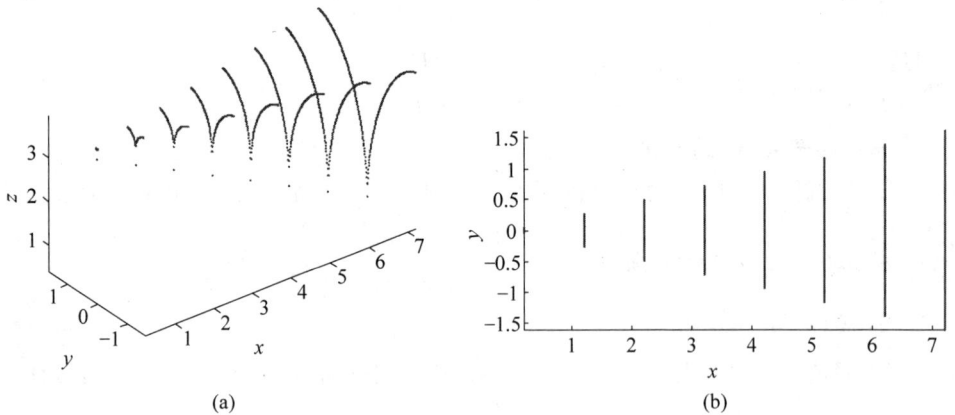

(a)   (b)

图 10-3   进流段的数学船型

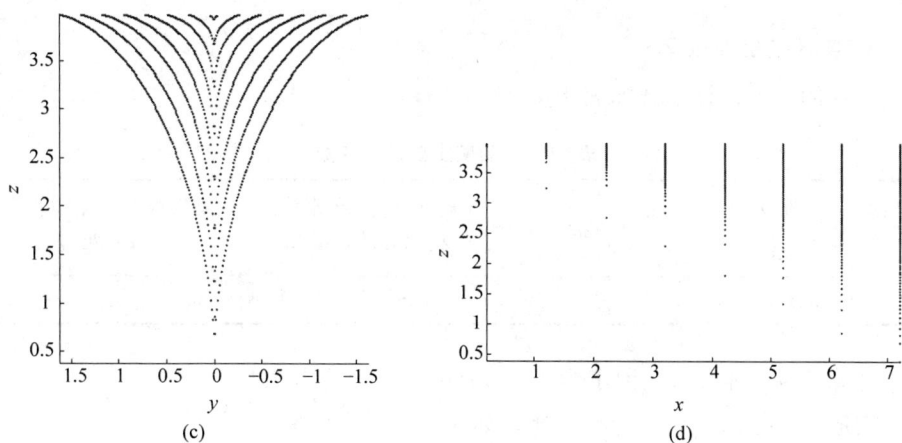

(c)

(d)

图 10-3(续)

图 10-4 是去流段的数学船型。

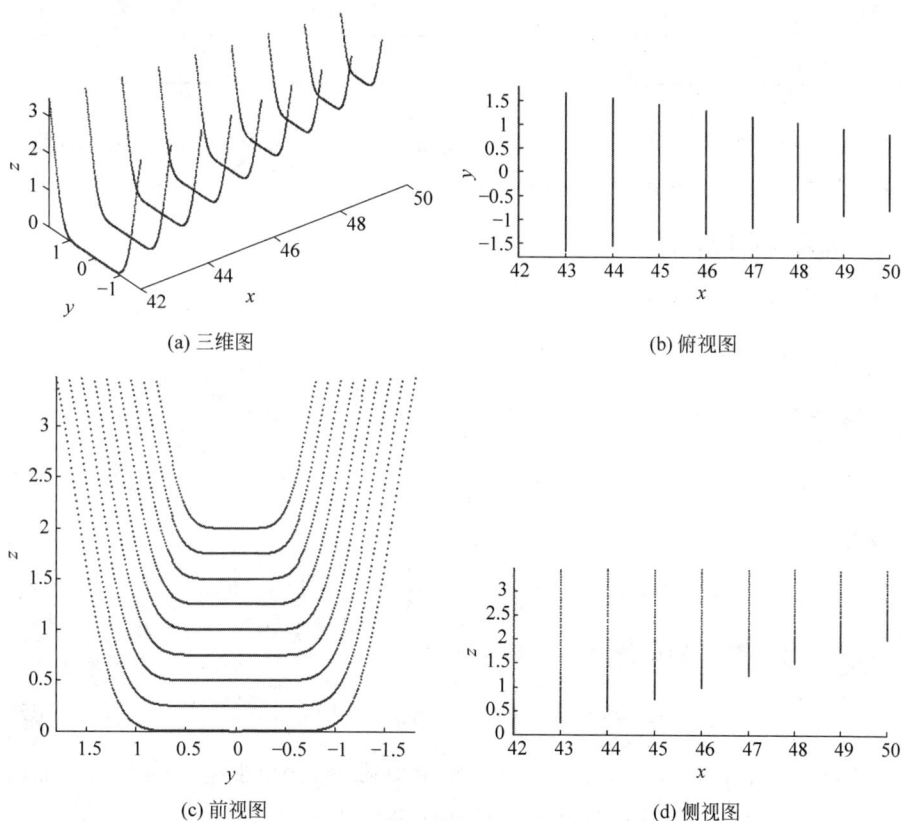

(a) 三维图

(b) 俯视图

(c) 前视图

(d) 侧视图

图 10-4 去流段数学船型

4. 实船的数学船型

实船的主要设计参数如表 10-1 所示。

表 10-1　船舶主要设计参数

船长 L/m	进流段 长度 L_1/m	去流段 长度 L_3/m	吃水 H/m	水线面舯段 半宽 K/m	排水体积 ∇/m³	船艉水线面 半宽 k_3/m	浮心纵向相对 坐标(%L)
153.77	32.29	23.07	6.30	10.56	9238	6.40	-4.2

计算结果：舯段形状因子为 10.4，艉端形状因子为 7.9。

实船与数学船型的设计参数比较如表 10-2 所示。

表 10-2　实船参数与数学船型参数的比较

船型	排水量	水线长	水线宽	吃水	修长系数	宽吃水比
参考船型	9200	143.6	18	6.3	6.9122	2.7273
数学船型	9200	143.6	18	6.3	6.85318	2.85714

比较数学船型与实船型线，结果是相近的。设计结果表明，水面船舶的数学船型设计方法可以获得所需要的概要设计船型。

5. 船型系数的计算

（1）中横剖面在设计水线下的型面积 A_M

对于一般横剖面的面积 A_M 有

$$A_M = 2\left[KD - \int_0^K z_2(x,y)\mathrm{d}y\right], \quad z_2(x,y) = D\left[1 - \left(\frac{y-K_2}{K_2}\right)^2\right]^{\alpha(x)}$$

在中横剖面，$z_2(y) = D\left[1 - \left(\frac{y-K_2}{K_2}\right)^2\right]^{\alpha_2}$，所以

$$A_M = 2\left\{KD - \int_0^K D\left[1 - \left(\frac{y-K_2}{K_2}\right)^2\right]^{\alpha_2}\mathrm{d}y\right\}$$

（2）设计水线下的型排水体积 ∇

$$\nabla = 2\left[\int_{-L/2}^{-L/2+L_3} S_3(x,\alpha_3(x))\mathrm{d}x + \int_{-L/2+L_3}^{L/2-L_1} S_2(\alpha_2)\mathrm{d}x + \int_{L/2-L_1}^{L/2} S_1(x,\alpha_1(x))\mathrm{d}x\right]$$

记 $H_1(x)$，$H_2(x)$，$H_3(x)$ 分别为基线至进流段、舯段和去流段的型线底部的高度，记进流段、舯段和去流段型线的近似曲线分别为：$z_1 = f_1(x,y,\alpha_1(x))$，$z_2 = f_2(x,y,\alpha_2)$，$z_3 = f_3(x,y,\alpha_3(x))$，则

$$S_1(x,a_1(x)) = (R - H_1(x))K_1(x) - \int_0^{K_1(x)} f_1(y,a_1(x))\mathrm{d}y,$$

$$S_2(a_2) = (R - H_2)K_2 - \int_0^K f_2(y,a_2)\mathrm{d}y,$$

$$S_3(x,a_3(x)) = (R - H_3(x))K_3(x) - \int_0^{K_3(x)} f_3(y,a_3(x))\mathrm{d}y$$

（3）水线面面积 A_W

$$A_W = 2\left[\int_{x_4}^{x_3} K_3(x)\mathrm{d}x + \int_{x_3}^{x_2} K_2 \mathrm{d}x + \int_{x_2}^{x_1} K_1(x)\mathrm{d}x\right]$$

$$= 2\left\{\int_{-L/2}^{-L/2+L_3}\left[K_3 + \frac{L^2(K-K_3)}{4L_3(L-L_3)} - \frac{K-K_3}{L_3(L-L_3)}x^2\right]\mathrm{d}x + \right.$$

$$\left. K_2(L - L_1 - L_3) + \int_{L/2-L_1}^{L/2}\left[\frac{KL^2}{4L_1(L-L_1)} - \frac{K}{L_1(L-L_1)}x^2\right]\mathrm{d}x\right\}$$

（4）纵中剖面面积

$$A_z = \int_{x_4}^{x_3} R_3(x)\mathrm{d}x + \int_{x_3}^{x_2} R_2 \mathrm{d}x + \int_{x_2}^{x_1} R_1(x)\mathrm{d}x$$

其他船舶设计系数有：

中横剖面系数 $C_M = \dfrac{A_M}{BT}$；水线面面积系数 $C_{WP} = \dfrac{A_W}{LB}$；方形系数 $C_B = \dfrac{\nabla}{LBT}$；

棱形系数 $C_P = \dfrac{\nabla}{A_M L}$；垂向棱形系数 $C_{VP} = \dfrac{\nabla}{A_W T}$。

实船参数与数学船型参数的比较如表 10-3 所示。

表 10-3 实船参数与数学船型参数的比较

船型	方形系数	棱形系数	水线面面积系数	中横剖面系数	浮心纵向相对坐标
参考船型	0.519	0.626	0.788	0.829	−0.04
数学船型	0.56496	0.73129	0.88110	0.77255	−0.04

比较可见，数学船型的参数与实船的参数比较接近。

10.2 船型设计的垂向函数法

将船体外形曲面视为沿高度方向（z）按一定规律变化的无限密布的水线面构成。首先用数学函数表达水线，然后沿高度方向，将变化的水线的参数表达为高度的函数关系式。曲面方程可表达为

$$z(x) = f(x, y(x)) \quad 或者 \quad z(y) = f(y, x(y))$$

式中 $y(x), x(y)$ 是从高度最小值到高度最大值的闭区间内某吃水处水线的函数，仅自变量的选取不同。

基于船型的基本函数关系

$$z(x) = D(x) \left\{ 1 - \left[\frac{y - K(x)}{K(x)} \right]^2 \right\}^{\alpha(x)}$$

船型曲线的 y 坐标满足：

$$y(x) = K(x) - K(x) \left\{ 1 - \left[\frac{z}{D(x)} \right]^{1/\alpha(x)} \right\}^{1/2}$$

对于任意的垂向坐标 $z, z \in [0, D]$，在 xOy 平面上的船型曲线为

进流段：(x, y_1)，即

$$\left(x, K_1(x) - K_1(x) \left\{ 1 - \left[\frac{z}{D_1(x)} \right]^{1/\alpha_1(x)} \right\}^{1/2} \right), \quad x \in [L/2 - L_1, L/2]$$

舯段：(x, y_2)，即

$$\left(x, K - K \left[1 - \left(\frac{z}{D} \right)^{1/\alpha(x)} \right]^{1/2} \right), \quad x \in [-L/2 + L_3, L/2 - L_1]$$

去流段：(x, y_3)，即

$$\left(x, K_3(x) - K_3(x) \left\{ 1 - \left[\frac{z}{D_3(x)} \right]^{1/\alpha_3(x)} \right\}^{1/2} \right), \quad x \in [-L/2, -L/2 + L_3];$$

由此，型排水量

$$\nabla_0/2 = \int_0^D \left[\int_{L/2-L_1}^{L/2} y_1(x, z) dx + \int_{-L/2+L_3}^{L/2-L_1} y_2(x, z) dx + \right.$$
$$\left. \int_{-L/2}^{-L/2+L_3} y_3(x, z) dx \right] dz$$

设计浮心垂向坐标

$$z_0 \nabla_0/2 = \int_0^D \left[\int_{L/2-L_1}^{L/2} y_1(x, z) dx + \int_{-L/2+L_3}^{L/2-L_1} y_2(x, z) dx + \right.$$
$$\left. \int_{-L/2}^{-L/2+L_3} y_3(x, z) dx \right] z dz$$

根据超越方程组

$$\begin{cases} \nabla_0 = f_1(\alpha_1, \alpha_3) \\ z_0 = f_2(\alpha_1, \alpha_3) \end{cases}$$

可以解出形状因子 α_1, α_3，从而得到船型曲线。

利用垂向函数法对表 10-1 中的船型进行设计，设计图形如图 10-5 所示。

纵中剖面和z=4剖面-垂向函数法-数学船型设计

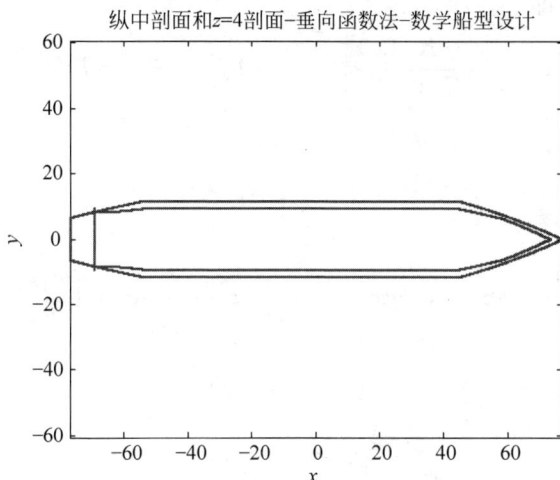

图 10-5 利用垂向函数法设计的船型

10.3 船型设计的横向函数法

1. 横向函数法的基本描述

数学船型是用数学函数表达和设计船体型线,船型的"参数化",从思想上给船舶设计理论研究工作注入了新的活力。并且随着计算机技术的发展,在生产设计过程中,计算机辅助船舶设计(CASD)日益成为设计者的好帮手。但船体本身是具有双曲度的复杂空间曲面,难以用解析的表达式进行描述,因此,研究选用何种数学方法更适合表达船型的工作具有相当重要的意义。

2. 水面船舶船型的横向函数法

基于船型的基本函数关系

$$z(x) = D(x)\left\{1 - \left[\frac{y - K(x)}{K(x)}\right]^2\right\}^{\alpha(x)}$$

对于任意的横向坐标 y,$y \in [0, K]$,在 xOz 平面上的船型曲线为:

进流段:(x, z_1),即

$$\left(x, D_1(x)\left\{1 - \left[\frac{y - K_1(x)}{K_1(x)}\right]^2\right\}^{\alpha_1(x)}\right), \quad x \in [L/2 - L_1, L/2]$$

舯段:(x, z_2),即

$$\left(x, D\left\{1 - \left[\frac{y - K}{K}\right]^2\right\}^{\alpha_2}\right), \quad x \in [-L/2 + L_3, L/2 - L_1]$$

去流段：(x,z_3)，即

$$\left(x,D_3(x)\left\{1-\left[\frac{y-K_3(x)}{K_3(x)}\right]^2\right\}^{\alpha_3(x)}\right),\quad x\in\left[-L/2,-L/2+L_3\right]$$

由此，型排水量

$$\nabla_0/2=\int_0^K\left[\int_{L/2-L_1}^{L/2}z_1(x,y)\mathrm{d}x+\int_{-L/2+L_3}^{L/2-L_1}z_2(x,y)\mathrm{d}x+\int_{-L/2}^{-L/2+L_3}z_3(x,y)\mathrm{d}x\right]\mathrm{d}y$$

设计浮心横坐标

$$y_0\ \nabla_0/2=\int_0^K\left[\int_{L/2-L_1}^{L/2}z_1(x,y)\mathrm{d}x+\int_{-L/2+L_3}^{L/2-L_1}z_2(x,y)\mathrm{d}x+\int_{-L/2}^{-L/2+L_3}z_3(x,y)\mathrm{d}x\right]y\mathrm{d}y$$

根据超越方程组

$$\begin{cases}\nabla_0=f_1(\alpha_1,\alpha_3)\\ y_0=f_2(\alpha_1,\alpha_3)\end{cases}$$

可以解出形状因子 α_1,α_3，从而得到船型曲线。

利用横向函数法对表 10-1 中的船型进行设计，设计图形如图 10-6 所示。

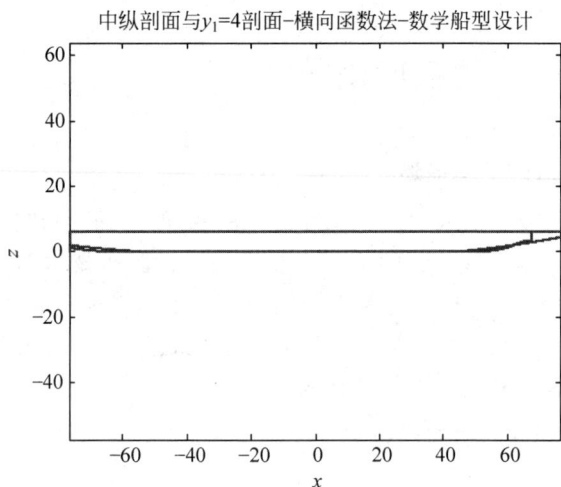

图 10-6　利用横向函数法设计的船型

10.4　基于数学船型的水面船舶船型优化

1. 优化变量的选取

记 $L_0,B_0,T_0,\alpha_{20},\alpha_{30}$ 为船长、船宽、吃水、舯段形状因子和艉段形状因子的设计初值，其中形状因子的初值 α_{20},α_{30} 根据其他变量和排水体积、浮心纵向坐标的设计初值,求解超越方程组得到。L_1,L_3 分别为进流段和去流段长度,α_2,α_3 分别为平行舯段与去流段末端的形状因子。优化变量取 7 个:船长与船长设计初值的比值 $x_1=L/L_0$;长宽比与其初值的比值 $x_2=(L/B)/(L_0/B_0)$;宽吃水比与其初值的比值 $x_3=(B/T)/(B_0/T_0)$;进流段长度与船长的比值 $x_4=L_1/L$;去流段长度与船长的比值 $x_5=L_3/L$;舯段形状因子与其初值的比值 $x_6=\alpha_2/\alpha_{20}$;艉段末端形状因子与其初值的比值 $x_7=\alpha_3/\alpha_{30}$。

2. 目标函数与约束条件

目标函数的选取:第一、阻力最小(摩擦阻力和兴波阻力);第二、排水体积最大。

$$\min F=k_1 R_T+k_2(-\nabla)$$

$$\text{s. t. } \nabla_0\leqslant\nabla=2\left[\int_{-L/2}^{-L/2+L_3}S_3(x,\alpha_3(x))\mathrm{d}x+\int_{-L/2+L_3}^{L/2-L_1}S_2(\alpha_2)\mathrm{d}x+\right.$$

$$\left.\int_{L/2-L_1}^{L/2}S_1(x,\alpha_1(x))\mathrm{d}x\right]$$

$$x_{C1}\leqslant x_C=\frac{2}{\nabla}\left[\int_{-L/2}^{-L/2+L_3}S_3(x,\alpha_3(x))x\,\mathrm{d}x+\int_{-L/2+L_3}^{L/2-L_1}S_2(\alpha_2)x\,\mathrm{d}x+\right.$$

$$\left.\int_{L/2-L_1}^{L/2}S_1(x,\alpha_1(x))x\,\mathrm{d}x\right]\leqslant x_{C2}$$

$$a_i\leqslant x_i\leqslant b_i,i=1,2,\cdots,7$$

其中,总阻力 $R_T=KR_W+PR_F$,R_W 为兴波阻力,R_F 为船体的相当平板摩擦阻力。总阻力中的修正系数 K 取为初始船型设计航速点的兴波阻力试验值与理论计算值的比,根据模型试验 $K=0.86$;形状因子 $P=1.16$。目标函数中的 k_1,k_2 为权重。取 $k_1=k_2=0.5$。兴波阻力 R_W 采用 Rankine 源法进行计算。摩擦阻力 $R_F=\frac{1}{2}\rho U_\infty^2 SC_{f0}$,其中,海水密度 $\rho=1.0247\text{kg/m}^3$,航速 U_∞(单位:m/s),采用经典公式(ITTC1957 公式)计算平板摩擦阻力系数 $C_{f0}=0.075/(\lg Re-2)^2$,$Re=\dfrac{U_\infty L}{v}$ 为雷诺数,v 为流体的运动黏性系数,取 $v=1.05372$;S 为船体湿表面积。在数学船型中,船体湿表面积计算如下:

水面船舶水线以下部分湿表面积表达式为

$$S=2\left[\int_{-L/2}^{-L/2+L_3}\int_0^{K_3(x)}\sqrt{1+(z'_3)^2}\,\mathrm{d}y\,\mathrm{d}x+\int_{-L/2+L_3}^{L/2-L_1}\int_0^{K}\sqrt{1+(z'_2)^2}\,\mathrm{d}y\,\mathrm{d}x+\right.$$

$$\left.\int_{L/2-L_1}^{L/2}\int_0^{K_1(x)}\sqrt{1+(z'_1)^2}\,\mathrm{d}y\,\mathrm{d}x\right]$$

其中船型曲线的一阶导数为

$$z' = (-1) \frac{2D\alpha}{K} \left[1 - \left(\frac{y-K}{K} \right)^2 \right]^{\alpha-1} \left(\frac{y-K}{K} \right)$$

3. 实例

采用非线性规划算法求解上述多学科设计优化问题。实船的主要设计参数如表 10-4 所示。

表 10-4　实船主要设计参数

船长 L/m	进流段长度 L_1/m	去流段长度 L_3/m	吃水 H/m	水线面舯段半宽 K/m	排水体积 ∇/m³	船艉水线面半宽 k_3/m	浮心纵向相对坐标（%L）
153.77	32.29	23.07	6.30	10.56	5648	6.40	−4.2

优化变量初值取为(1,1,1,1,1,1,1),优化结果为

$$(1.2, 0.9941, 0.9335, 1.19, 0.87, 0.9949, 1.002)。$$

具体看,船长增加了 20%,长宽比减少了 0.41%,宽吃水比减少了 6.65%,进流段长度增加了 19%(实际上,舯段也加长了),去流段长度减少了 13%,舯段形状因子减小了 0.51%(瘦窄了),去流段末端形状因子增大了 0.2%(宽胖了)。优化计算的结果,排水体积增加 13.24%,兴波阻力减少 0.65%,摩擦阻力增加 3.09%,改进了初始设计。

从优化设计前后的参数对比可以看到,尽管这里的模型过于简单,设计中的很多因素没有综合进来,但是改进的方向与经验与已有的多种方法是一致的,因此方法与模型可取。

4. 结语

利用数学船型和多学科设计优化技术,对研究中的船舶初始设计的主尺度进行优化,可以在概念设计阶段,对新型船舶加强研究。由于利用了数学船型技术,使得对主尺度整体进行优化成为可能。数学船型技术的利用,可以不限于在局部进行优化,从而实现主尺度的大尺度优化。这在船舶的概念设计阶段具有实用价值。

（1）解决可用数据少的困境

由于保密原因,发达国家开展水面船舶、潜艇等概念设计的理论和方法研究的资料,公开报道的很少,使得概念设计中一个最突出的问题就是数据可用性低,有时甚至是无数据可言,因而给数据库建立带来极大困难。同时,将逻辑推理、神经网络、模糊综合评判等技术应用于创新性的船舶概念设计,有许多问题还有待研究解决。国外虽然已进行许多研究,并取得了许多可用的成果,但还没有形成一套完

全是由 ICAD 技术支持的环境系统。由于概念设计的重要性,各有关国家都十分重视这一问题。这方面的研究有利于提高我国在船舶设计上的创新水平。

(2) 多学科设计优化的需求

传统的船舶设计是一种串行的螺旋式的设计过程。在这种设计模式下,不能综合考虑各学科之间的相互影响,往往只能得到可行解,而得不到全局最优解。将 MDO 方法应用到船舶设计中,它使原来的串行的设计过程转变为并行的设计模式。在这种设计模式下,综合考虑各学科的影响,充分利用并行的设计信息,从而找到全局最优解。各国都尝试将 MDO 方法应用到船舶的初步设计阶段,将原来船舶主尺度的确定与船型变换的串行设计模式改变为并行设计模式。这种模式在确定主尺度的过程中能充分利用后期船型变换的各类信息,从而提高了设计质量、缩短了设计周期、节约了建造成本,因而具有重大的工程应用价值。

在多学科设计优化中,一个重要问题是尽可能减少优化变量,以利于保证收敛,加快收敛速度,收敛到最优解,因此对于数学船型的研究日益迫切。

(3) 概念设计需要简单快速的设计方法

船舶设计属于工程设计。工程设计就是对工程技术系统进行综合分析、构思并把设想变为现实产品的技术实践活动。完成设计过程要经过概念设计(Conceptual Design)、技术设计(Technical Design)和施工设计(Construction Design)三个阶段。船舶概念设计,各国在设计阶段分划上稍有不同,有的为方案论证或可行性论证阶段(美国),也有指方案设计阶段(德国),但都包含可行性论证和方案设计两部分内容。在此阶段并不需要精确满足工程要求的精准船型,只是需要满足基本设计要求(静水性条件、动力性条件)的基本船型,并且要求概念设计阶段的船型设计简单快速,以适应不断修改设计要求的变化。这为数学船型的研究提供了需求动力和应用背景。

数学船型方法为我国船舶概念设计提供了简单快速的设计方法,缩短了概念设计的周期,节省了经费,降低了风险,也为设计复杂的组合船型愈新型船型提供了新的方法。

第 11 章 ▶▶

船舶虚拟采办中的数学船型

　　船舶的船型设计是一门复杂的综合性技术,涉及的技术领域多、技术积淀历史长、创新的约束条件强,是船舶总体设计中的基础性前提和核心环节,对船舶综合航行性能有着决定性的影响。传统的船型设计方法在主流船型上经过几十年的应用实践,对航行性能的改善几乎达到了极致,继续沿用下去,难有突破性的进展。因此,急需研发对船舶航行性能有革命性改善的全新的船型设计理论和方法。

　　将计算流体力学(CFD)数值评估技术与最优化理论及船体几何重构技术集成起来,形成了一种源于严谨数理控制、基于知识化的崭新的船型设计模式,该模式在国际上也称之为基于设计的仿真(SBD)技术,该技术通过利用 CFD 技术对设定的优化目标(船舶水动力性能)进行数值评估,同时利用最优化技术和几何重构技术对船舶构型设计空间进行探索寻优,最终获得给定约束条件下的水动力性能最优的船型,它为船型设计和构型创新打开了新局面,一经提出便在国际船舶研究设计领域引起了广泛关注,该设计模式对船型设计技术的发展将是一项革命性的技术推动。

11.1　虚拟采办

　　在军事工业领域,国际形势复杂多变使得军事斗争对装备采办的要求越来越高,需要同时满足缩短采办时间和提高装备性能两方面的需求。采办是指发展、获取和使用军事装备、大型设备等复杂产品的全过程,包括需求分析、设计、研制、试验、生产、部署、改进、更新和淘汰处置等活动。这是一项系统工程,面临着费用、进度、风险、性能等多方面的挑战。同时,随着计算机、网络、建模与仿真等高新技术的飞速发展,人类的生活和生产方式正迅速改变,工业领域尤其是军事工业领域也面临着革命性的变化。例如计算机辅助设计(CAD)、计算机辅助制造(CAM)、计算机辅助工程(Computer Aided Engineering,CAE)、计算机支持的协同工作(Computer Supported Collaborative Work,CSCW)等技术的应用极大地提高了生产效率、降低了劳动强度。虚拟采办正是在这种背景下被提出来的一种新型采办方法,期望将先进的建模与仿真技术协同地应用到采办全过程中,实现采办"更好、更快、更省"的愿景。而实施虚拟采办的前提条件之一就是要实现采办的信息化,通过强健的信息基础设施达到信息的及时按需所得、建模与仿真工具的互操作、采办参与人员的协同工作等目的。从计算机软件角度来看,虚拟采办信息基础设施具有广域分布、分散松耦合、屏蔽异构性、强调安全性等需求。Web 服务作为面向服务的一种分布式计算技术,在实现广域、跨异构平台的软件系统方面具有优势,成为虚拟采办依托的平台。

我国正在从计划经济的订货制度转向具有市场经济特点的采办制度,这一转变对我国重大装备的采购,特别是军品的采购,带来巨大的变革。

1. 虚拟采办的概念

基于采办的仿真(Simulation Based Acquisition,SBA),又称虚拟采办,是美国于 1996 年正式提出的一种新型采办方法,主要思想是将建模与仿真(Modeling and Simulation,M&S),技术应用到复杂产品的采办过程中,使大型复杂产品的采办"更好、更快、更省"。SBA 简要定义为:一种复杂产品的采办过程,通过强健地协同使用跨采办阶段、跨采办项目集成的建模与仿真技术,向政府和工业界提供支持。其主要目标为:①大幅节省开发新系统的时间、资源,降低风险;②在减少全生命周期费用的同时提高系统的质量、应用价值和保障度;③一体化产品和过程开发,贯穿采办的全生命周期。

虚拟采办所涉及的范围相当广泛,涉及采办相关的所有方面,包括参与采办的组织和人员防务部门、工业界等采办项目的全部阶段需求分析、概念成型、设计、制造、训练、运行等阶段采办过程中的所有专业规范和活动。在传统的采办向虚拟采办转变的过程中,主要面临 3 个方面的挑战和重大变革:

(1) 演变的采办文化:参与采办的所有人员在技能、角色、责任、态度、管理等方面的变革,要接受并信任建模与仿真,习惯在一个分布式环境中协同工作。

(2) 螺旋式上升的采办过程建模与仿真技术的普遍应用使采办过程由瀑布式串行的过程转变为螺旋式上升的过程。

(3) 具有先进 IT 能力支持基础设施,主要需求包括:①产品开发活动中所有信息要让用户终端能够及时地按需获取;②有效支持建模与仿真的强健工具集,为复杂产品采办提供及时专业的帮助;③协同、权衡、决策、记录等其他支持软件;④有效的通信网络,支持用户、工具和数据仓库间快速的数据交换;⑤安全机制,包括用户身份、加密、访问控制,保证信息完整性和一致性;⑥丰富的计算能力和人机接口设备。

总之,虚拟采办是一种跨部门、跨项目、跨阶段的应用建模与仿真技术的采办方法,强调螺旋式、并行的采办流程,强调数据、模型、工具的共享、重用和互操作。

2. 虚拟采办的技术背景

从虚拟采办所面临的挑战和变革可以看出,实现虚拟采办涉及多个学科的专业知识,不仅需要系统工程方面的知识,还要依赖于建模与仿真、分布式计算、信息安全等计算机应用技术的支持。虚拟采办是一个应用性较强的跨学科研究方向,不仅涉及多方面的技术背景,还涉及产品相关的知识,例如机械、电子、动力等。虚拟采办自身所直接涉及的主要技术和研究方向包括几个方面。

(1) 建模与仿真

经过半个多世纪的发展,建模与仿真技术已经成为对人类社会具有重要影响的一门综合性技术学科,主要研究如何对目标系统建立各种科学模型,并利用模型对已有的或设想的系统进行研究、分析、设计、加工生产、试验、运行、评估、维护和报废等活动。虚拟采办的核心就是将建模与仿真技术协同地应用到采办过程的各个阶段,从而使得复杂产品的采办能够更好、更快、更省。这对建模与仿真技术也提出了新的要求,需要提高仿真模型的互操作性、重用性、仿真系统的验证、校核与验收(Verification,Validation and Accreditation,VV&A)能力,需要支持从产品模型到合成环境的多分辨率建模与仿真,需要增强仿真系统的网络化协同运行。

(2) 分布式计算

分布式计算是实现信息共享、异构环境的应用互操作和智能协同工作的计算机技术。而实施虚拟采办需要有分布式信息基础设施的支持,包括快速有效的通信网络、及时按需获取的信息资源工具共享、支持协同工作决策的软件系统、强健的安全机制等。从这个角度来说,虚拟采办软件系统是一个集成了各种仿真资源、仿真工具的分布式系统,因此虚拟采办离不开分布式计算技术的支持。同时,现代建模与仿真技术也在与分布式计算技术结合,朝着网络化、协同化、普适化方向发展。

(3) 系统工程

系统工程是系统科学的实际应用,以大型复杂系统为研究对象,按照一定的目的进行设计、开发、管理与控制,以期达到总体效果最优。系统工程所需要的基础理论包括运筹学、控制论、信息论、管理科学等。虚拟采办是适用于复杂产品的采办方法,实施复杂产品的虚拟采办是一个系统工程,需要在采办全生命周期中结合系统工程的理论和方法应用建模与仿真技术,使得复杂产品的采办更快、更好、更省。

3. 虚拟采办的研究现状

虚拟采办兴起于美国。1994 年,美国防务部门为了应对冷战后的国际形势,开始寻求新的防务采办体系,1996 年开始将建模与仿真引入装备采办过程中,首次正式使用 SBA 理念。1998 年,美国防务部门成立了联合 SBA 任务小组,该小组于当年 12 月发布了其研究报告 *A Road Map for Simulation Based Acquisition*,在报告中首次系统地阐述了 SBA 的概念和范畴,给未来实施 SBA 提出了一个路线图,确定了协同环境、分布式产品描述、国防工业部门资源库、数据交换格式等关键概念,并套用 IEEE 对于体系结构的定义,为 SBA 从运作、系统、技术三个视图建立了概念性的"体系结构"。与此同时,美防务系统管理学院(defaense systems management college,DSMC)也出版了一份报告 *Simulation Based Acquisition:A New Approach*,详细论述了 SBA 的产生背景、概念、重要方面以及实施所面临的挑战。美国防务部门 1999 年发布的 DoD5000 系列的采办指南修订版中正式将 SBA 视为基本策略。

2000 年,John F. Keane 等对 SBA 的协同环境、体系结构方面进行了更加深入的研究,从协同工作的角度定义了一个高层的体系结构,使得协同环境与采办流程和协同采办的文化吻合起来,更好地实现虚拟采办所提出的愿景——提高质量、加快速度、降低成本。同时,洛克马丁公司的 Bipin Chadha 等研究人员给出了实现一个低本高效(cost-effective)的复杂产品虚拟采办在体系结构方面需要注意的原则,从当时的商业计算技术方面介绍了一些适合虚拟采办的体系结构,包括 Internet 体系结构、公共对象请求代理体系结构(Common Object Request Broker Architecture,CORBA)、联邦体系结构、智能代理体系结构以及基于组件的体系结构。在此后的几年里,美国的防务部门有一系列实施 SBA 的试验性项目,包括 JSF(joint strike fighter)、JDEP(joint distributed engineering plant)、SMART,(simulation and modeling for acquisition,requirements and training)、JSB(joint synthetic battlespace)、FCS(future combat systems)等。

2004 年,Joe Van Holle 回顾了 SBA 在防务采办变革方面的所发挥的作用,认为"在此次采办变革风暴中所提出的概念、理论以及所做的尝试,有些被抛弃,有些得到发展壮大,而 SBA 作为一个对新采办环境存在潜在贡献的概念被得到保留"。这是对 SBA 的一个阶段性的总结,之后美国防务部门将 SBA 的理念逐步转化为对具体采办过程中的建模与仿真技术的协同应用。NASA 也于 2005 年签署了 SBA 的具体实施策略。

在美国提出 SBA 以后,世界上的其他国家也借鉴此理念,进行了不少的研究和项目应用。

英国将建模与仿真演变为人工合成环境(synthetic environment)的概念,并且提出了基于人工合成环境的采办(synthetic environment based acquisition,SEBA)的理念作为具有英国特色的 SBA/SMART。

欧洲各国的防务部门针对 SBA 缺乏通用方法和有效支持工具的现状,从 2005 年到 2007 年联合开发了一个通用技术框架(Common Technical Framwork,CTF)作为支持 SBA 的一种途径。CTF 主要包括 CMMS(Concept Model of the Mission Space)、数据模型和 HLA(High Level Architecture)三个部分,它支持 SBA 流程,实现建模与仿真在采办中的有效应用。

在亚洲,韩国防卫开发署(ROK Agency Defence Development)提出了一种支持 SBA 的采办流程,并从工程角度出发成功利用基于仿真的设计实现了流程。

国内对于 SBA 的研究和应用也相当重视。从"九五"计划就开始跟踪国外的研究动态,消化国外的各种技术研究报告。"十五"计划开始以后,国内在框架、平台、体系结构和支撑技术方面进行了研究,实现了一个虚拟采办的原型演示系统。航天二院开发并初步应用了多学科复杂产品虚拟样机工程支撑平台以及关键部件,提出了仿真网格的概念和体系结构,并进行了深入研究和初步实践,为支持环境的实现奠定了基础。北航对基于 HLA 的协同环境结构进行了 SBA 研究,构建了一个实用性强、较完整的 SBA 仿真协同环境。总体来说,国内对于复杂产品虚拟采办的研究还处于发展阶段,对虚拟采办具体实现技术和应用技术还有待进一步深入研究。

11.2　船舶虚拟采办

1. 船舶协同设计系统功能分析

在传统的船舶研制工作中,由设计者提出技术解决方案,以满足规定的要求及技术与计划上的约束条件。在设计的最初阶段没有充分关注随后的建造和使用中的问题,如可生产性、可维修性和可操作性等。因此,设计方案完成时还需要由外界专家进行费用和效能的评估,需时较长。另外,在设计部门内部进行评估分析的反馈信息也需要时间,例如船舶的设计要求,有的来自船厂,可能需要一两年,有的来自舰艇部队,则需时更长。这些姗姗来迟的反馈信息,不能保证船舶的优质设计,而且由于"事过境迁",参考价值也大打折扣。根据船舶装备采办的实际,将船舶协同设计系统的主要功能界定如下。

(1)初步设计方案形成

初步设计方案的形成涉及的人员是船舶设计人员和技术保障人员。技术保障人员负责提供新技术以及相关的仿真建模、虚拟环境构建等技术支持;设计人员则根据作战需求进行船舶的初步设计。其整体功能简单来讲就是：形成初步的船舶设计方案。当然，这一功能还可以进一步细化为：基本船体结构设计，武器装备选取，工艺可行性分析，费用可承受性分析，等等。

（2）三维实现

三维功能的主要参与者是技术保障人员，其功能是对设计人员制定的初步设计方案进行三维动画实现，建立各自的仿真模型。设计人员提出的设计方案中，绝大部分数据可能是文本，集成产品协同组（integrated product team，IPT）其他成员很难直观地察看并发现其中的不足之处，因此需要技术保障人员对其进行仿真建模并进行三维动画实现，以便于 IPT 成员查询这些方案并发现其中的错误和不足。

（3）初步方案的协同改进

初步方案的协同改进功能涉及的操作人员包括全体 IPT 小组成员，即设计人员、军方使用人员、厂方制造人员以及装备后勤保障人员和维修人员等。其功能实现过程是：各 IPT 成员提出各自领域内的意见，对初步设计方案进行修改，再经过共同协商形成改进设计方案。

（4）方案选取

这一功能涉及的操作人员同样包括全体 IPT 成员，其目的就是利用各种评估模型选取最优的船舶设计方案。

2. 基于 SBA 的船舶协同设计系统框架

经过初步的功能分析可以发现，要想实现船舶的协同过程设计，必须组成专家工作组，结合各领域专家的智慧，从而高质量地完成船舶设计任务。这一专家工作组也就是通常所说的 IPT，这一工作组不仅包括船舶设计、制造、维修方面的专家和工程师，也包括军方提出船舶作战任务性能指标的专家学者，同时还包括军方船舶使用维护保养乃至于退役所涉及的相关人员，他们共同参与船舶设计、建造、验证及使用维护等全寿命周期的各个过程，提出自己在不同领域内的认识和意见，最后经过磋商和协同获得最优的设计方案。

该体系主要包括以下几个关键构件：

（1）SBA 协同仿真环境

该环境主要包括分布式数据库、分布式模型库以及公共数据接口，当然还包括一系列的数据交换标准，虚拟现实（virtual reality）技术等。其主要目的是实现 IPT 成员之间的信息交流以及对各种设计方案的评估修改，要求虚拟的仿真环境能表达船舶的总体布局与系统主要配置以及总体性能、目标特征等主要性能；表达舰载电子、武器系统的作战使用过程（对海、防空和反潜）和相应的船舶机动过程；表达战场环境（敌方武器配置及使用过程）和自然环境（水文、气象、航道等）。

（2）综合产品小组

综合产品小组是集成产品与过程开发的主要要素之一。具有跨学科、多功能、信息交流及时畅通、协调一致的特点。它的功能是按照主控程序要求实现对船舶设计方案的迭代、协同优化。

（3）控制程序及相关设计分析工具

预先编制的主控程序有利于对系统实现良好的管理控制，这种管理控制一方面是对各种数据/模型库的管理控制，另一方面是对模型建立，人员互联，信息传递的控制，以及各种工作成果的存储、调用和管理控制。在此过程中，工作人员需要利用的各种数字化设计、分析工具，主要包括计算机辅助设计（CAD）等。

（4）其他构件

其他构件主要包括：总部及管理部门、配套设备所、建造厂、设备供应厂商、军方、研究所，主要功能是辅助实现异地的船舶设计方案评估修改。

3. 控制程序的 UML 建模

上述的系统结构充分体现了信息技术、仿真技术、管理技术在船舶协同设计阶段的融合应用。要实现这样一个大而全的系统，绝非易事，因为任何一个子系统的开发都具有相当大的工作量，其中子系统之间的集成是关键。而且，如果不与系统使用涉及的各种用户进行交流探讨，弄清潜在的需求，系统也必然存在这样那样的缺陷。总体来说，撇开文化上和管理上的挑战，单纯从技术的角度上讲，系统实现的关键点与难点体现在控制程序的编写上，在此利用 UML 建模方法对其进行初步的分析研究。

（1）系统静态模型的建立

一般来讲，采用面向对象技术设计系统时，第一步是描述需求；第二步根据需求建立系统的静态模型，以构造系统的结构；第三步是描述系统的行为。在第一步与第二步中所建立的模型都是静态的，包括用例图、类图（包含包）、对象图、组件图和配置图等五类图形，它们都是统一建模语言的静态建模机制。而第三步中所建立的模型或者可以执行，或者表示执行时的时序状态或交互关系，包括状态图、活动图、顺序图和合作图等四类图形，是统一建模语言 UML 的动态建模机制。

（2）系统动态模型的建立

UML 建模方法中，顺序图属于交互图的一种，其目的是描述系统有关对象为了实现某一目标进行交换的一组消息（对象之间是通过消息通信发出服务的请求）所构成的行为。因此，一个系统往往包含许多此类行为，针对船舶协同设计系统的"初步设计方案形成"使用情境建模，顺序流程是：设计人员进行船舶设计时，首先调用基本船型的模型，其次调用作战需求分析阶段得出的相关数据对此船型进行评估和修改，（实际上，这一过程是一个反复迭代的过程，而且其实现的基础是建立内容丰富的船体模型库,这也是本系统实现的一个关键环节),再次,设计人员根据船体模型和作战需求数据分析结果选取合适的武器装备,这也离不开反复的协商讨论和评估。最后设计人员将最后结果存入系统数据库,以便其他 IPT 成员调阅并评估,选取最优设计方案。

4. 分析与结论

船舶协同设计融入了 SBA 的反复迭代的思想,极大地缩短了研制周期,减少船舶寿命周期费用,最重要的是能够集思广益,及时发现并纠正错误,保证船舶装备及时投入实战,是未来船舶设计发展的主要方向。

建立在 SBA 一体化仿真环境基础的船舶协同设计系统的整体框架,利用 UML 建模方法对其部分功能行为进行了静态和动态建模,验证了船舶设计系统的可行性、有效性。值得指出的是,一方面,船舶协同设计的实现需要收集建立大量的相关模型(如船体模型、评估模型、环境模型,等等),没有相关模型作支撑,船舶协同设计只会成为"无源之水,无本之木";另一方面,船舶协同设计系统作为 SBA 的一部分,其实现有利于 SBA 在我军船舶采办中的全面实现。

11.3　虚拟采办下的船舶概念设计

概念设计处于产品设计的早期,目的是提供产品方案。研究表明,产品大部分成本在概念设计阶段就已确定。概念设计不仅决定着产品的质量、成本、性能、可靠性、安全性和环保性,而且产生的设计缺陷无法由后续设计过程弥补。但是,概念设计对设计人员的约束最少,具有较大的创新空间,最能体现设计者的经验、智慧和创造性。概念设计被认为是设计过程中最重要、最关键、最具创造性的阶段。

概念设计一词由 Pahl 和 Beitz 于 1984 年在其 *Engineering Design* 一书中提出,自此以来,人们已对概念设计进行了几十年的研究。认为概念设计是从产品开发的用户需求到功能原理解的映射过程,其一般过程是:设计人员首先把用户需求定义规范化为设计要求任务表,再经过抽象化,拟定出产品总功能,然后将总功能逐层分解为一些有原理解(即原理方案)对应的子功能,最终这个总功能和各子功能形成了设计的功能树;然后设计人员对各子功能进行求解、综合和评价,得到最后的功能原理解。概念设计从不同的角度有多种定义。一般认为,概念设计是指以设计要求为输入、以最佳方案为输出的系统所包含的工作流程。概念设计阶段主要有两个任务:①根据设计任务建立系统的功能结构;②选择相应于功能结构中的每个功能的功能载体,并组合这些功能载体形成最优的设计方案。在设计过程中,概念设计阶段的主要目的是产生出设计概念。与其他设计阶段相比较,概念设计阶段具有以下 4 方面的特点：

① 在此阶段,所设计的产品都是以特性及与其他产品之间的关系等外部特征出现;

② 设计要求通常都是定性的而不是定量的;

③ 设计要求一开始并不是很完善的,而是要随着概念设计的螺旋式进行,逐步达到设计要求的完善、可操作和协调一致;

④ 设计过程没有一定的程式,而是随着设计问题和约束的特殊性、设计者的考虑等因素而变化的。

通常,概念设计输入功能要求,输出结构方案,因此,它是一个由功能向结构的转换过程。从设计过程看,概念设计具有创新性、多样性和递归性的特点;从设计对象看,概念设计又具有层次性和残缺性的特点:

① 创新性。创新是概念设计的灵魂,包括功能、结构等的修改、改良和创新等;

② 多样性。概念设计的多样性主要体现在其设计路径的多样性和设计结果的多样性。总功能抽象化的程度不同、功能分解和工作原理等的不同,会产生完全不同的设计思路和设计方法,从而在功能载体的设计上产生完全不同的原理方案;

③ 递归性。概念设计的递归性主要体现在从功能空间映射到属性空间的设计工作,不是一次能够完成的,需要反复迭代,逐步完善;

④ 层次性。概念设计分别作用于功能层、行为层、结构层,并完成由功能层向行为层、行为层向结构层的映射;

⑤ 概念设计阶段区别于其他设计阶段显著特点之一是在该阶段产品信息(主要包括功能信息和几何信息)是残缺的,表现为产品信息的不精确(imprecise)、不确定(uncertain)、不完全(incomplete)和不定性(undeterminedness)的特点。

1. 船舶概念设计的内容

自 20 世纪 70 年代英国的 French 提出概念设计一词以来,人们已对概念设计进行了几十年的研究。因为对产品的全寿命周期起着决定性的作用,概念设计得到了国内外专家学者的广泛重视。计算机辅助概念设计在航空、机械工程、工业设计等领域已取得了较明显的成果,并已体现在产品制造与管理中。一些新的智能技术、多媒体技术和仿真技术也被广泛用于概念设计中,不仅提高了概念设计的效率,而且扩展了概念设计的内涵。

从设计角度讲,军用船舶概念设计的任务是汇总并确定未来军用船舶的技战术特征及其功能实现条件。换句话说,考虑到概念设计过程中军用船舶概念选择的内容和所使用方法的特殊性,可以将项目研究的这个阶段及其相关的设计理论统称为概念设计。

概念设计任务是选择原型、主要状态和方法,对反映军事地理、政治、民族、经济、技术及其他与造船相关的外部条件,给出定量分析方法。概念设计过程中所使用的系统分析具有特殊性,通常使用不规范的方法、方式和手段,并依靠数学建模完成。概念设计是设计理论的一部分。

概念设计对研究结论有依赖性。研究结论给出假想或潜在敌方、己方海军舰队和主要海洋国家海军舰队的兵力构成及相应船舶武器、装备、技术设施的技战术性能预测。此外,在进行概念设计时,还要考虑军事地理、政治和对其他主要海洋国家的研究分析结论及本国军事造船工业状况和发展特点。

所有这些过程中,不可避免地要应用某些平衡机制,这样才能给出具有普适性特点、能够体现未来军用船舶(或军用船舶系列)建造指导思想的概念性条目,同时给出对其研究分析的结论。

这些平衡机制通过概念设计过程中所采用的一些方法和手段体现出来,可以统称为概念分析。

除了完成与构建未来军用船舶概念有关的主要任务,其他重要的概念分析任务还体现在基于初始数据的最新计算结果,制定由规定、规则、条件和限制组成的规范体系。概念分析结果也可作为数据,或者说,概念分析也是为整个设计过程做准备,因而会更广泛地运用常规的工程计算手段。

概念分析的部分结论具有普适性,其中的观点和某些定量分析结果的总和具有积分效应。在此效应下,可以对未来军用船舶概念、在未来海军舰队兵力体系中的地位以及在世界军事造船体系中的地位有总体上的了解和把握。此类结论往往带有强烈的人文色彩。例如,提交文件中可能完全采用文字叙述性语言,对具体数据毫不涉及,但即便如此,它也是概念分析中最重要的文件。科技飞速进步,船舶设计理论同样在快速发展。新式武器、装备和技术不断涌现,并在此基础上发展出新的作战样式和使用方法。如除数学建模外,还开发了各种不同用途的数学分析工具。同时,对数值计算的要求还需与新型船舶建造、船舶所承担任务及其在舰队兵力构成中占据的地位等问题一起进行综合考量。在此情况下,早期阶段所采纳方案的预算误差将随设计的逐步完善和社会通货膨胀而成倍增大。

由于概念分析阶段并没有实用且成熟的数学工具,因此在这个船舶设计领域研究中,仅能依靠有限的规范化方法作为辅助,并需与逻辑分析方法配合使用。其中,应对系统论方法给予重点关注,并从系统论所包含定律中寻求更广泛的理论支持。任何学科理论取得的成就,都要通过其所有组成单元协调发展来实现。因此,传统船舶研究设计理论的完善也需要概念设计理论的发展。

由于船舶概念设计涉及众多设备的功能属性、特征属性、时域属性,需要完善的数据库作为概念设计支持;随着产品需求的提升,用户要求越来越多,优化目标

也越多,涉及到使用性能、经济性、生命力等。由于概念阶段的上述特点,各国对于概念设计理论和方法的研究总体上有以下特点:

① 设计周期缩短,概念设计自动化程度要求提高,各国纷纷开发各自的船舶概念设计自动化系统进行新船型的研发和老船型的二次研发;

② 船舶概念设计框架越来越详尽,力图在概念设计阶段就得出较为详尽的技术参数;

③ 学科间解耦越来越复杂,随着新技术的广泛应用,学科间的耦合作用越来越强,要通过数学表达方式,将这些耦合作用表示出来,不仅需要对各个学科进行深入了解,还需要强大的数学知识,借助各种数学工具;

④ 多学科优化技术广泛采用,由于用户需求越来越多,使得优化目标越来越多,最优化原理不仅应用于学科级内部,也应用于系统级。

目前,船舶概念设计有几个关键问题尚待研究:

① 数学船型,利用函数 $F(x,y,z)$ 表达船体几何外形的型线。与其他型线表达方法相比,该方法可通过关键参数控制船体曲面形状,从而摆脱型值和控制点约束。正是由于摆脱了对于型值的依赖,数学船型可表达系列船体模型,便于后续的方案选优和评估。而传统的型值表达方法,由于一次只能表达一条船体型线,成为后续方案选优的瓶颈。因此,建立可工程实用的数学船型就显得很有必要和迫切了。

② 学科间的解耦,随着船舶总体系统的不断扩大,学科间的协同影响会变得更加复杂。学科之间的耦合作用使得数学建模会越来越困难,这是一个普遍的难题。此外,学科间影响度分析也是至关重要的。

③ 在优化计算方法方面,我国目前还是落后于国外,尤其是算法的实用性研究,基本都是采用通用优化软件,进行优化计算,没有开展针对具体问题的算法研究,这一方面浪费了较多的计算资源,同时优化结果的精确度上也存在一些问题。

2. 船舶概念设计的特点

船舶总体设计是以满足船舶作战使用要求为目标,在多种约束条件下,以规范和经验为基础,利用系统工程的方法,综合考虑各种要素,应用计算、仿真、试验等手段,进行多学科、多目标优化的反复迭代的创新活动。

船舶总体设计是一门综合集成技术,是船舶总体技术的核心技术。船舶总体设计不仅仅只考虑船舶本身的性能,更重要的是要综合考虑舰载系统、设备的关键性能,按照"设备服从系统、系统服从总体、总体服从大局"的原则和科学的方法,应用功能集成、信息集成、网络集成、软件集成等多种集成技术即综合集成技术,将各分离的系统设备、功能和信息等集成为相互关联的、统一和协调的有机的整体"船舶这一大系统",使得资源达到充分共享,实现船舶的集中、高效和便利的管理。

船舶总体设计不仅是一门技术,而且是一门艺术。通过船舶建筑造型艺术和色彩美学的综合应用,仿佛是谱写着一部海上流动的乐章,传承着海军的传统文化,使得船舶不仅是一种威武的作战装备,更是一件凝聚众多设计师智慧和想象力的艺术品。

船舶总体设计作为一门工程学科,其主要特点概括如下:

(1)综合性

船舶总体设计是将船舶作为一个综合的系统工程来研究其内部规律和它与外界有关因素的关系,是总体布置、建筑美学、航行性能、结构、材料、动力、电力、电子、武器等各种知识的大集合。船舶总体设计涉及图形学、水动力学、结构力学、机械学、电磁学、信息学、战术学、人因工程学等多个学科的知识,是一个涉及工程领域众多、知识面广泛的学科,需要综合运用船舶战术、战斗器材、航海性能、结构强度、建造工艺、专用装备等各有关学科的知识,是典型的综合学科。

(2)整体性

船舶作为一个大系统,由各功能分系统组成,各分系统内部具有强耦合关系,以实现其功能。

船舶总体设计以资源整合、共享、分配、调度等手段,在各分系统内部强耦合关系的基础上,将各分系统有机集成为一个整体,使船舶成为一个高度综合的一体化系统。

(3)灵活性

船舶设计存在多维设计空间,需进行多目标因素的平衡,因此设计中多方案的权衡取舍是一项痛苦抉择的过程,即设计人员面临的是多种方案都能满足同一套战术技术性能指标要求,只是目标的排序不同,在设计上存在相对的灵活性,往往需要对多种方案进行分析评估,从中求得"多方相对满意"的方案。

(4)风险性

一方面,随着技术的持续发展,创新技术的首次工程化应用总是极具风险。船舶研制周期长,通常新研系统和设备与船舶总体处于同步研制阶段,其状态不断变化,新技术不断涌现,用户要求不断变化,总体方案处于一种动态的调整过程,技术状态难以控制,给总体设计带来技术、进度和费用等风险。另一方面,有限的总体资源与不断增长的需求之间的矛盾也会给总体设计带来风险。订货方既希望舰员有良好的生活和工作环境,也希望船舶具有较强的打击和抗打击能力,同时要符合国际公约的要求。受船舶总体资源限制,在总体资源的配置过程中,权衡需求与现实资源之间的关系,给总体研制目标的实现带来一定的风险性。

（5）复杂性

船舶总体设计不仅要完成大量的计算、仿真、试验及图纸的设绘，还要开展大量的工程协调、平衡和迭代，与陆军的战车、空军的战机等装备总体设计相比，船舶总体研制的复杂性呈几何级数增加。图 11-1 是美国研究人员得出的各类装备研制工作量图，充分说明了船舶总体研制的复杂性。

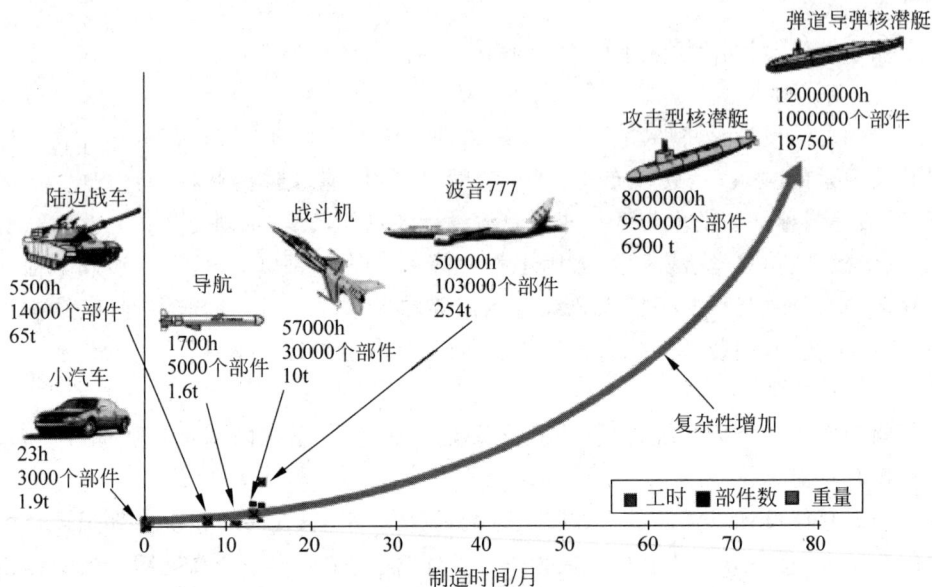

图 11-1　船舶与其他装备工作量比较图

船舶总体设计的综合性、整体性、灵活性、风险性和复杂性的显著特点，决定了船舶总体设计决不是一蹴而就，而是一个需要进行反复迭代、螺旋式上升，逐次逼近最终目标的过程。

船舶总体设计过程一般分为概念设计、方案设计、深化方案设计、技术设计、施工设计等若干个阶段。

（1）概念设计阶段

概念设计是按照海军船舶装备的发展规划，通过研究国内船舶技术发展的现状和趋势，从船舶的总体、性能、结构、材料、机电、武器、设备制造、技术构成、生产条件、管理体系等方面进行军事分析、技术分析和经济分析，策划工程研制的整体框架、规划；以军事需求为核心，通过概念设计，确定船舶的初步总体技术方案，凝练关键技术，给出船舶的概念图像，以此为基础编制新研船舶的"主要战术使用性能指标"。

本阶段的成果：总体及主要系统方案论证报告；总体概念设计图样、文件；主要战术使用性能指标。

（2）方案设计阶段

方案设计是针对船舶概念设计初步方案，选定主要系统、设备和材料，开展总体方案设计，落实"主要战术使用性能指标"中的各项要求、指标和目标。方案设计往往也要作多方案比较，经多次反复分析、修改。重大的关键技术问题要通过模型试验、必要的原理性样机试制，最终确定总体技术方案。编制可靠性大纲、安全性大纲、标准化大纲等文件。

方案设计的成果："总体技术方案"，方案设计图样、文件。

（3）深化方案设计阶段

深化方案设计是根据方案设计结果，通过进一步的计算和试验，对船舶的相关性能进一步的核准，完成深化方案设计的图样和技术文件；形成"研制总要求"；总体设计单位向系统技术责任单位和设备承制厂（所）提出船舶环境条件、兼容性和隐身性等设计要求，并进行接口协调，武器系统精度分配等工作；落实主要系统、设备、材料等的研制、选型。

深化方案设计的成果：设计图样和技术文件。深化方案设计审查通过后，编制船舶总体的"研制总要求"。

（4）技术设计阶段

技术设计是按研制总要求和审图机构审查认可的深化方案设计成果，及可靠性大纲、维修性大纲、安全性大纲、标准化大纲及综合保障计划等要求，进一步深化设计和模型（模拟）试验、验证，解决设计中的各种主要技术问题，确定总体技术状态；确定系统、设备的订货清单；进一步协调，并基本固化船舶总体与系统、设备间的接口要求、精度分配等；运用可靠性技术、维修性技术和优化设计技术进行船舶及其系统设计；根据可靠性大纲，编制关键件（特性）、重要件（特性）项目明细表。

技术设计的成果：技术设计图样和技术文件。技术设计审查通过后，编制形成《船舶总体技术规格书》。

（5）施工设计阶段

施工设计是确定船舶的建造方案、工艺措施，编制工艺文件及绘制总体施工图样，同时也要解决船舶总体布置、建造中的各种技术细节问题。

施工设计的成果：完整的施工图样、文件。

（6）完工设计阶段

完工设计是根据建造、试验、试航和交付部队中的实际情况，将完工状态反映到图纸和文件中，与总体使用文件一起形成完整的完工文件。完工设计的成果：完整的完工文件、图纸。

(7) 维修设计阶段

维修设计是编制船舶装备基地级维修所需的各种图样和技术文件资料(包括纸质文件和电子文件,简称维修资料)。维修资料规定了船舶装备维修的程序和方法。

维修设计阶段的成果:舰员级、基地级维修资料及维修方案等。

船舶总体各设计阶段中,方案设计和技术设计是船舶总体设计过程中的重要阶段。方案设计是确定舰总体技术方案的关键阶段,决定着后续总体、系统设计的技术方向。技术设计则是总体设计中固化技术状态的重要阶段。

3. 计算机辅助船舶概念设计

船舶作为一种特殊的产品,其计算机辅助概念设计并未得到足够的重视,相较于其他领域概念设计的发展仍有很大差距。目前计算机辅助船舶概念设计研究处于国际领先水平的是美国和英国。美国目前已开发了面向总体方案论证与概念设计的"先进水面舰艇船舶演变工具"(Advanced Sur-face Ship Evolution Tool, ASSET),美国海军所有重大船舶装备型号的立项论证都要应用 ASSET 进行先期概念研究。英国海军采用基于功能积木的虚拟设计方法研制了船舶概念设计工具 Paramarine,其所有水面舰艇、潜艇、航空母舰均采用 Paramarine 进行建模分析。自 2000 年第一届海事行业计算机应用和信息技术欧洲国际会议在德国波茨坦召开以来,至今已陆续召开了 8 届,主要探讨计算机技术和信息技术在船舶工程上的应用,涉及船体结构、型线设计、水动力性能、CFD、数字化造船、设计制造集成管理等方面。我国近年来也开始重视计算机辅助船舶概念设计的研究,但目前仅处于理论探索和初步应用的阶段,与国际先进研究水平存在较大差距。

一般认为概念设计就是需求空间—功能空间—物理空间的一系列映射和转换的过程。船舶的概念设计来源于工程产品设计,是根据产品全寿期内各个阶段的需求,对产品所需的功能、结构及属性进行分解,然后对满足"总体"功能的结构方案进行创造性构思的系统化设计。概念设计过程是一个从逻辑思维到发散思维的创新设计过程,设计的本质是创新和革新,由于联系着任务需求和详细设计,故产品的性能优劣(能否满足客户需求)和质量好坏(主要材料、设备)在很大程度上取决于概念设计。因此各国的船舶设计制造部门都非常重视概念设计理论和方法的研究。

20 世纪 70 年代,美国就已开展了对船舶概念设计的研究。早在 1980 年,美国学者科特纳就在论文《计算机辅助潜艇概念评估方法研究》中提出了"潜艇概念设计"一词。而英国在建立符号描述模型的基础上,用图解法操作一系列功能不同的模块来生成"概念潜艇"方案,然后通过评估比较,确定最优的概念设计方案。并将该系统应用于潜艇设计课程教学中。总体上来说,在概念设计方法上采用综合集成框架、多学科优化、综合评估系统、数据库等技术较先进的当属美国与英国。

船舶概念设计通常是指由设计工作者根据自己的设计经验和各种设计准则规范等确定基本的功能,然后进行船型设计、动力装置选型、武器系统选型、总体布置等,并对系统性能等方面进行可行性验证,将设计方案与预定的用户需求和设计准则进行比较,再进行多方案之间的权衡比较,选出最优方案的过程。

国外有将概念设计划分为探索设计和概念发展设计两个阶段,其基本流程框架见图 11-2。

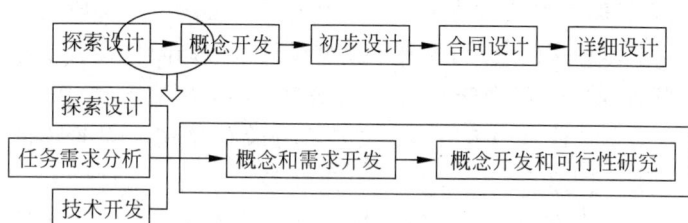

图 11-2 概念设计框架图

船舶概念设计通常具有如下特点。①设计信息的残缺性。船舶设计信息的残缺性包括设计信息缺乏、信息抽象、定性信息偏多以及信息不确定等。这一特点在任何产品的概念设计阶段都存在。②设计结果的多样性。船舶概念设计的结果会因设计者的不同而不同,而引起设计结果多样性的一个最重要的原因是,在设计过程中,每一个子过程都可以有很多解,而这种不同的解组合在一起就会产生多种方案。③创新性。创新是船舶概念设计的灵魂,包括功能、结构以及设计原理等的改良、创新等。④多学科耦合性。船舶涉及很多学科,如结构力学、流体力学、振动与噪声、外形设计、装备作战性能、经济评价等,在概念设计阶段就应考虑各学科之间的耦合性,从追求局部最优升级到全局最优。⑤复杂性。一方面是船舶系统自身的复杂性。船舶是由许多子系统组成的一个大系统,包括船体、结构、主机和控制、操舵、导航、无线电通信、生活设施、电站、防火设备、救生设备、锚泊和系泊、防污染设施和各种子系统等,而各系统之间又相互作用、相互影响。设计时不仅内容多,而且还要考虑各系统之间的耦合以及综合性能。另一方面是由概念设计阶段的特点决定的,概念设计阶段,各种信息匮乏,船舶设计工作者面对的都是抽象的、定性的信息,这无疑又增加了船舶概念设计的复杂性。

船舶概念设计包括三个重要部分,方案生成、方案优化和方案评估。方案优化与方案评估应贯穿整个概念设计过程,其中主要从船舶设计的局部着手,进行型线设计,主尺度建模、总布置方案评价等方面的研究。

方案生成阶段主要生成概念设计方案,包括船型设计、分舱布置、动力装置选型、武器装备选型以及方案生成技术等。船型设计主要由主尺度建模和型线设计两部分组成。传统的主尺度建模主要采用统计和经验分析相结合的方法,其结果不仅依赖于所取数学模型的形式,而且还与分析人员的专业经验等有关。目前国内外进行主尺度建模的技术主要是神经网络,主要是利用过去的数据资料进行训练,获取知识并有效地预报船舶的主尺度,其结果不依赖于初始点的选择。虽然神经网络在船舶主尺度建模方面取得了较好的效果,但缺乏合理的解释机理一直是其致命缺陷。型线设计方面,由于基于控制网格的母型设计法在船体曲面的修改和光顺性方面都有局限性,近几年并没有得到更大发展;基于 NURBS 的型线表达与生成已成为船舶型线设计的主流;而为了实现概念设计阶段用较少输入参数生成初始船型,遗传算法的采用,突破了母型设计法的局限性。关于船舶分舱布置的研究较多,当前的方法倾向于可视化的实现,主要有基于 AutoCAD 的二次开发、基于虚拟现实构造语言(VRML)的交互式分舱布置、基于数据库的分舱布置和基于智能技术(神经网络、遗传算法等)的分舱布置方法等。这些方法在设计时强调直观性,尽量利用已有经验和数据资料来进行分舱和布置。其他领域的方案生成技术主要有基于实例的推理、基于知识的推理、神经网络、遗传算法、数据库技术等。在船舶领域,探索概念设计方案生成技术的研究并不多,与其他领域有较大差距,主要方法有通常所说的母型法、专家系统等。母型法的本质是基于实例和基于知识推理的有机结合,而随着计算机技术的发展,以数据库为依托的母型设计法将是新的发展趋势。一些研究者将机械工程领域的概念设计思想应用到船舶工程,建立了计算机辅助船舶概念设计过程模型和船舶概念产品信息模型,这也是一种新的研究思路。

军用船舶这样复杂的大系统,方案具有多样性和反复性,项目研制周期长,建造和使用费用高。结构设计阶段周期取决于设计原型、主要结构单元研制状态和船舶子系统的科技储备等。在现代军用船舶概念设计过程中,要构建船舶战斗和使用的战役—战术模型以及作为设计原型的已建成船舶模型,这些模型要有足够适应性,要能反映所有涉及的问题,且这些问题都可以通过科学研究得到答案。最后,还要对军用船舶建造和使用的经济和生产状况进行评估。

作为概念设计结果,制定的技战术任务应能最大限度地反映订货方意图和所要建造船舶的主要性能。概念设计参与方包括海军、船舶研究和设计单位、船厂、高等院校、其他地方工业部门相关单位和科研机构等。技战术任务提交后,后续工作通常按照下列顺序进行:①草图设计,包括方案计算和结构设计。草图设计应能全面反映技战术任务要求,体现建造具有可行性,保证船舶正常和作战应用,具有军事—经济合理性。②技术设计,包括所采用方案全套草图和建造施工草图的使用说明书。技术设计应包含所有最终采纳的技术解决方案,并给出关于全面报告及联合建造所需的资料和数据。③施工设计。确定施工草图,并在此基础上编写可直接用于指导船台装配和焊接、设备制造、工作组织等的技术文件。④制定使用规程,保证主要部件、设备、系统、武器及装备的安全和正常使用。

计算机辅助船舶概念设计系统,包括:

(1) 综合集成框架

目前,美国在概念设计方面已经形成了比较统一的综合模型框架,并广泛应用于航空航天、船舶设计等高新技术密集领域。这主要是由于用户对于这些设备的要求越来越趋同,例如经济性、安全性、高效能性等。关于船舶概念设计,美国宇航中心(NASA)曾发布了综合集成框架,并广泛应用于水面和水下设备见图 11-3。

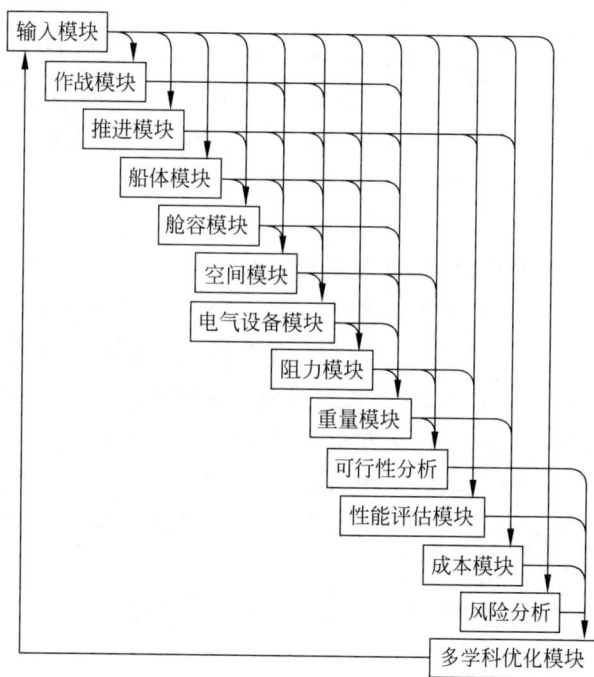

图 11-3 综合集成框架

通过该构架可以看出,美国的船舶自动化概念设计系统,在整体构架方面已经比较完善,能涉及船舶设计的方方面面,学科划分比较合理。尤其是对于水下装备,通过数据库技术,保证重量和容积的平衡,提高了概念设计的精确度,减少后续详细设计的反复修改。而可行性分析、性能评估以及成本、风险等模块,则从不同的角度确保概念设计阶段方案满足客户需求。英国也曾对综合集成框架进行过理论研究,并发布了综合集成框架流程图。从总体上来说,该流程图在学科划分方面比美国的更复杂,更全面,重量、重心等关键技术参数估算更加准确。但是该流程框架只是理论流程图,具体实现到什么程度,尚不可知。

船舶概念设计系统由多方案生成、方案选优以及生成方案的显示三个主要部分组成。

（2）学科间耦合作用

不同学科之间的相互影响不是简单的叠加问题,因此要将这种复杂的耦合关系通过数学的方式表达出来,需要对不同的学科有充分的了解,同时具有坚实的数学基础,这使得学科之间的解耦非常困难。同时,随着船舶系统的逐渐增多,学科间的耦合作用越来越复杂,进一步增加了解耦的难度。如何表达学科间的相互作用,建立起耦合作用的"黑匣子"成为衡量一个综合集成系统的重要标准。

在美国的概念设计系统中,涉及了学科间的耦合,但该系统对于耦合作用的表达方式上仅限于关键参数的取值范围上,这种对于学科间的耦合关系表达方式是不准确的。但是这种比较直观的解耦方式在概念设计自动化程度不高的情况下,还是可取的。

（3）数据库技术

进行多学科优化需要和产生大量数据,如设计变量、中间变量和优化结果数据等,故需建立完整的数据库并开发相应的管理系统,以提高系统运行效率,确保数据完整性和一致性。数据库系统的数据源是以成熟产品的设计资源为对象的,涉及资源的特征属性、功能属性、空间属性及时域属性;数据库管理系统,应便于操作,以提高效率为终极目标。在这方面,美国的概念设计系统完成得较好,数据库项目完善,涉及各个学科。该数据库的缺陷主要在于设备属性不完全（如空间属性、时域属性等）,且属性添加功能缺失等,若后续开展更深层次的概念设计,可能会缺少相关属性资料。

船舶数据库开发是计算机辅助船舶概念设计的基础。船舶数据库开发主要有两种思路,一种是不借助任何平台自主开发数据库,一种是在船舶常用软件（如ANSYS、Maxsurf、Fluent、Tribon 等）的基础上开发某些类型的局部数据库。从目前建立的数据库来看,美国的船舶数据库建设走在世界前列,已经建立了一整套可支持船舶概念设计和总体方案论证的囊括船型、作战系统、推进系统、辅助系统等在内的完整的数据库系统。在我国,当前仅是针对某些性能或设备建立数据库,不具备完整性,不具备自动更新能力,不能达到支持概念设计的目的。总之,船舶数据库建设直接影响着计算机辅助船舶概念设计的发展水平,必须建立一个完整、分类清晰、检索快捷的船舶数据库。

由于船舶概念设计是对于复杂系统工程的构思,涉及多个学科,且学科间相互联系,如图 11-4 所示。

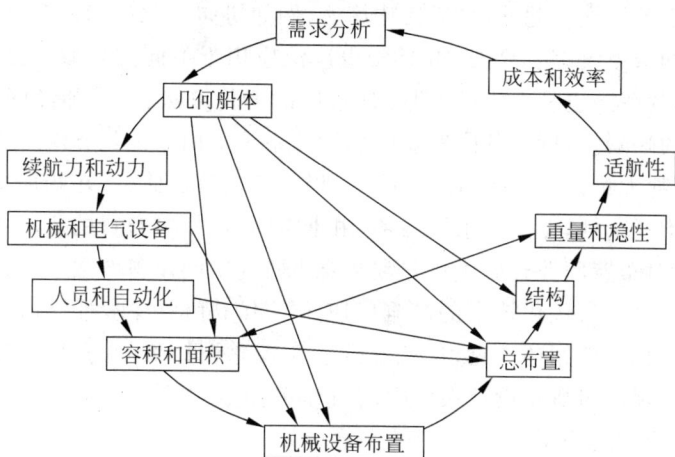

图 11-4 船舶学科耦合关系图

（4）多学科优化技术

方案优化阶段主要进行方案的优化，包括船型优化、总布置优化、总体性能优化、作战效能优化等，既有方案的全局优化，又有方案内部各系统、参数间的局部优化，最终目标是按用户需求寻找最优方案。船舶概念设计是一个多目标问题，各子目标之间可能是相互矛盾的，一般不可能同时达到最优。多目标优化在多个子目标之间进行权衡，强调的是一种全局优化概念。

20 世纪 90 年代，美国弗吉尼亚理工大学 Alan JBrown 博士领导的研究小组，结合 DD21 驱逐舰等装备的发展需求，提出了基于多目标优化的船舶装备概念设计与方案论证方法，运用多目标遗传算法获得帕雷托（Pareto）最优解集，先后为美国海军开展了 DD21 驱逐舰、SSLW 濒海作战潜艇、后勤补给船、两栖作战舰艇、敏捷作战舰艇等项目的研究，取得了大量研究成果。国内的多目标优化起初多用于船型的方案论证，近两年来才逐渐开始用于概念设计方案的全局优化。由于遗传算法自身存在着速度慢、封闭竞争等问题，多目标优化问题还应继续探讨其算法的改进。

多学科设计优化是船舶概念方案优化的最新热点。多学科优化强调的是复杂系统内部的多学科集成解。整个过程中集成各个学科的知识，并充分考虑各学科之间的耦合作用，采用有效的设计/优化策略和分布式计算机网络系统，通过充分利用各学科之间的相互作用所产生的协同效应，以获得系统的整体最优解。多学科优化和多目标优化二者既有区别又有联系，在实际的船舶概念设计方案优化中往往是二者结合，既有多学科优化也有多目标优化，二者无法决然分开。美国已将多学科优化思想融入到其概念设计软件 ASSET 中，而国内多学科优化设计在船舶领域的应用则处于起步阶段，需要进一步展开系统研究。

随着最优化理论研究的不断深入，新的优化计算方法，尤其是 NP 难问题的启发式算法的不断涌现。此外,多级优化算法,例如协同优化(CO)、并行子空间优化法(CSSO)、两级系统综合算法(BLISS)也广泛应用于不同的领域。但是不同的优化问题,具体的解法也是不同的,即便是通用的遗传算法、人工神经网络算法也存在各种各样的缺陷。目前,各国船舶概念设计系统采用的优化算法,基本都是通用算法,不仅消耗大量计算资源,还容易陷入局部最优解。此外,在船舶概念设计中,总布置的三维复杂性,尤其是水下装备,由于空间有限,对布置的要求更高,为了有效利用空间,对布置问题开展优化非常必要。研究空间设备的数学表达、布置问题的优化算法是多学科优化技术的高难度应用。由于存在许多难题,目前各国对布置设计进行优化的应用还未见,这就导致了在概念设计阶段,容积曲线难以确定,例如美国的常规潜艇概念设计系统中,容积曲线仍采用手工绘制。

(5) 综合评估系统

由于满足总体功能的系统、设备多种多样,设计者选用不同的系统、设备组合,设计方案也是不同的。众多的设计方案都可以满足总体的功能要求,故需要对各种方案进行综合评估,对创新设计来说,综合评估是船舶概念设计过程中的重要一步,是获得最佳设计方案和减少风险的前提。

方案评估是船舶概念设计的重要组成部分,包括评估指标体系的建立和评估方法的研究。评估的内容有船型方案评估、性能评估、设备选型评估等。美国开发的 ASSET 软件其评估的核心是风险、效能和费用,取这三个指标进行综合评估,得到一系列满足要求的帕雷托最优解边界,用户可根据喜好选择合适的方案。目前,综合风险、效能和费用的全局评估观点已得到了广泛的运用。国内主要对船舶的评估指标体系和评估方法进行了系统研究,其建立的评估指标比美国的综合风险、效能和费用更为详细,更适合海军船舶的评估。但是,船舶行业是持续向前发展的,因此不断会有新的船型面世,必须对新船型、特殊船型的评价指标和评估方法进行研究,同时应建立综合评估的思想。

当前船舶概念设计方案评估方法主要有层次分析法、模糊评判法、熵信息法、多属性效用函数法、灰色关联法、证据理论等。任何一种评价方法都有其自身的缺陷,通常,研究者会针对具体方案,将几种评估方法综合运用,取长补短,如模糊层次分析法、灰色模糊综合评价等。船舶概念方案评估方法的优缺点比较见表 11-1。

表 11-1 船舶概念方案评估方法比较

评估方法	优 点	缺 点
层次分析法	简洁,实用,系统性强	确定同一层次不同元素间的权重时过于依赖人为判断,使标度值缺乏客观性和准确性,难以处理规模很大的问题

续表

评估方法	优 点	缺 点
熵信息法	确定权重时避免了主观性,增强了合理性	对模糊问题、随机问题束手无策
多属性效用函数法	可将目标属性直接通过效用函数转换成效能	过于依赖效用函数的选取,灵活性不够
证据理论	解决了模糊因素和历史数据缺乏等不确定性问题	解释力度不足,当证据高度冲突时易产生有悖常理的结论
模糊评判法	较好地解决了综合评判中的模糊性	处理贫乏信息时将产生模型失效
灰色关联法	解决了部分信息已知,部分信息未知的灰色评判问题	模型的合理性与有效性过于依赖灰色关联度

虽然研究者们通过各种赋权方法来客观反映评价指标的权重,但评估本身就是一个主观性很强的问题,因此很难完全摒弃人为干涉和主观因素的影响。因而一些研究者开始将智能技术如人工神经网络、遗传算法、知识工程等引入到方案评估中,并取得了较好的效果。方案评估是方案优化的基础,必须先建立评估指标体系,对船舶概念设计方案的好坏做一个量化,从而指导方案优化的方向。

利用计算机辅助船舶概念设计进展迅猛,包括:

① 新的船舶概念方案生成技术研究。包括方案生成模型研究、推理技术研究等。当前对概念设计阶段从功能空间到物理空间映射的研究较多,而从需求空间到功能空间映射的计算机化研究严重不足,通常由有经验的设计专家自行完成这一过程,这无疑会使映射带有主观因素,为使这一过程尽量客观,模型化的需求到功能的转换势在必行。如何建立一个合理而有效表达设计知识、规则和专家经验的表达模型,长期以来一直困扰着研究者。当前的推理技术主要有基于实例的推理、基于知识的推理、基于约束的推理、神经网络等,每一种方法都有其优缺点,重要的是如何在船舶概念设计中改进缺陷、发挥优点以适应计算机辅助船舶概念设计。

② 新的计算机辅助船舶概念方案优化技术研究。多目标优化和多学科优化仍将是主流,探索新的合理有效地实现算法是其发展方向。

③ 船舶概念设计方案评估与决策研究。虽然目前已有很多关于方案评价方面的研究,但针对概念设计阶段的信息匮乏与不确定的特点,模糊理论和灰色理论等都有一定局限性,层次分析法会引入主观影响,神经网络、遗传算法等又缺乏合理的解释机制,因此,探讨概念设计方案评价的有效手段是今后的研究方向之一。

④ 再设计能力。当设计结果不能满足设计要求时,系统应能自动返回到各个层次进行再设计。重点是如何利用失败信息和相关知识进行设计反馈,完成局部

和全局的重新设计任务。

⑤ 集成化。建立统一的标准输入、输出格式,所有的 CAD/CAM 功能都与一个公用的数据库连接,用户利用图像终端与计算机对话,使用储存在公用数据库里的信息,提高从产品设计、过程控制,直到获得产品的全过程自动化程度。

⑥ 智能化。智能技术在 CACD 领域已经得到了一定应用,但对智能技术机理与实际工程的匹配程度仍值得关注,为了避免失真的情况出现,有必要关注智能技术的解释机理。

⑦ 并行设计。随着网络技术的发展,基于局域网和因特网的并行设计得以实现。但目前并不能实现真正的并行设计,其理论还不够成熟,所以并不能很好地在实践中得到应用。

⑧ 可视化。虚拟现实技术主要用于总体布置和产品效果仿真方面,再借助于多媒体技术实现触感和视觉冲击,但目前,针对概念设计阶段信息的匮乏和不确定以及定性的特点,CACD 的可视化只是达到了局部应用,理论研究还不够成熟。

11.4　船型设计在船舶概念设计中的重要性度量

由于船舶概念设计是对于复杂系统工程的构思,涉及多个环节、多个学科,且环节与学科间相互联系,如表 11-2 所示。

表 11-2　船舶概念设计中各学科之间的关系

	需求分析	成本效率	适航性	重量稳性	结构	总布置	机械设备布置	容积面积	人员和自动化	机电设备	续航力和动力	几何船体
需求分析		√		√				√			√	√
成本效率	√											
适航性		√		√								√
重量稳性			√			√		√				√
结构				√		√			√			
总布置					√		√	√			√	√
机械设备布置	√	√				√		√	√	√		

续表

	需求分析	成本效率	适航性	重量稳性	结构	总布置	机械设备布置	容积面积	人员和自动化	机电设备	续航力和动力	几何船体
容积面积				√	√	√	√			√		√
人员和自动化						√		√				
机电设备						√	√		√			
续航力和动力	√	√								√		
几何船体	√	√	√	√	√	√	√				√	

假设各学科将影响平均传递给每个与其直接相关的学科,则可以得到影响传递矩阵:

$$
\boldsymbol{A} = \begin{bmatrix}
0 & 0.2 & 0 & 0.2 & 0 & 0 & 0 & 0.2 & 0 & 0 & 0.2 & 0.2 \\
1 & 0 & 0 & 0 & 0 & 0 & 0 & 0 & 0 & 0 & 0 & 0 \\
0 & 0.33 & 0 & 0.33 & 0 & 0 & 0 & 0 & 0 & 0 & 0 & 0.34 \\
0 & 0 & 0.25 & 0 & 0 & 0.25 & 0 & 0.25 & 0 & 0 & 0 & 0.25 \\
0 & 0 & 0 & 0.33 & 0 & 0.33 & 0 & 0 & 0.34 & 0 & 0 & 0 \\
0 & 0 & 0 & 0 & 0.2 & 0 & 0.2 & 0.2 & 0 & 0.2 & 0 & 0.2 \\
0.143 & 0.143 & 0 & 0 & 0.143 & 0.143 & 0 & 0.143 & 0.143 & 0.142 & 0 & 0 \\
0 & 0 & 0 & 0.17 & 0.17 & 0.17 & 0.17 & 0 & 0 & 0.17 & 0 & 0.15 \\
0 & 0 & 0 & 0 & 0 & 0.5 & 0 & 0.5 & 0 & 0 & 0 & 0 \\
0 & 0 & 0 & 0 & 0 & 0.33 & 0.33 & 0 & 0.34 & 0 & 0 & 0 \\
0.33 & 0.33 & 0 & 0 & 0 & 0 & 0 & 0 & 0 & 0.34 & 0 & 0 \\
0.12 & 0.11 & 0.11 & 0.11 & 0.11 & 0.11 & 0.11 & 0.11 & 0 & 0 & 0.11 & 0
\end{bmatrix}
$$

显然,矩阵 $\boldsymbol{A} = (a_{ij})_{n \times n}$ 的所有元素满足:$0 \leqslant a_{ij} \leqslant 1, i, j = 1, 2, \cdots, n$; $\sum_{j=1}^{n} a_{ij} = 1$, $i = 1, 2, \cdots, n$。由于影响转移图是有限状态的连通图,从任一点出发经有限步可以达到其他的任一点,根据马氏链理论,$\boldsymbol{A}$ 可以看为正则链的转移概率矩阵,因此存在稳态分布 $\boldsymbol{X} = (x_1, x_2, \cdots, x_n)$,满足正则方程:

$$XA = X, \quad \sum_{i=1}^{n} x_i = 1,$$

其中,行向量 X 可以看作为各环节的权重,其中 $0 \leqslant x_i \leqslant 1, i = 1, 2, \cdots, n$,而且 $\sum_{i=1}^{n} x_i = 1$。

将正则方程 $XA = X$ 转置,$A^{\mathrm{T}} X^{\mathrm{T}} = I X^{\mathrm{T}}$,其中 I 为单位矩阵,由于矩阵 $(A^{\mathrm{T}} - I)$ 不满秩,即 $\mathrm{rank}(A^{\mathrm{T}} - I) = n - 1$,利用正则方程的第二个关系式,将该矩阵的某一行,例如最后一行换为 $(1, 1, \cdots, 1)$,令新矩阵为 B,取 $b = (0, 0, \cdots, 0, 1)^{\mathrm{T}}$,得到新的线性代数方程组:

$$BX^{\mathrm{T}} = b,$$

这里

$$B = \begin{bmatrix}
-1 & 1 & 0 & 0 & 0 & 0 & 0.143 & 0 & 0 & 0 & 0.33 & 0.12 \\
0.2 & -1 & 0.33 & 0 & 0 & 0 & 0.143 & 0 & 0 & 0 & 0.33 & 0.11 \\
0 & 0 & -1 & 0.25 & 0 & 0 & 0 & 0 & 0 & 0 & 0 & 0.11 \\
0.2 & 0 & 0.33 & -1 & 0.33 & 0 & 0 & 0.17 & 0 & 0 & 0 & 0.11 \\
0 & 0 & 0 & 0 & -1 & 0.2 & 0.143 & 0.17 & 0 & 0 & 0 & 0.11 \\
0 & 0 & 0 & 0.25 & 0.33 & -1 & 0.143 & 0.17 & 0.5 & 0.33 & 0 & 0.11 \\
0 & 0 & 0 & 0 & 0 & 0.2 & -1 & 0.17 & 0.33 & 0 & 0 & 0.11 \\
0.2 & 0 & 0 & 0.25 & 0 & 0.2 & 0.143 & -1 & 0.5 & 0 & 0 & 0.11 \\
0 & 0 & 0 & 0 & 0.34 & 0 & 0.143 & 0 & -1 & 0.34 & 0 & 0 \\
0 & 0 & 0 & 0 & 0 & 0.2 & 0.143 & 0.17 & 0 & -1 & 0.34 & 0 \\
0.2 & 0 & 0.34 & 0.25 & 0 & 0.2 & 0 & 0.15 & 0 & 0 & 0 & -1 \\
1 & 1 & 1 & 1 & 1 & 1 & 1 & 1 & 1 & 1 & 1 & 1
\end{bmatrix}$$

解得

$$X = [0.1027, 0.0667, 0.0335, 0.0890, 0.0743, 0.1476, 0.0830, 0.1268, 0.0627,$$
$$0.0751, 0.0359, 0.1027].$$

由此,船舶概念设计中各学科的重要性权重如表 11-3 所示。

表 11-3　概念设计中各学科的重要性权重

	需求分析	成本效率	适航性	重量稳性	结构	总布置	机械设备布置	容积面积	人员和自动化	机电设备	续航力和动力	几何船体
权重	0.1027	0.0667	0.0335	0.0890	0.0743	0.1476	0.0830	0.1268	0.0627	0.0751	0.0359	0.1027
排序	3	8	11	4	7	1	5	2	9	6	10	3

由此可以看到,几何船型的设计在船舶概念设计中处于非常重要的位置。

结语

在信息技术高速发展的今天,概念设计在船舶设计中发挥着越来越重要的作用。这些论证发生在船舶尚未建造之前,船型的数据缺乏,而且论证分析的工作量特别巨大,其中船型设计与其他设计有密切的关系,处于非常重要的地位。由此,利用数学船型快速生成船型,利用很少的参数调整优化船型在概念设计中显得格外迫切与重要。

数学船型根据总体要求,基本用途、航速、排水量等要求,即可获得满足静水性条件的初始船型,在概念设计中反复计算,获得满足静水性条件和水动力特性的基本船型,弥补了在创新设计中缺乏母型船资料的不足,为"从零到一"提供了新的工具。

参 考 文 献

[1] 朱心雄.自由曲线曲面造型技术[M].北京：科学出版社,2000.

[2] Lackenby H. On the Systematical Geometrical Variation of Ship Forms[C]. Trans. INA. 1950.

[3] Kuo C.船体曲面设计的计算机法[M].谢礼浩,译.北京：国防工业出版社,1977.

[4] Ostrowaski,A. m. Solusion of Equation and Systems of Equations[M]. Third edition. New York and London：Academic Press,1973.

[5] Kuhn H.,ed,Karamardian S. Fixed Points—Algorithms and Applicationa[M]. Acad. Press,1977.

[6] 罗远诠.关于解超越方程的几个算法[J].大连工学院学报,1988,27(2)：1-7.

[7] 王正中,刘计良,冷畅俭,等.含参变量超越方程及高次方程迭代法求解的初值选取方法 [J].数学的认识与实践,2011,41(15)：117-120.

[8] 张安玲.超越方程的优化解法[J].数学的认识与实践,2014,44(22)：172-176.

[9] BRUCKER B R. Sea wolf producibility[J]. Marine Technology,1989,26(1)：1-13.

[10] 刘钰.回转体外形的一个数学表示方法[J].中国造船,1982,76(1)：1-10.

[11] 刘明静,马运义,石仲堃.复杂回转体数学表示方法[J].舰船科学技术,2010,32(4)：11-14.

[12] 叶仁春,石仲堃.常规潜艇艇型的数学描述和最小阻力[J].中国水运(理论版),2006,4(3)：10-11.

[13] 魏菲菲.回转体的数学描述及其裸艇体阻力估算方法研究[D].武汉：华中科技大学,2006.

[14] 陈明高,石仲堃.常规潜艇排水量和主尺度的确定新方法[J].中国舰船研究,2006,11(2)：38-41.

[15] 吴亮.数学回转体的生成及水下航行阻力预报[D].武汉：华中科技大学,2007.

[16] 张志国,吴亮,彭娅玲,等.数学回转体的生成及阻力预报[C].船舶力学学术会议暨《船舶力学》创刊十周年纪念学术会议论文集,2007.

[17] 杜月中,闵健,郭字洲.流线型回转体外形设计综述与线型拟合[J].声学技术,2004,23(2)：93-97,101.

[18] 汪希龄.用计算机作船体线型设计[J].上海交通大学学报,1978,(3)：64-76.

[19] 李尚英,等.驱逐舰船型的数学表达[J].舰船性能研究,1976,(1)：93-105.

[20] 林焰,纪卓尚.船舶型线设计方法研究[J].上海交通大学学报,1994,28(1)：16-23.

[21] 林焰,朱照辉.函数参数船型——型线表达[J].中国造船,1997,138(3)：74-78.

[22] 李彦本,林焰,纪卓尚,等.数学船型型线设计方法研究[J].大连理工大学学报,1998,38(4)：382-386.

[23] 刘阳,林焰.基于横向函数法的船体型线设计方法[J].大连理工大学学报,2008,48(1)：95-97.

[24] 李春桃,齐翔,石坚,等.高速水面舰船型线的数学模型[J].数学的实践与认识,2012,42(22)：1-7.

[25] 李春桃,齐翔,石坚,等.一种基于偏微分方程的高速水面舰船型线自动生成方法[J].船舶工程,2012,34(2):16-19.

[26] D. W. Taylor. Calculation of Ships' Forms[C]. Trans. 1nt. Engineering Congress, San Francisco,1915.

[28] Kuiper. G. Preliminary Design of Ship Lines by Mathematical Method[J]. Journal of Ship Research,1970,(2):34-36.

[29] 周超骏.船体数学线型设计——纵向函数法[J].上海交通大学学报,1980,(1):91-104.

[30] 周超骏.计算机辅助船体型线设计[M].上海:上海交通大学出版社,1991.

[31] 汪希龄,孙定.用纵向函数法生成渔船线型的研究[J].中国造船,1987,(1):7-13.

[32] M. I. G Bloor, M. J. Wilson. Geometric Design of Hull Form Using Partial Differential Equations[C]. Proceedings of the International Symposium CFD and CAD in Ship Design,1993.

[33] Brunet P, Vinacua A, Vivo M, Pla N, Rodriguez A. Surface fairing for ship hull design application[J]. Mathematical Engineering in Industry,1998,(3):25-27.

[34] 杨佑宗,杨奕,陈文炜,等.船舶线型设计与研究[J].上海造船,2001,(2):18-23.

[35] 黄永生.船体型线数字化及型线自动生成研究[D].武汉:武汉理工大学,2004.

[36] 王栋,荣焕宗.数字化船型设计方法[J].船舶工程,2008,30(2):13-15.

[37] 刘云辉,刘卫斌,陈立,等.一种船体型线自动生成方法研究[J].船海工程,2010,39(5):28-31.

[38] 袁野.基于纵向函数的船型参数化设计及阻力性能优化方法研究[D].大连:大连理工大学,2011.

[39] 袁野,陈明.基于纵向函数方法的全参数化船型设计系统的设计与实现[J].船海工程,2013,42(1):45-49.

[40] 刘平,张恒,程虹,等.水面舰船型线生成及几何重构方法研究综述[J].舰船科学技术,2014,6(6):1-6.

[41] 胡其望.潜艇指挥台围壳模型噪声机理研究[D].哈尔滨:哈尔滨工程大学,2007.

[42] 吴方良,吴晓光,马运义,等.潜艇指挥台围壳对阻力和伴流场影响数值研究[J].海洋工程,2009,27(3):91-99.

[43] 王志博,姚贵之,张楠.指挥台围壳对潜艇尾流影响的计算研究[J].船舶力学,2009,13(2):196-202.

[44] Dozier D, Stout M, Zoccola M. Advanced sail development wavelengths[C]. An Employee Digest of Events and Information, Carderock Division, Naval Surface Warfare Center,2001:15-17.

[45] Gorski J J, Coleman R M. Use of RANS calculations in the design of a submarine sail[C]. RTO AVT Symposium. Paris, France, April 2002.

[46] 杜波,黄建伟,陈源.潜艇指挥室围壳顶部型线构型[J].船海工程,2007,36(2):107-110.

[47] 柏铁朝,梁中刚,周轶美,等.基于操纵性的潜艇指挥室围壳外型优化数值研究[J].江苏科技大学学报,2010,24(2):125-129.

[48] 吕鸣鹤.潜艇指挥台围壳优化设计方案研究[J].中国水运,2014,14(1):1-4.

[49] Groves N C, Huang T T, Chang M. Geometric Characteris-tics of DARPA Models (DTRC

Model Nos. 5470 and 5471)[R]. DTRC/SHD-1298-01,Fort Belvoir,USA,1989.

[50] R. Taggart and Erie. F. Mathematieal Derivation of Destroyer Type Hulls,Magnusson [J]. Naval Engineers Journal,1967,79(1):19-25.

[51] 李尚英. 驱逐舰船型的数学设计[J]. 舰船科学技术,1983,(10):25-45.

[52] 姚诚钰. 基于 NAPA 的新型高速船船体型线及其参数化设计研究[D]. 镇江:江苏科技大学,2012.

[53] 林鸥. 舰船数字化设计技术[J]. 上海造船,2004,(2):7-10.

[54] 李爽,田斌斌,徐青,等. 水面舰船集成优化设计探讨[J]. 中国舰船研究,2013,8(2):1-5.

[55] M. ReedandH. Nowaeki. Interative generation of Ship Fair Form[J]. Journal of ship Researeh,1974,18(2):15-18.

[56] 高尚,张殿友. 一种新的船型主尺度要素的数学模型[J]. 舰船科学技术,2008,30(3):131-134.

[57] 张宝吉. 船体线型优化设计方法及最小阻力船型研究[D]. 大连:大连理工大学,2009.

[58] 齐翔,唐晓,齐欢. 潜艇指挥塔数学线型[J]. 大连理工大学学报,2017,57(3):266-270.

[59] 唐晓,齐翔,齐欢. 数学船型中的超越方程组求解[J]. 数学的实践与认识,2017,47(7):183-190.

[60] 齐翔,唐晓,齐欢. 基于数学船型的舰船主尺度设计优化[J]. 船舶工程,2018,40(2018 增刊 1):13-15.

[61] 唐晓,齐翔,齐欢. 基于数学船型的全参数化船型设计[J]. 船舶工程,2018,40(2018 增刊 1):16-20.

[62] 齐翔,唐晓,齐欢. 水面舰船的数学船型[J]. 数学的实践与认识,2018,48(6):180-187.

[63] 齐翔,唐晓,齐欢. 基于改进 Jackson 船型的潜艇外形多学科设计优化[J]. 舰船科学技术,2018,40(11):35-38.

[64] 齐翔,唐晓,齐欢. 满足静水性要求的 Jackson 潜艇船型[J]. 船舶与海洋工程,2020,36(1):8-11.

[65] Brenda M. Kulfan. John E. Bussoletti Fundamental Parametric Geometry Representations for Aircraft Component Shapes[R]. AIAA-2006-6948,2006.

[66] Brenda M. Kulfan. An Universal Parametric Geometry Representation Model-CST[R]. AIAA-2007-62,2007.

[67] Brenda M. Kulfan. An Universal Parametric Geometry Representation Method[J]. Journal of Aircraft,2008,45(1):142-158.

[68] 关晓辉,李占科,宋笔锋. CST 气动外形参数化方法研究[J]. 航空学报,2012,32(4):625-633.

[69] 吕韵,周进,童明波. 常规布局飞机概念外形参数化建模研究[J]. 机械设计与制造工程,2019,48(11):7-10.

[70] 黄江涛,高正红,余婧,等. 大型民用飞机气动外形典型综合设计方法[J]. 航空学报,2019,40(2):1-11.

[71] 童劲松,蔡青. 飞机总体外形几何性质的快速求值[J]. 西北工业大学学报,1994,12(4):547-551.

[72] 廖炎平,刘莉,龙腾. 几种翼型参数化方法研究[J]. 弹箭与制导学报,2011,31(3):

160-164.

[73] 周铸,黄江涛,高正红,等.民用飞机气动外形数值优化设计面临的挑战与展望[J].航空学报,2019,40(1):1-22.

[74] 刘传振,段焰辉,蔡晋生.气动外形优化中的分块类别形状函数法研究[J].宇航学报,2014,35(2):137-143.

[75] Sobieczky H. Aerodynamic design and optimization tools accelerated by parametric geometry preprocessing[A]. European Congress on Computational Methods in Applied Sciences and Engineering[C]. Barcelona,2000.

[76] 栾秉海.飞机部件理论外形的计算和绘制[M].北京:国防工业出版社,1978.

[77] 金海波,丁运亮.飞机概念设计中的外形参数化模型的研究[J].南京航空航天大学学报,2003,35(5):540-544.

附录 A ▶▶▶

利用流线型函数变换实现飞机气动外形参数化设计

　　在飞机概念设计阶段,飞机布局需要不断调整,对飞机模型进行实体建模的工作量相对巨大,重复性工作也相对比较多。目前在航空工程中不断发展的多学科设计和优化(Multidisciplinary Design and Optimization,MDO)方法将飞机的几个主要设计系统耦合成多层次跨学科的设计系统,从而实现飞机设计和优化的一体化。在这种耦合系统中,飞机设计的求解范围可以扩展到全局设计空间中,从而扩大飞机设计的选择范围。但是从 MDO 应用角度上看,飞机全局的设计数据非常多,数学处理的难度非常大。近年来兴起的几何外形参数化建模,用一组参数来约束设计对象的结构形状,有利于维护设计对象的几何结构的完整性、相容性和一致性,并为其他学科,例如气动分析和结构分析等,提供支持。目前 CAD 技术中,基于非均匀有理 B 样条(NURBS)的几何造型技术已经比较成熟。尽管 NURBS 方法能够比较精确地描述飞机外形,但是所需的控制参数太多,不便于在优化设计中获得很好的应用。2006 年,波音公司的 Kulfan 等人针对这些问题提出一种基于形状函数/类别函数变换的参数化方法(Class and Shape Transformation,CST)。这种方法的优点是参数的几何意义明确,所需控制参数少,实用性强,建模精度较好,是一种简洁高效的参数化方法。近年来,CST 方法在很多方面得到了应用,但是难以实现复杂气动外形的统一参数化建模。在实际应用中人们发现由于使用伯恩斯坦(Bernstein)多项式进行形状函数的定义,不具有局部特性,而任何一部分局部外形的改变都会造成其他部位的外形变化。另外,表示复杂几何外形时需要使用高阶的伯恩斯坦多项式定义形状函数,而过高阶的伯恩斯坦多项式会造成 CST 参数化过程的病态化,从而使表示精度明显降低。

　　人们也考虑过采用曲线族来描述气动外形,例如具有解析形式的二次曲线和指数曲线。在飞机双曲度部件外形的描述中,指数曲线可以用分段的形式来适应飞机的复杂外形,因此得到了一定程度的推广。但是这类对复杂曲面的降维表示研究仅仅局限于局部的描述,没有对流线型特征及参数调节进行深入的研究,不能应用于设计中的数学计算。另外,对于外形曲线的连接依赖于控制点的选取;对不同的机型需要采用不同的曲线来近似,不能采取同一曲线,通过调节参数来实现,这就使设计很大程度上依赖于经验。Nystrom(John W. Nystrom)在 1868 年尝试利用能够调整指数的椭圆及一段可调整指数的抛物线来描述流线型(又称水滴型),Alinn Fureby C. 等在 2005 年进一步完善了这个想法,提出回转体母线线型的公式。我们利用纵向函数、横向函数和垂向函数表示流线型物体,为这类流线体的多学科设计优化提供了新的工具。

　　这里在研究流线型函数的基础上提出流线型函数变换(Streamline Function Transformation,SFT)方法,并应用于飞机气动外形的设计。

1. 流线型函数

　　在流线体的设计中,BURBS 是利用分片曲面来表示三维曲面。利用纵向函数,或者横向函数,或者垂向函数,表示流线体,则是一种降维表示的方法,即将三维图形用二维的曲线族来表示(也有人称之为二维半表示)。

　　流线体可以分为三部分:进流段、中段和去流段。其中设计者最为关注的是进流段和去流段。相应地,流线型函数主要有两种:流线型进流段函数和流线型去流段函数。

　　(1) 流线型进流段函数

　　记进流段起点为 O,L 为进流段终点,R 为进流段最大厚度,α 为形状因子,则可用数学形式

$$y = R\left[1 - \left(\frac{L-x}{L}\right)^2\right]^{\alpha} \tag{1}$$

表示,曲线过 $(0,0)$,(L,R) 两点,为上凸,图形如图 A.1 所示。

　　(2) 流线型去流段函数

　　记去流段起点为 L_1,L 为去流段终点,R 为去流段最大厚度,α 为形状因子,则可用数学形式

$$y = R\left[1 - \left(\frac{x-L_1}{L-L_1}\right)^2\right]^{\alpha} \tag{2}$$

表示,曲线过 (L_1,R),$(L,0)$ 两点,为上凸,图形如图 A.2 所示。

　　(3) 流线型过渡段函数

　　进流段函数与去流段函数均可扩展,用以连接不同厚度的流线体。以流线型进流段函数为例,记 x_1 和 x_2 为设计段起点和终点,要求在 x_1 点的厚度为 R_1,在 x_2 点的厚度为 R_2,则流线型过渡函数可表示为

$$y = R_2 - (R_2 - R_1)\left[1 - \left(\frac{x-x_1}{x_2-x_1}\right)^2\right]^{\alpha} \tag{3}$$

曲线过 (x_1,R_1),(x_2,R_2) 两点,满足要求。

进流段, $L=2$, $R=1$, $\alpha=0.5$

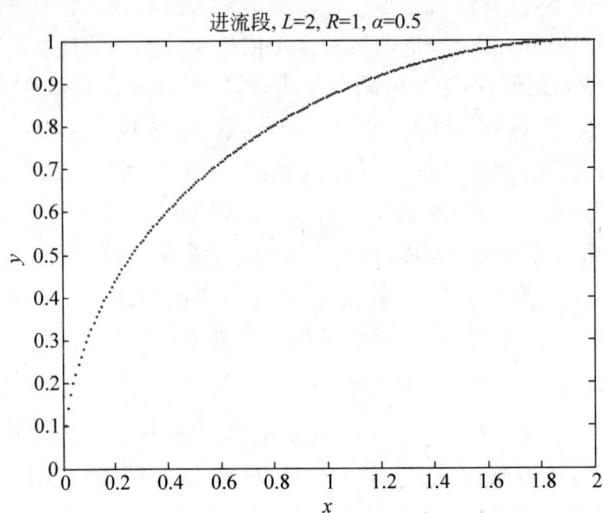

图 A.1 流线型进流段函数(上凸)

去流段, $L=2$, $L_1=0.5$, $R=1$, $\alpha=0.5$

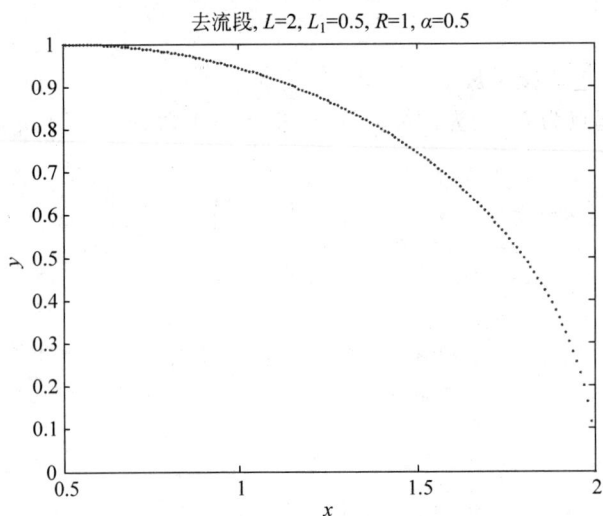

图 A.2 流线型去流段函数(上凸)

上述 3 种函数是流线型函数的基本类型,它们的特点是:

① 与计算流体力学中边界反问题(已知流场性态求流线体边界)的解非常一致。因此可以作为流线体外轮廓线的近似,称为"流线型函数"。

② 曲线的凸凹性可选择。例如,如果将流线体的进流段表示为

$$y = R - R\left[1 - \left(\frac{x}{L}\right)^2\right]^\alpha,$$

那么曲线同样过$(0,0)$,(L,R)两点,曲线为下凸,图形如图 A.3 所示。又例如,将流线体去流段表示为

$$y = R - R\left[1 - \left(\frac{L-x}{L-L_1}\right)^2\right]^\alpha,$$

则曲线同样过(L_1,R),$(L,0)$两点,曲线为下凸,图形如图 A.4 所示。

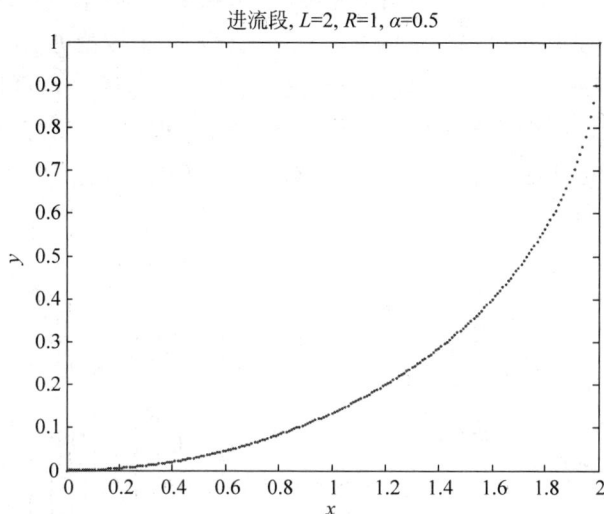

图 A.3 流线型进流段函数(下凸)

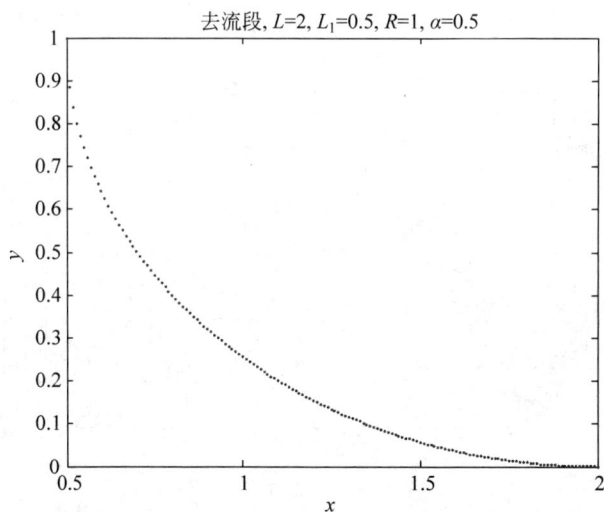

图 A.4 流线型去流段函数(下凸)

③ 流线型进流段函数、流线型去流段函数、流线型连接函数及其变形可以组合成为各类流线体的数学表示,从而获得流线任一点上的三维坐标,这将方便计算设计中需要的各种量,例如表面积、体积、重心估算、浮心位置等静稳性指标。

2. 流线型函数变换方法

以流线型函数为气动外形的外轮廓线,生成截面为圆(单圆)、椭圆(或双圆)及异型(例如方形)的三维气动外形的方法称为流线型函数变换方法。

在流线型函数的三种基本函数中长度、高度和形状因子都可以连续变化,例如,对于流线型去流段函数为气动外形的外轮廓线,即在四个象限中,曲线都采用去流段函数,固定截面的高度与宽度,形状因子随纵坐标 x 连续变化(线性变化)时的图形如图 A.5 所示。

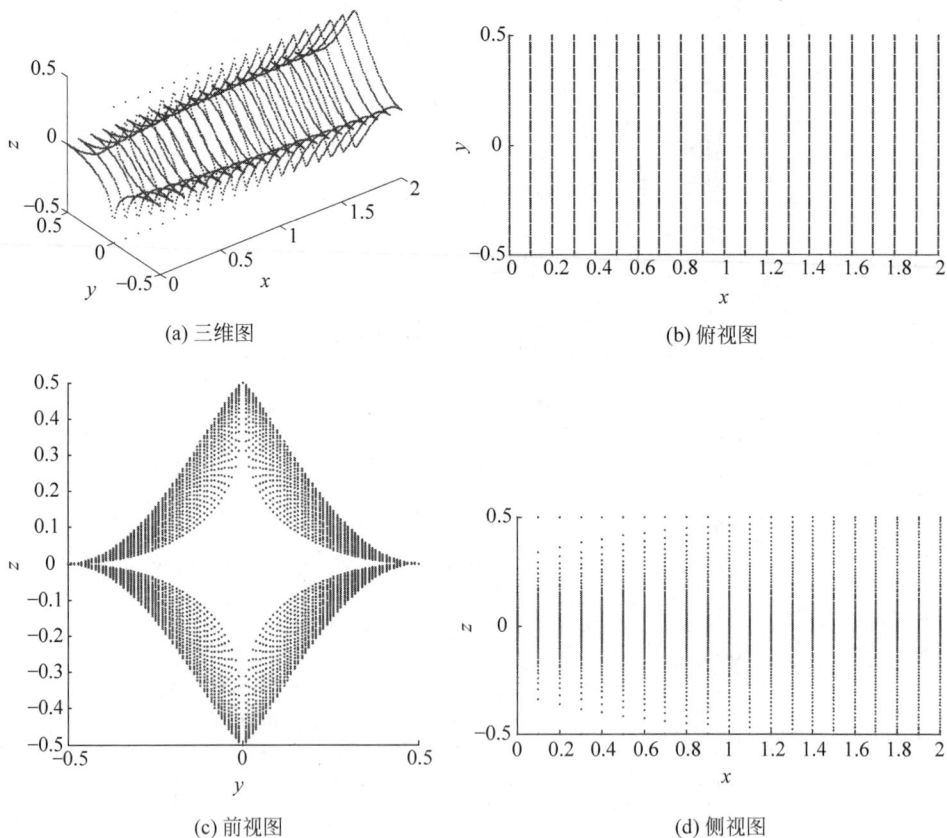

(a) 三维图

(b) 俯视图

(c) 前视图

(d) 侧视图

图 A.5   形状因子连续变化的图示

对于截面的高度和宽度都是纵坐标 x 的连续函数时,可以表现复杂的图形,如图 A.6 所示。

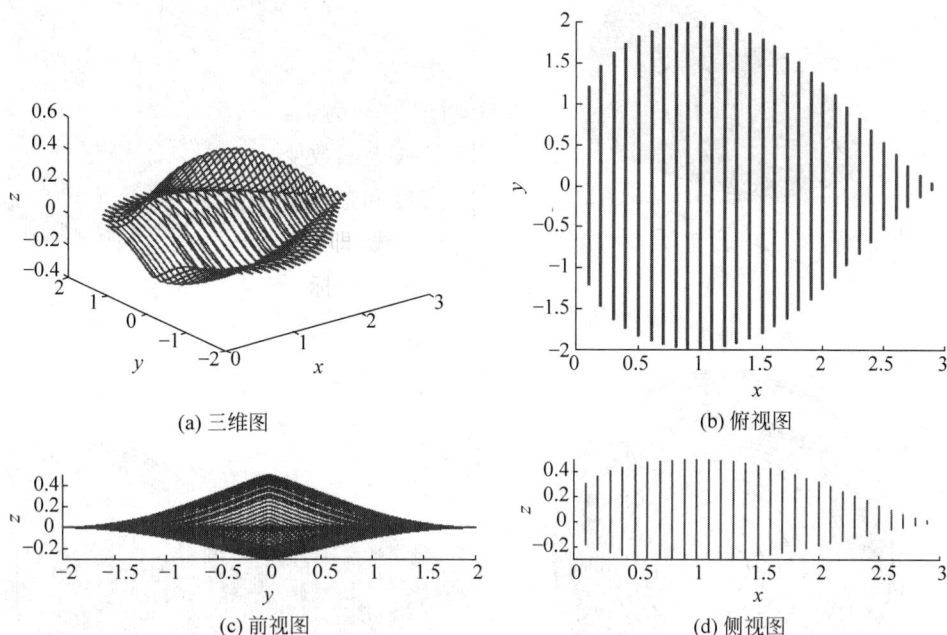

(a) 三维图

(b) 俯视图

(c) 前视图

(d) 侧视图

图 A.6 截面高度和宽度连续变化的图形

这些变换连接的图形是连续的、光滑的、具有流线型的基本特征,因此无需过多考虑图形连接时的控制。

将流线型函数组合起来,可以表现很多复杂的流线体。

3. 利用纵向函数设计机身

机身设计中重点在机首和机尾。机首包含雷达整流罩和驾驶舱。主要设计参数:雷达整流罩长度、最大回转半径;机身长度、长度分配(机首、中段、机尾)、机身形状(单圆、椭圆;长半轴、短半轴)。

(1) 机首

图 A.7 所示为利用进流段函数设计的某种类型机首,主要由三个参数决定:机首长度、机首最大回转半径、机首形状因子。机首由进流段、过渡段、回转段构成。

图 A.8 所示为某型鸭式布局飞机的机首,包括雷达整流罩、驾驶舱和部分机身,分别是进流段、过渡段和回转段。其中,雷达整流罩具有下倾角。

某型飞机机首由雷达整流罩、座舱和机身等三部分构成,分别为进流段、过渡段一(小圆到大圆)、过渡段二(大圆到小圆)和回转体,如图 A.9 所示。

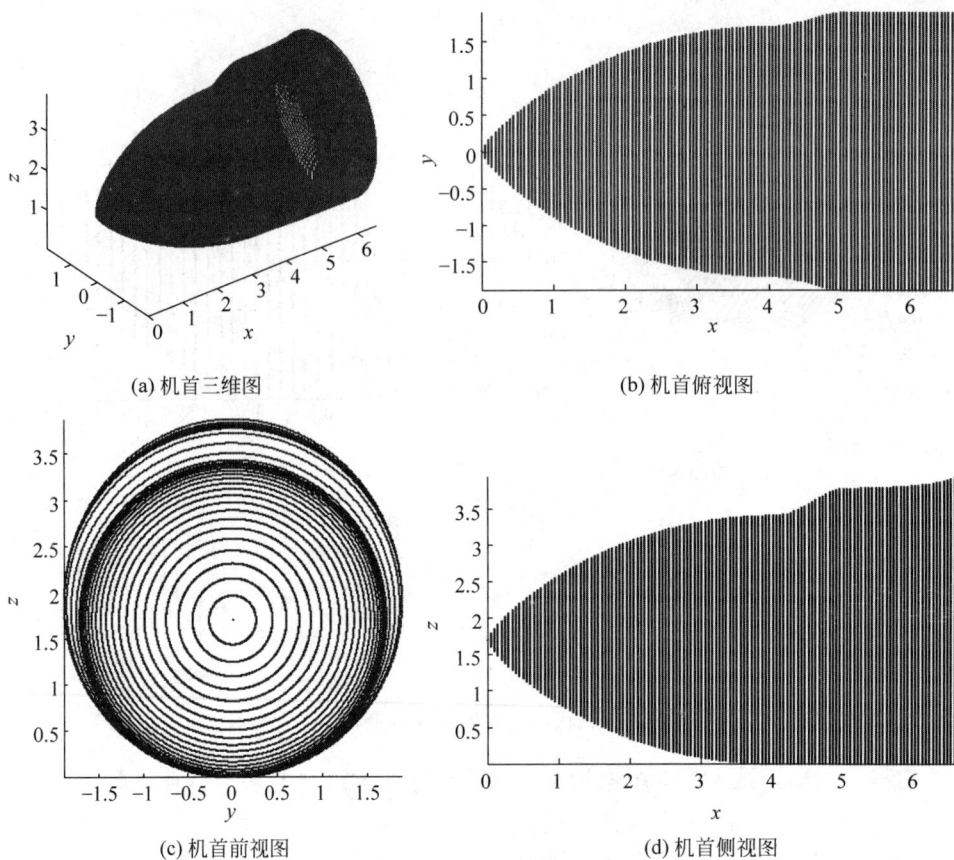

(a) 机首三维图

(b) 机首俯视图

(c) 机首前视图

(d) 机首侧视图

图 A.7 某种类型机首三视图

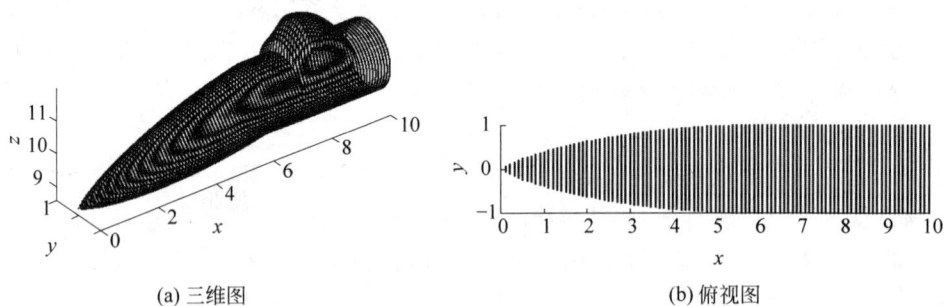

(a) 三维图

(b) 俯视图

图 A.8 具有鸭式布局的飞机机首的三视图

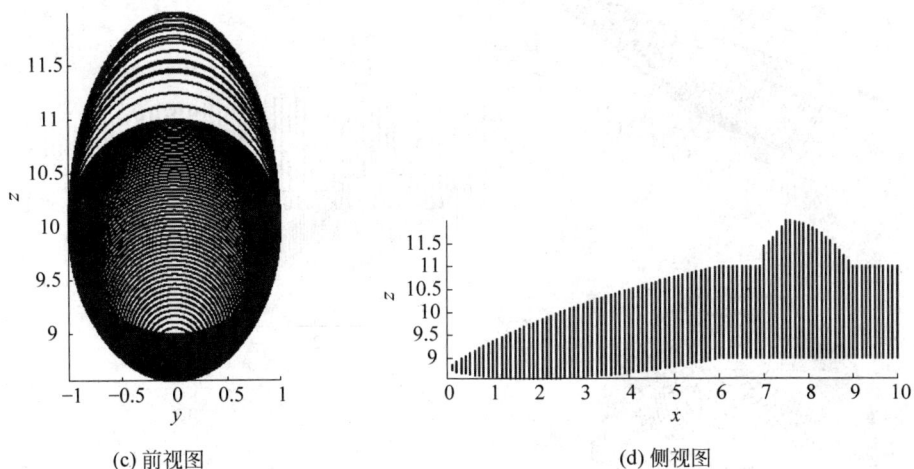

(c) 前视图

(d) 侧视图

图 A.8(续)

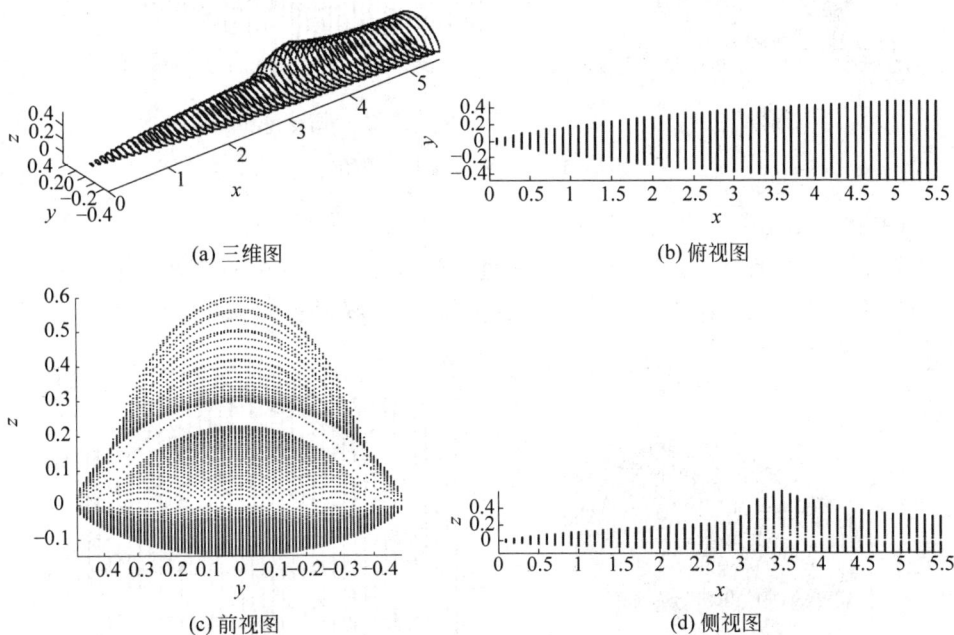

(a) 三维图

(b) 俯视图

(c) 前视图

(d) 侧视图

图 A.9　某型飞机的机首

（2）机尾

机尾由回转段（大圆）和具有上倾角的回转段组成。机尾外轮廓线的上部为流线型去流段函数，下部上倾角根据飞机起飞的仰角决定。如图 A.10 所示。

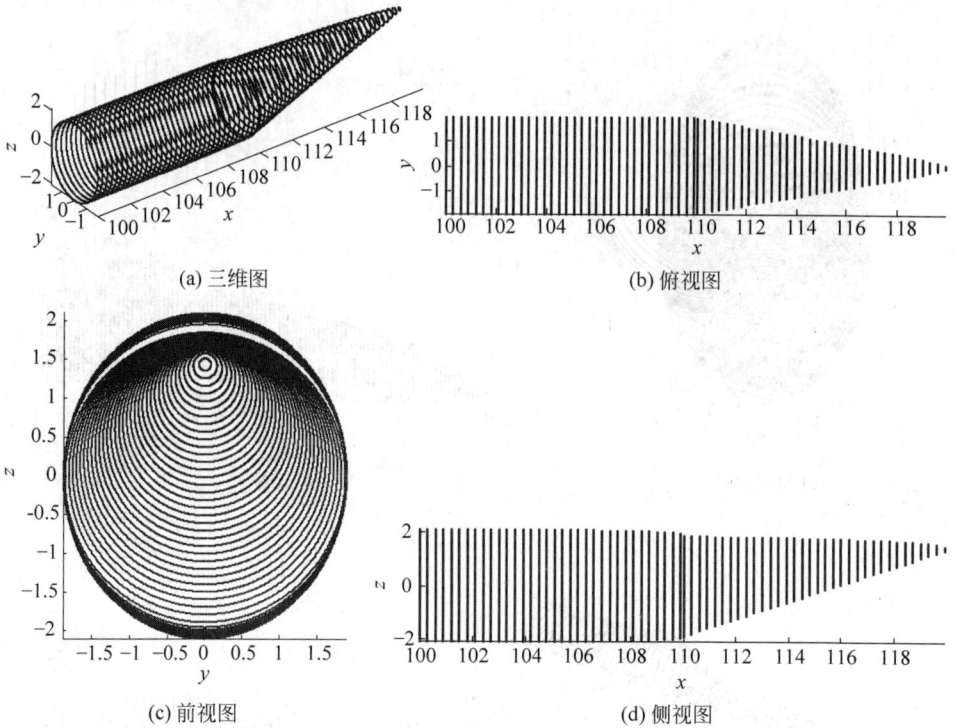

(a) 三维图

(b) 俯视图

(c) 前视图

(d) 侧视图

图 A.10 运输机机尾三视图

（3）发动机短舱

发动机短舱的主要设计参数：进气道的唇口外形、尾喷口的外形、短舱及尾喷口的长度。发动机由进流段、回转段（大圆）、过渡段、回转段（小圆）构成，如图 A.11 所示。

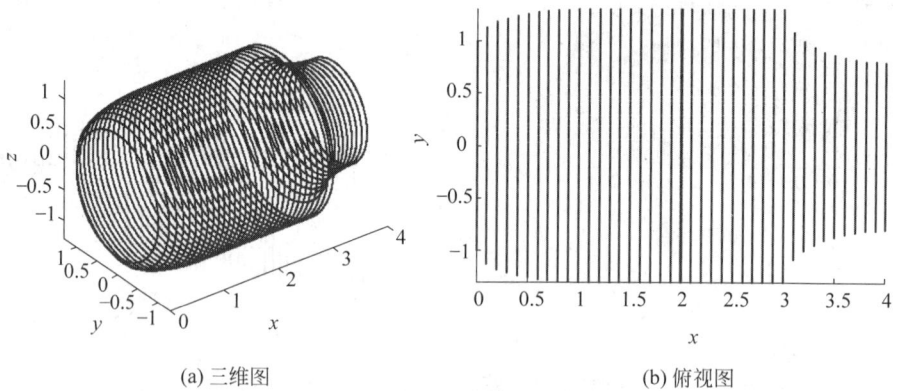

(a) 三维图

(b) 俯视图

图 A.11 发动机短舱三视图

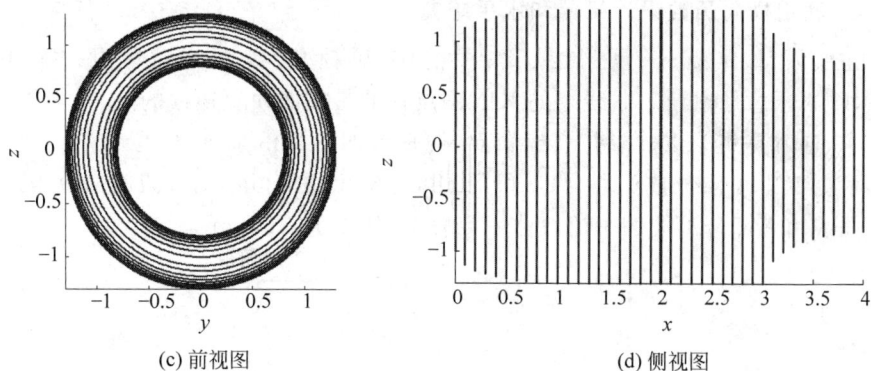

(c) 前视图　　　　　　　　　　　　(d) 侧视图

图 A.11(续)

（4）进气道

进气道的主要设计参数：方形尺寸、方形长度、发动机段长度、发动机段回转半径、尾喷口长度、尾喷口回转半径。进气道由三段构成：方形进气口、方形截面光滑转化为圆形截面的气道，从大半径圆形截面转化为小半径圆形截面的气道。某型飞机进气道如图 A.12 所示。

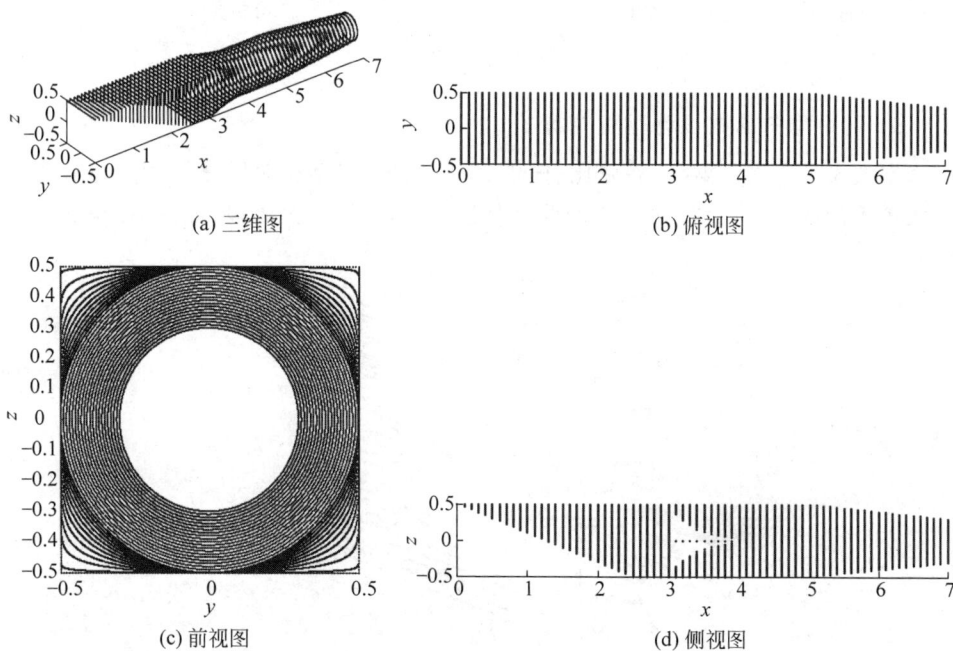

(a) 三维图　　　　　　　　　　　　(b) 俯视图

(c) 前视图　　　　　　　　　　　　(d) 侧视图

图 A.12　发动机进气道三视图

4. 利用横向函数设计机翼和水平尾翼

主要设计参数：翼展、展弦比、根梢比、后掠角、翼型相对厚度、KINK 点（KINK 的原意是扭结。曲线上的 KINK 点指的是在曲线上连续的点，没有对导数的要求，通常是集节点、控制点、编辑点、锐角点四种身份于一身）位置等。机翼的图形根据 KINK 点分成两段，每一段的上部曲线由进流段和去流段两部分组成，而下部曲线由三部分不同的去流段曲线束表示，如图 A.13 所示。

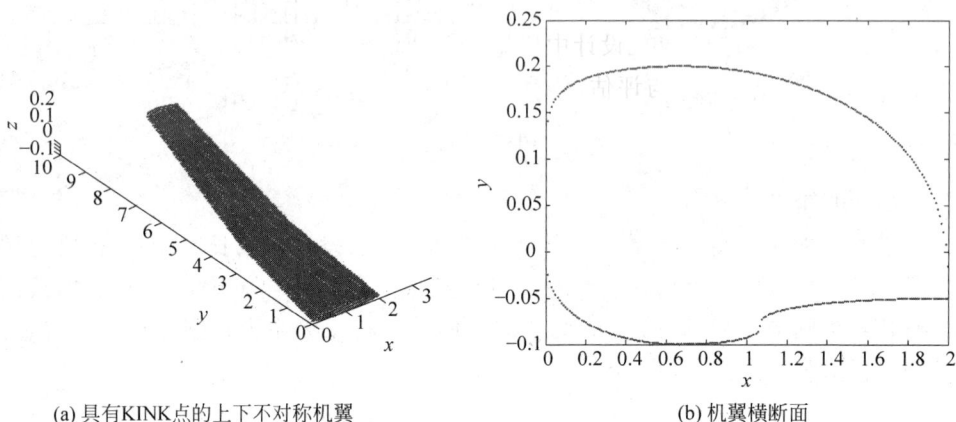

(a) 具有KINK点的上下不对称机翼　　　　　　　　(b) 机翼横断面

图 A.13　机翼

5. 利用垂向函数设计垂直尾翼

主要设计参数：翼高、展弦比、根梢比、后掠角、翼型相对厚度。垂直尾翼由两段倾角不同的翼面构成，每一段的前缘是进流段，后缘是去流段，如图 A.14 所示。

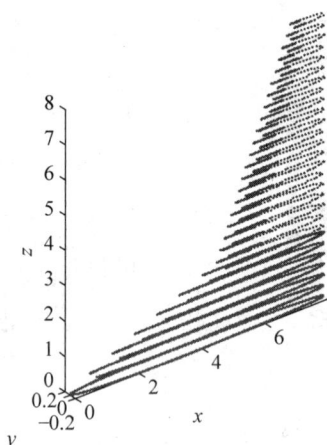

图 A.14　垂直尾翼

6. 结语

对飞机气动外形的表示,NURBS 方法、CST 方法、SFT 方法,都在精确描述形状与减少设计参数两个方面进行权衡,NURBS 方法描述最精准,参数最多;CST 方法在两者间折中;SFT 方法结果形状相似而参数最少。工程实际可在三者中选取。其中 SFT 方法在概念设计阶段,对于缺乏实际数据时可以采用,简便易行,可以快速获得设计原型的数据,进一步进行分析论证,便于修改调试,是一种"从零到一"的方法。

SFT 方法可以获取飞机设计中任一点的数学表示和三维坐标,可以方便地与分析软件连接,完成分析与评估,便于在整体上实现多学科设计优化,从而调整修改飞机的气动外形。

附录 B ▶▶▶

利用数学船型进行船舶型线变换

讨论在数学船型中的船型曲线的调整问题,这涉及船型曲线的一阶偏导数和二阶偏导数。

(1) 船型曲线

记 $K(x)$ 为 x 点的水线面半宽,$D(x)$ 为 x 点吃水深度,通过调整形状因子 $\alpha(x)$,船型曲线可以表示为

$$z(x,y) = D(x)\left[1 - \left(\frac{y - K(x)}{K(x)}\right)^2\right]^{\alpha(x)}$$

(2) 船型曲线的一阶偏导函数

船型曲线的一阶偏导数(对 y 求偏导)为

$$\frac{\partial z}{\partial y} = (-1)\frac{2D\alpha}{K}\left[1 - \left(\frac{y - K}{K}\right)^2\right]^{\alpha-1}\left(\frac{y - K}{K}\right)$$

用 L 表示船舶的长度,L_1,L_3 分别表示船舶进流段和去流段的长度,$K_1(x)$,K,$K_3(x)$ 分别表示船舶进流段、舯段和去流段水线面的半宽,$z_1(x)$,z_2,$z_3(x)$ 分别表示船舶进流段、舯段和去流段船舶型线的垂向坐标,那么水面船舶水线以下部分的表面积为

$$S = 2\left[\int_{-L/2}^{-L/2+L_3}\int_0^{K_3(x)}\sqrt{1 + \left(\frac{\partial z_3}{\partial y}\right)^2}\,\mathrm{d}y\,\mathrm{d}x + \int_{-L/2+L_3}^{L/2-L_1}\int_0^K\sqrt{1 + \left(\frac{\partial z_2}{\partial y}\right)^2}\,\mathrm{d}y\,\mathrm{d}x + \right.$$

$$\left. \int_{L/2-L_1}^{L/2}\int_0^{K_1(x)}\sqrt{1 + \left(\frac{\partial z_1}{\partial y}\right)^2}\,\mathrm{d}y\,\mathrm{d}x\right]$$

船型曲线的二阶偏导函数。

利用船型曲线二阶偏导数(对 y 求偏导)的公式,调整拐点位置。

$$\frac{\partial^2 z}{\partial y^2} = (-1)\frac{2D\alpha}{K}\left\{(\alpha-1)\left[1-\left(\frac{y-K}{K}\right)^2\right]^{\alpha-2}(-2)\left(\frac{y-K}{K}\right)\frac{1}{K}\left(\frac{y-K}{K}\right)+\right.$$

$$\left.\left[1-\left(\frac{y-K}{k}\right)^2\right]^{\alpha-1}\frac{1}{K}\right\}$$

$$= (-1)\frac{2DK}{K^2}\left[1-\left(\frac{y-K}{K}\right)^2\right]^{\alpha-2}\left\{(-2)(\alpha-1)\left(\frac{y-K}{K}\right)^2+\right.$$

$$\left.\left[1-\left(\frac{y-K}{K}\right)^2\right]\right\}$$

令 $\dfrac{\partial^2 z}{\partial y^2}=0$，则有

$$(-2)(\alpha-1)\left(\frac{y-K}{K}\right)^2+\left[1-\left(\frac{y-K}{K}\right)^2\right]=0$$

$$(-2)(\alpha-1)\left(\frac{y-K}{K}\right)^2-\left(\frac{y-K}{K}\right)^2+1=0,$$

$$\left(\frac{y-K}{K}\right)^2(1-2\alpha)+1=0,\quad \left(\frac{y-K}{K}\right)^2=\frac{1}{2\alpha-1}$$

$$y_1=K\left(1+\sqrt{\frac{1}{2\alpha-1}}\right),\quad y_2=K\left(1-\sqrt{\frac{1}{2\alpha-1}}\right)$$

由于 y_1 超出了半宽 K，舍去，取 y_2 为拐点在 zOy 平面上的横坐标。

考虑到拐点的位置满足：$0<y_2<K$，而且 $\dfrac{1}{2\alpha-1}>0$。所以根据 $0<y_2,0<1-\sqrt{\dfrac{1}{2\alpha-1}}$，$\alpha>1$。又根据 $1-\sqrt{\dfrac{1}{2\alpha-1}}<1$，有 $\alpha>0.5$。综上所述，$\alpha>1$。当 α 逐渐增大时，$\lim\limits_{\alpha\to\infty}\dfrac{1}{2\alpha-1}=0$，$\lim\limits_{\alpha\to\infty}\left[1-\sqrt{\dfrac{1}{2\alpha-1}}\right]=1$，所以，$\lim\limits_{\alpha\to\infty}K\left[1-\sqrt{\dfrac{1}{2\alpha-1}}\right]=K$，$\lim\limits_{\alpha\to\infty}y_2=K$，拐点位置逐渐靠近半宽位置。

显然，拐点在 zOy 平面上的位置，与该点的半宽 $K(x)$、型深 $D(x)$ 和船型曲线的形状因子 $\alpha(x)$ 有关。调整三个因素，可获得所需拐点位置的坐标。

船型设计中，半宽和型深由结构设计确定，因此型线的调整更多是调整形状因子 $\alpha(x)$。如图 B.1 所示，$K(x)=1,D(x)=2,\alpha(x)=2,6,10,14,18$，"＊"所示为型线拐点。

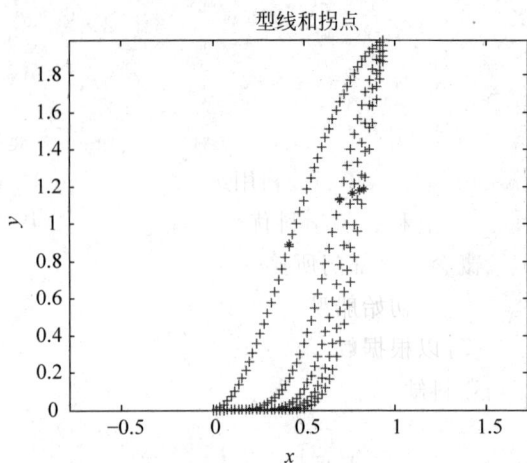

图 B.1　形状因子变化时的型线与拐点位置的变化("＊"所示为型线拐点)

结　语

本书利用纵向函数(包括横向函数和垂向函数)建立了潜艇裸艇的数学船型以及附件(指挥台围壳和舵)的数学线型,利用纵向函数建立了水面船舶水线以下部分的数学船型。在此基础上利用多学科优化,优化了船型。优化的结果与经验一致,为造船设计部门和概念设计部门所接受,从而为船舶的概念设计提供了满足静水性条件和水动力学要求的初始船型。

数学船型设计方法可以根据船东提出的基本性能要求,利用数学方法,提供初始船型,适合于母型船资料缺乏的情况,因此更适合于创新设计,即"从零到一"的设计。

数学船型的设计方法是针对船舶这类特殊的曲面特点进行的,与现有分片描述的样条 NURBS 不同,是一种降维表示方式,即将三维不可展曲面用含有形状因子的二维曲线族来表示,从而提供了新的曲面数学描述。这一设计方法值得深入研究,也可以推广到航天、航空、汽车等领域。